Hans-Arved Willberg
Die seelsorgerliche Bedeutung des Buches Hiob
Biblisch-psychologische Auslegung

Der Schleier, der eure Augen umwölkt,
wird gelüftet werden von der Hand, die ihn wob,
Und der Lehm, der eure Ohren verstopft,
wird durchbrochen werden von den Fingern, die ihn kneteten.
Und ihr werdet sehen.
Und ihr werdet hören.
Doch ihr werdet nicht bedauern, die Blindheit gekannt zu haben,
noch werdet ihr euch beklagen, taub gewesen zu sein.
Denn an jenem Tage werdet ihr den Sinn erkennen,
der in allen Dingen verborgen.

Und ihr werdet das Dunkel preisen, wie ihr das Licht gepriesen.

Khalil Gibran[1]

Zu dem Mysterium der mit Gott ringenden Seele
gibt es von außen keinen Zugang.

Margarete Susman[2]

Der Autor:

Hans-Arved Willberg; Jahrgang 1955, Theologe M.Th. Er leitet das Institut für Seelsorgeausbildung (ISA) in Ettlingen und ist selbst-ständig als Trainer, Dozent und Publizist tätig.

Websites:
www.willberg-karlsruhe.de
www. life-consult.ort
www. isa-institut.de

E-Mail: willberg@isa-institut.de

---

[1] Kahlil Gibran, *Der Prophet: Wegweiser zu einem sinnvollen Leben,* 7. Aufl., Übersetzung C. Malignon (Walter Olten: Freiburg i.B., 1977), 69f.

[2] Margarethe Susman, *Das Buch Hiob und das Schicksal des jüdischen Volkes,* mit einem Vorwort von H.L. Goldschmidt (Jüdischer Verlag: Frankfurt a.M., 1996 [1946]), 46.

Hans-Arved Willberg

Die seelsorgerliche Bedeutung des Buches Hiob
Biblisch-psychologische Auslegung

Lehrbücher aus dem
Institut für Seelsorgeausbildung (ISA)

Band 3

Lehrbücher aus dem Institut für Seelsorgeausbildung (ISA)
Band 3

Bibliografische Information der Deutschen Nationalbibliothek: Die Deutsche Nationalbibliothek verzeichnet diese Publikation in der Deutschen Nationalbibliografie; detaillierte bibliografische Daten sind im Internet über dnb.d-nb.de abrufbar.

ISBN: 978-3-7357-2420-5

Bibelzitate aus Lutherübersetzung, rev. Text 1984,
© Deutsche Bibelgesellschaft Stuttgart 1999

© 2014 Institut für Seelsorgeausbildung (ISA),
Pforzheimer Str. 186, 76275 Ettlingen.
www.isa-institut.de

Herstellung und Verlag: Books on Demand GmbH, Norderstedt.

Inhaltsverzeichnis

1. **Einleitung**

Es ist wohl nicht übertrieben, das Buch Hiob als eines der bedeutendsten Werke der Weltliteratur zu bezeichnen. Es stand und steht nicht nur bei vielen bedeutenden Literaten und anderen Denkern in außerordentlich hohem Ansehen, sondern es inspirierte sie auch stark für ihr eigenes Schaffen. Johann Gottfried Herder (1744-1803) zum Beispiel, einer der größten deutschen Literaten, nannte Hiob das „älteste und erhabenste Lehrgedicht aller Nationen."[3]

Gleichwohl liest es sich nicht leicht. Bei besonders tiefen und anspruchsvollen Kunstwerken ist es aber nichts Ungewöhnliches, dass sie nicht leicht eingängig sind. Man muss sich immer wieder in sie hinein vertiefen, erst dann entfalten sie ihren Reichtum. Diese Auslegung möchte eine Hilfe dazu sein.

1.1. **Der Aufbau**

Je intensiver man sich mit dem Textzusammenhang des Hiobbuchs beschäftigt, desto faszinierender erscheint die Geschlossenheit seines Aufbaus vom ersten bis zum letzten Kapitel.

---

[3] Georg Langenhorst, *Hiob unser Zeitgenosse: Die literarische Hiob-Rezeption im 20. Jahrhundert als theologische Herausforderung*, Theologie und Literatur, Hg. K.-J. Kuschel, Bd. 1 (Matthias-Grünewald: Mainz, 1994), 51.

		Kapitel
Prolog	Hiobs Frömmigkeit und Glück Die „Ratsversammlung" im Himmel Die ersten Hiobsbotschaften	1
	Hiobs Leiden setzt sich fort Der Besuch seiner drei Freunde Elifas, Bildad und Zofar	2
Die misslingende Seelsorge an Hiob		
Gesprächseröff-nung	Hiobs Klage	3
Das konfrontative Gespräch I	Elifas erste Rede	4
		5
	Hiobs erste Antwort an Elifas	6
	Hiobs erstes Klagegebet	7
	Bildads erste Rede	8
	Hiobs erste Antwort an Bildad	9
	Hiobs zweites Klagegebet	10
	Zofars erste Rede	11
	Hiobs erste Antwort an Zofar	12
	ab 13,18: Hiobs drittes Klagegebet	13
		14
Das konfrontative Gespräch II	Elifas zweite Rede	15
	Hiobs zweite Antwort an Elifas	16
	Hiobs viertes Klagegebet	17
	Bildads zweite Rede	18
	Hiobs zweite Antwort an Bildad	19
	Zofars zweite Rede	20
	Hiobs zweite Antwort an Zofar	21
Das konfrontative Gespräch III	Elifas letzte Rede	22
	Hiobs dritte Antwort an Elifas	23
		24

	Bildads letzte Rede	25
Stagnation: Elifas, Bildad und Zofar sind ans Ende ihrer Weisheit gekommen.		
	Hiobs dritte Antwort an Bildad	26
Hiobs Abschluss-rede	Letzte Antwort an die Freunde	27
	Gedanken über Gottes Weisheit	28
	Hiobs verlorenes Glück	29
	Hiobs jetziges Unglück ab 30,20: Hiobs fünftes Klagegebet	30
		31
Die Reden Elihus	Elihus erste Rede	32
		33
	Elihus zweite Rede	34
	Elihus dritte Rede	35
	Elihus letzte Rede	36
		37
Gottes Seelsorge an Hiob		
Gottes Antwort	Die erste Gottesrede aus dem Unwetter	38
		39
	40,1-5: Hiobs erste Antwort Die zweite Gottesrede aus dem Unwetter	40
		41
Das gute Ende	42,1-6: Hiobs zweite Antwort Rechtfertigung Hiobs und neuer Segen	42

1.2. Die Entstehung

„Es ist interessant, dass sich Israel erst nach der Erfahrung des
Exils mit Themen wie Scheitern und Leiden beschäftigt."
Richard Rohr[4]

Der Grundstoff des Hiobbuchs findet sich in verschiedenen Kulturen des antiken Orients. Die Hiobdichtung in
ihrer biblischen Letztgestalt entwickelte sich aus den vorhandenen Fragmenten im Lauf der Zeit. Darin sind sich
die alttestamentlichen Wissenschaftler weitgehend einig,
wie auch in der Frage, wann sich der Text, den wir in der
Bibel vorliegen haben, herausbildete: Obwohl weder im
Buch Hiob selbst, sonst in der Bibel oder in außerbibli-
schen Quellen klare Aussagen über die Entstehungszeit
zu finden sind, ist wohl anzunehmen, dass sie nach dem
babylonischen Exil liegt, etwa zwischen dem fünften und
dritten Jahrhundert vor Christus.

Für das Verständnis des Textes aus seelsorgerlicher
und psychologischer Sicht ist das eine wichtige Information, denn sie besagt, dass die Hiobserfahrung sehr wahrscheinlich in hohem Maß durch die traumatischen Erfahrungen der Israeliten in den zurückliegenden drei bis vier
Jahrhunderten geprägt war, die ihren furchtbaren Abschluss in einer vernichtenden Katastrophe gefunden hatten, welche in ihrem Unmaß nur noch mit der blutigen
Beendigung des jüdischen Aufstands gegen Rom durch
Titus im Jahr 70 n.Chr. und dem Holocaust verglichen
werden kann. Bereits im achten Jahrhundert vor Christus
hatte die benachbarte Großmacht Assur das Nordreich Israels mit der Hauptstadt Samaria ausgelöscht. Das einsti-
ge Großreich Israel, das David erkämpft und sein Sohn
Salomo überaus prachtvoll ausgebaut hatte, war dadurch
zerbrochen. Alle Hoffnung auf die Wiederherstellung des

---

[4] Richard Rohr, *Hiobs Botschaft. Vom Geheimnis des Leidens,* aus d. Amerik. übers. v. T. Haberer (Claudius: München, 2000), 27.

goldenen Zeitalters ruhte auf dem verbleibenden Südreich mit dem Stamm der Juden[5] um sein Zentrum Jerusalem. Für das Israel jener Tage war es ganz selbstverständlich, dass sich im Fortgang der Geschichte die Gunst
oder Ungunst seines Gottes spiegelte. Gott würde Gehorsam belohnen und Ungehorsam bestrafen. Er würde aber
auch barmherzig dem Schicksal eine günstige Wendung
geben, wenn Israel nur neuen Willen zum Gehorsam
zeigte. So war es ja schon die ganze Geschichte Israels
über gewesen, das bezeugten die Heiligen Schriften. Und
so war es auch in der jüngsten Geschichte geblieben, wie
die Chronisten sorgfältig vermerkten: Wann immer ein
jüdischer König demütig genug um Gottes Hilfe bat, ver-
hinderte Gott die drohende Katastrophe auf wunderbare
Weise. Und sollte etwa das Schicksal des ganzen Volkes
nur von seinen Führern abhängen? Sollte Gott nicht auch
die Gebete der vielen namenlosen Gerechten, der „Stillen
im Lande", erhören, die es wirklich ernst meinten und
stellvertretend für das ganze Volk um Gnade flehten? Die
Zustände in Israel waren zeitweise unmenschlich. Das
geht deutlich aus den Schriften der Propheten hervor.
Aber ebenso deutlich wird dort auch, dass die Ungerecht-
igkeiten ganz überwiegend von der geistlichen und politischen Herrscherschicht ausgingen. Gerade die Existenz
der Propheten zeigt jedoch, dass es immer auch die Ge-
genseite gab: Gott hingegebene Israeliten, die das Unrecht hassten und ihm widerstanden und an denen *selbst*
das Unrecht geschah! Zeitweise mögen es nicht viele gewesen sein, aber es gab sie immer. Israel war nicht Sodom und Gomorrha, wo der einzig übrige Gerechte selbst

---

[5] Daher kommt die Unterscheidung zwischen Juden und Israeliten. Dadurch, dass es nach der Vernichtung des Nordreichs keine Israeliten
außer denen des Südreichs mehr gab, erübrigte sich aber die Unterscheidung. Die Juden sind die damals übrig gebliebenen Israliten. Israel und das Judentum sind darum dasselbe.

noch zum Unrechtstäter geworden war.[6] Elia, der tatsächlich fürchtete, der einzige Gottestreue in Israel geblieben zu sein, hatte einsehen dürfen, dass es noch weitere 7.000 gab.[7] Diese „Siebentausend" gab es zu jeder Zeit in Israel. Sie sind das *wahre* Israel und sie stehen stellvertretend für das *ganze* Israel. Hiob ist einer von ihnen und gewiss auch seine Freunde, weil sie sonst nicht seine Freunde wären.

Und diese „Siebentausend" durften hoffen, dass ihre Gebete in den Jahren des zunehmenden Drucks, den Babylon auf das klein gewordene jüdische Reich ausübte, erhört würden. Diese „Siebentausend" fügten sich auch in schwere Strafen Gottes und bekannten bereitwillig und stellvertretend für das ganze Israel die Sünden des geschehenen Unrechts. Sie nahmen Gott ernst und gerade deshalb hielten sie unbeirrt daran fest, dass er sich wieder neu als wunderbarer Retter offenbaren würde. Aber dann erfuhren sie eine Katastrophe, die sie *nicht* mehr als gerechte Strafe deuten konnten, weil sie jedes vorstellbare Maß gerechter Strafe sprengte: Das Südreich wurde nicht nur gepeinigt, sondern es wurde genauso vernichtet wie das Nordreich. Jerusalem wurde mitsamt dem prachtvollen salomonischen Tempel, dem unantastbaren Heiligtum und Zeichen der Gegenwart Gottes in seinem auserwählten Volk, dem Erdboden gleichgemacht. Das Land ertrank im Blut der bestialisch hingemordeten Bevölkerung. Fast alle Überlebenden wurden nach Babylon deportiert. Es war aus mit Israel. Es gab ganz einfach keine Hoffnung mehr.

Wir wissen, dass die biblische Geschichte damit nicht endet - trotz allem gab es einen neuen Anfang und darin den neuen Hoffnungsschimmer. Der Docht glimmte noch und er durfte zur neuen kleinen Flamme werden. Nach

---

[6] Gen 19.

[7] 1Kö 19,18.

der Eroberung Babylons durch die Perser war es den Übriggebliebenen gestattet, zurückzukehren und Jerusalem neu aufzubauen. Auch einen neuen Tempel durften sie errichten und, beschützt, aber auch beherrscht durch die Perser, den alten Glauben pflegen. Aber wie kümmerlich war das im Vergleich zum Glanz der Väterzeiten! Und wie anders hatte Israel seinen Gott damals erfahren.

Genau in dieser Zeit entstand das Hiobbuch. Es ist im Kreis der „Siebentausend" geschrieben worden und es behandelt mit bewundernswerter Geistesschärfe exakt die Fragen, die ihnen keine Ruhe mehr ließen. Es offenbart die tiefe theologische Krise jüdischer Theologie zu jener Zeit und ringt um Antwort. Es stellt schonungslos fest, dass die alten Antworten auf die Frage nach dem Sinn des Leidens in Anbetracht des höllischen Ausmaßes, das es durch den babylonischen Genozid erreichte, nicht mehr taugten. Wie kann ein Gott vertrauenswürdig und gerecht sein, der die Gebete derer, die ihn von Herzen suchen, so beantwortet? Was ist das eigentlich überhaupt für ein Gott, an den wir so unverdrossen geglaubt haben?

1.3. Auslegungsmodelle

> „Das Alte Testament hatte mit großer Konsequenz dem Leiden
> einen *Justifikationssinn* unterlegt. Alles und jedes Leiden sollte
> schließlich *Strafleiden* sein [...]. Aber gewaltig erhob sich die
> Stimme des *leidenden Gerechten* häufig schon in den Psalmen,
> am ergreifendsten im 'Buche Hiob' [...] gegen diese furchtbare
> Deutung, die zum Weh jedes wie immer 'schuldlosen' Leidens
> das Weh über eine irgendwo begangene Sünde noch *hinzufügt*,
> für die es Strafe sei."
>
> Max Scheler[8]

Weil das Hiobbuch auch unter Literaten und anderen
Denkern und Künstlern ein hohes Ansehen besitzt, wurde es begreiflicherweise auch recht unterschiedlich interpretiert.[9]

Atheistische Hiobausleger wie Bertolt Brecht (1898-
1956) und Ernst Bloch (1885-1977) trauen dem guten Ende nicht, wie es uns in der Hiobgeschichte begegnet. Bei
ihnen steht Hiob für den Zerbruch des heuchlerischen religiösen Systems und damit auch des zugrundeliegenden
Gottesglaubens. Hiob ist also hier der revoltierende Ex-
Gläubige, dem die Augen aufgegangen sind.

Ähnlich, aber doch auch etwas anders, liegen die Dinge bei C.G. Jung (1875-1961), für den Hiob nicht dem
Glauben überhaupt absagt, sondern nur dem Gott, an den
er bisher glaubte. Jung meint in der Hiobsgeschichte zu
erkennen, dass Hiob am Ende im Recht und Gott im Unrecht ist. Gott muss, naiv gesprochen, die Konsequenzen
daraus ziehen und sich ändern. Weniger naiv gesprochen
bildet Jung zufolge das Hiobbuch einen wichtigen Punkt

---

[8] Max Scheler, Max, *Liebe und Erkenntnis* (Lehnen: München, 1955), 64.

[9] Im 20. Jahrhundert gab es drei vorherrschende Auslegungsrichtun-
gen: Hiob wurde zunächst „als Kronzeuge[n] der zerbrechenden Weltsicht der Moderne" angesehen, dann „als Verkörperung des jüdischen
Volkes nach dem Holocaust" und schließlich fand man den „zeitgenössischen Menschen" darin wieder, „der mit seinen Existenzfragen
ringt". Jürgen van Oorschot, Gottes Gerechtigkeit und Hiobs Leid, in:
Theologische Beiträge (1999) 4, 204.

in der immer weiterschreitenden Entwicklung des Gottesbildes in der jüdischen Theologie.

Obwohl solche Auslegungen in mancher Hinsicht wichtige Anstöße geben können, sind sie doch nicht wirklich überzeugend, da sie mehr in den Text hinein als aus ihm heraus lesen. Es lohnt sich darum eher, sich mit Auslegungsvarianten auseinandersetzen, die den Text mehr für sich sprechen lassen.

1.3.1. „Hiob ist ein Schlachtfeld"

> „Job bin ich um den zwei unbekannte Götter wetten
> wer siegt ob bös ob gut nichts kann mich retten."
> Gábor Hajnal[10]

Die Anschauung, das Diesseits sei nichts weiter als der Kampfplatz zwischen den geistlichen Jenseitsmächten, der guten göttlichen gegen die böse teuflische, wird heutzutage besonders von Charismatikern vertreten. Sie ist der Versuch einer Antwort auf das Problem der Defintion des Satanischen. Entweder gehört es doch irgendwie zu Gottes Schöpfung hinzu und erfüllt dort einen letztendlich sinnvollen Zweck, aber dann ist es nicht schlechthin böse, und so bleibt die Frage offen, ob es das schlechthin Böse gar nicht gibt oder woher das offenbar Böse dann eigentlich kommt. Andererseits scheint der gute Gott nicht mehr wirklich gut zu sein, wenn er dem Satanischen zumindest eine Daseinsberechtigung einräumt. Oder Satan steht in absolutem Gegensatz zu Gott. Dadurch wird er allerdings unvermeidlich zu einer Art Gegen-Gott und der gute Gott scheint nicht allmächtig zu sein, sondern sich erst allmählich gegen seinen Erzfeind durchsetzen zu müssen. Wer Hiob als geistliches Schlachtfeld interpretiert, liebäugelt zumindest mit dem zweiten Modell.

---

[10] Gábor Hajnal, zit. in: G. Langenhorst, a.a.O., 239. Hajnal (1912-1987) war ein jüdisch-ungarischer Lyriker.

Der französische katholische Schriftsteller Paul Claudel (1868-1955), der sich des Hiobthemas besonders
gründlich angenommen hat, lässt Gott am Ende zu Hiob
sagen: „Ich habe es nicht mit Absicht getan." Damit zieht
Claudel die Konsequenz aus dem zweiten Modell: Gott
ist nicht allmächtig.[11]

Ähnlich dachte auch Oswald Chambers (1874-1917),
der von C.H. Spurgeon geprägte Prediger, der durch sein
Andachtsbuch „Mein Äußerstes für sein Höchstes" bis
heute großen Einfluss auf viele Christen ausübt. „Die Erklärung dieser Geschichte liegt darin, daß Gott und Satan
aus Hiobs Seele ein Schlachtfeld machten, ohne diesen
vorher um Erlaubnis zu bitten", schreibt er in seiner Hiobauslegung.[12] So gesehen hätte Gott allerdings tatsächlich
wie bei Claudel guten Grund, sich danach bei Hiob zu
entschuldigen.

Für Chambers ist die Eingangszene des Hiobdramas,
der Blick in die himmlische Ratsversammlung, in der
Gott und Satan miteinander über Hiob reden und sein
Leiden beschließen, der Schlüssel zum Verständnis des
Buchs. Hier zeige sich nämlich, dass Hiobs diesseitige
Leidenserfahrung nur die Außenseite des geistlichen
Kampfes zwischen Gott und Satan sei.[13] Das Verstehen-
sproblem dieser Erfahrung liege darin, dass die Vorgänge
in der geistlichen Welt nicht einfach an den Vorgängen
im Diesseits abgelesen werden könnten. „Die Gesetze der
Natur sind anders als die der geistlichen Welt."[14]

Bei Chambers spielt sich das Hiobdrama also gleichzeitig in zwei Welten ab: Der sichtbaren und der unsicht-

---

[11] G. Langenhorst, a.a.O., 239.

[12] Oswald Chambers, *In finsteren Zeiten: Hiob und das Problem des Leidens*, 2. Aufl. (Francke: Marburg a.d.L., 1994). 10.

[13] Ebd., 22.

[14] Ebd., 35.

baren, der „natürlichen" und der „übernatürlichen"[15]. Das ist sicher nicht falsch, denn die tiefste Wahrheit des Hiobdramas liegt im Mysterium der unbesiegbaren, ewigen göttlichen Liebe. Darum schrieb die jüdische Schriftstellerin Margarete Susman (1872-1966) in ihrer sensiblen Anwendung des Hiobbuchs auf den gerade erst überstandenen Holocaust, mit dem aber keineswegs auch der Antisemitismus zu Ende gegangen war: „Der Kampf, der heute gegen das jüdische Volk geführt wird, zeigt es durch seine Raserei selbst an. Er gilt nicht allein, er gilt nicht in der Tiefe dem heutigen aufgelösten, unkenntlich gewordenen Volk; er gilt dem *ewigen Israel.*"[16] Das ewige Israel ist die alle Grenzen transzendierende im Wesen unsichtbare Gemeinschaft aller Menschen, deren Herzen von der göttlichen Liebe berührt und entzündet sind. Das Böse ist der Gegensatz dazu. Das Böse ist nicht der Hass, sondern die kalte, gnadenlose Lieblosigkeit.

Insofern steht Hiob tatsächlich im Brennpunkt der Auseinandersetzung dieser Mächte. Aber es wird problematisch, wenn die falschen Folgerungen daraus gezogen werden. Das ist immer dann der Fall, wenn die angenommene Parallelität der Vorgänge in der natürlichen und geistlichen Dimension zur konkreten *Vorstellung* wird. Chambers tappt in diese Falle, indem er behauptet, „Hiobs Leiden und die Leiden der anderen" hätten „nichts miteinander zu tun."[17] Dadurch werden „die Leiden der anderen" jedoch zu Leiden zweiter Klasse. Sie scheinen nicht mehr so wichtig und so dramatisch zu sein. Das aber ist den vielen Hiobs, denen das Etikett „Schlachtfeld geistlicher Mächte" fehlt, ein Hohn. Chambers macht den Fehler, das Leiden Hiobs von einer an-

---

[15] Ebd., 6.

[16] M. Susman, a.a.O., 147.

[17] O. Chambers, a.a.O., 22. „Was ihn an Schicksalsschlägen traf, war völlig anders geartet als die Nöte derer, die er vorher gestärkt und aufgerichtet hatte." Ebd.

dern Warte aus zu betrachten als dieser selbst. Sie scheint höher zu sein, erhabener. Aber verstanden wird Hiob nur aus seiner eigenen Perspektive. Er könnte auch selbst auf die Idee kommen, „Schlachtfeld" zu sein. Aber es würde ihn nicht trösten. Es würde ihn empören. Denn die Erklärung ändert nichts an seiner Gottverlassenheit.

Nolens volens ist Chambers das passiert, was wir *Vergeistlichung* nennen. Das ist eine Möglichkeit, sich grausamen Realitäten zu entziehen. Wenn man zum Beispiel politische Auseinandersetzungen, die entsetzliches Leid mit sich bringen, vergeistlicht, dann muss man sich nicht mehr so intensiv mit der politischen Realität auseinandersetzen. Und man kann sogar grausam unmenschliche Maßnahmen rechtfertigen, indem man dem politischen Gegner unterstellt, dem geistlichen Machtbereich Satans anzugehören, während man sich selbst auf der Seite Gottes wähnt.

Auch viele seelisch leidende Menschen, die zum Beispiel traumatische Erfahrungen nicht aushalten, neigen zur Vergeistlichung. Das ist verständlich, weil es ein Stück weit entlastet. Aber es löst ihr Problem nicht. Sie werden es nur bewältigen, wenn sie es so anschauen und nehmen, wie es ist, was bedeutet: wie sie es *tatsächlich*, schmerzlich nüchtern, ohne geistliche Zusatzdeutung erfahren.

Wenn Charismatiker Leidenserfahrungen vergeistlichen, sind sie in dieselbe Falle geraten: Sie bilden Vorstellungen von Unvorstellbarem. Wenngleich kein Mensch sich davor schützen kann und auch die Bibel selbst auf die Grenzen unserer Wahrnehmungsfähigkeit Rücksicht nimmt, indem sie uns die Mysterien der Ewigkeit in einer Vielzahl von Bildern und Symbolen vermittelt, kann man mehr oder weniger vorsichtig damit umgehen. Man kann die Symbolik als solche vorsichtig mit Ehrfurcht betrachten in der Bescheidenheit des Glaubens, dass sie nur ein schwaches Abbild der Wahrheit ist, für die sie steht. Oder man kann unvorsichtig das Symbol als ein offenes Fenster verstehen, durch das, vermittelt durch das Hineinleuchten des Heiligen Geistes, sich die ewigen Mysterien zu konkret definierbaren Sachverhalten wandeln, die man systematisieren und methodisieren kann. Dann wird das geistliche Schlachtfeld zur paranormalen, empirisch zugänglichen Wirklichkeit, wo man nach militärischen Kriterien forschen, messen, planen, statistisch auswerten und vor allem zielsicher erfolgreich Krieg führen kann. Dann wird es dem Christen als privilegiert Erleuchtetem zur Pflicht, sich mit der Wissenschaft des Unsichtbaren vertraut zu machen, nicht nur des göttlichen, sondern auch des widergöttlichen. Dann gilt es, sich als Soldat auf jenem Schlachtfeld zu begreifen und, der fassbaren Strategie des Heiligen Geistes gemäß, die ebenfalls fassbare Strategie des Feindes zu durchschauen und siegreich zu bekämpfen. Der charismatische Christ dieser Art lebt zugleich in zwei *empirisch zugänglichen* Welten, und natürlich ist ihm die geistliche die eigentliche. Darum deutet er alle Vorgänge der natürlichen Welt geistlich, darum lebt er nicht mehr im Diesseits, als er muss. Er ist ganz auf Jenseitiges zentriert.

Das Problematische daran sind nicht nur wissenschaftliche Anmaßung, Weltfremdheit und Arroganz, sondern auch ein immenser Druck auf den einzelnen Glaubenden. Wenn er nicht Opfer des Satans werden will, muss er ständig auf der Hut sein. Er selbst muss die Angriffe Satans recht deuten und rechtzeitig abwehren. Wenn er nicht sehr gut aufpasst, gewinnt der Satan Macht über ihn. Dazu bedarf er aber genauer Informationen, um das wahrhaft Satanische vom weniger oder nur peripher Satanischen unterscheiden zu können. Er muss genau wissen, wo der Feind sitzt und wie er agiert. Dadurch muss ein wahrer Gotteskämpfer zwangsläufig auch ein gut geschulter Satanologe sein.

1.3.2. „Hiob ist noch nicht bekehrt"

> „Leiden entsteht erst, wenn sich der Glaube eines Menschen
> von seiner persönlichen Beziehung zu Gott trennt."
> Oswald Chambers[18]

Das ist natürlich ein sehr provokanter Spitzensatz, den
Chambers vielleicht selbst bedauert hat, zumal er dem
Tenor seiner teilweise tiefsinnigen Hiobauslegung nicht
entspricht. Dennoch passt er zu seinem Zwei-Welten-
Auslegungsprinzip. Chambers zufolge fehlt Hiob nämlich noch die unmittelbare Verbindung zur geistlichen
Welt Gottes, die erst durch den christlichen Glauben
möglich wird. Mit anderen Worten: Hiob ist noch nicht
bekehrt. Darum leidet er auf eine Weise, die so nicht sein
müsste, wenn er es wäre. In der Geborgenheit der unmittelbaren Verbindung mit Jesus Christus erführe er mitten
im Leiden tiefsten Frieden. Er müsste und würde gewiss
nicht verzweifeln. In der Tat: Dann wäre sein Leiden nur
halb so schlimm.

Dass dieser Gedanke nicht nur eine Spezialität pietisti-
scher, evangelikaler und charismatischer Christen ist, für
die Chambers' Ansichten repräsentativ sind, zeigt sich
zum Beispiel am Hiobverständnis des Katholiken Hans
Küng:

> *„Gottes Liebe bewahrt nicht vor allem Leid, sie bewahrt
> aber in allem Leid [...]. Der Christ weiß keinen Weg am
> Leid vorbei, aber er weiß einen Weg hindurch! Im glau-
> benden Vertrauen auf den, der, auch und gerade im
> Leid, verborgen anwesend ist und ihn hindurchträgt."*[19]

„Auch das Leiden ist von Gott umfangen, auch das Leid
kann bei aller Gottverlassenheit Ort der Gottesbegegnung

---

[18] O. Chambers, a.a.O., 17.

[19] Hans Küng, zit. in. G. Langenhorst, a.a.o., 378.

werden", fährt Küng fort.[20] So wahr das zum einen zwar ist, wenn Hiob seinen Weg *im Rückblick* betrachtet, so unpassend ist zum andern, wenn der Hiob auf dem Leidensweg damit beschwichtigt werden soll. Jetzt muss er *klagen*! Durch das Neue Testament, meint Küng aber, „werde für den Gläubigen eine derartige menschliche Protesthaltung überwunden. Gegen einen mitleidenden, liebenden Gott sei eine Revolte schlichtweg unsinnig, könne man nicht protestieren."[21] Das kann man als Christ nur sagen, wenn man Hiobs Gottverlassenheit nicht selbst erlebt.

Chambers ist viel zu feinsinnig, um Hiob in der Manier seiner Freunde das Unbekehrtsein auch noch vorzuwerfen. Nein, er denkt sich ernsthaft in Hiob hinein und versucht ihn zu verstehen. Er übernimmt ein Stück weit Hiobs Perspektive, aber er setzt dabei die Brille seiner eigenen Weltanschauung nicht ab, die wiederum mit Hiobs wenig gemein hat. Diese Brille hat ziemlich dunkle Gläser: Chambers kann nichts Gutes an der diesseitigen, „natürlichen" Welt finden, ist das doch die Welt nach dem Sündenfall, in der das Böse herrscht. Solange Hiob das Leben in dieser Welt noch genießen konnte, war seine Weltsicht optimistisch. Nun zeige sich jedoch der Optimismus als Illusion. Hiob verstehe, dass diese Welt rettungslos verloren ist, und daran verzweifle er, weil er Jesus Christus noch nicht kenne.[22] Diese Verzweiflung sei aber nötig als Vorbereitung für den rettenden Glauben: „Erst im Zustand der Verzweiflung ist er in der rechten Verfassung, von Gott etwas anzunehmen, was er sich

---

[20] H. Küng, zit in: ebd., 382.

[21] Ebd.

[22] Es „kann niemand, der zwar ein Denker, aber kein Christ ist, tatsächlich ein Optimist sein. Optimismus ohne Glaube, ohne Christus, ist blind, mag er seelisch noch so gesund erscheinen. Sieht er den Tatsachen ungeschminkt ins Auge, so bleibt ihm am Ende nur die Verzweiflung." Ebd., 26.

niemals selbst hätte verschaffen können."[23]

Hiob, so erklärt Chambers, sieht in seiner völlig berechtigten Verzweiflung angesichts des tatsächlichen Zu-
stands der Welt zunächst nur noch den Tod als Aus-
weg.[24] Aber dagegen setzt sich in ihm die Erkenntnis
durch, dass Gott „die einzige Zuflucht" ist.

> *„Doch er kann diese Zuflucht nicht auf demWeg über
> sein Glaubensbekenntnis finden. Das ist bei ihm durch-
> einandergeraten. Er kann sich Gott nur noch in die Ar-
> me werfen. Und genau diesen Aspekt von Gott finden
> wir auf der Basis der Erlösung. [...] Wenn ein Mensch
> den Heiligen Geist empfängt, ändern sich seine Proble-
> me nicht. Aber er hat einen Zufluchtsort, von dem aus
> er sie lösen kann. Vorher war er draußen in der Welt al-
> lem schutzlos preisgegeben. Nun ist sein Leben im Zent-
> rum zur Ruhe gekommen, und er kann Schritt für
> Schritt damit anfangen, seine Probleme aufzudecken
> und zu bewältigen."*[25]

Dass Chambers tatsächlich aus der Hiobgeschichte eine
neutestamentliche Bekehrungsgeschichte macht, wird gegen Ende seiner Auslegung nochmals sehr deutlich. Hiob
antwortet, als Gott sich ihm offenbart hat: „Ich hatte von
dir nur vom Hörensagen vernommen; aber nun hat mein
Auge dich gesehen."[26] Für Chambers ist das gleichbedeutend damit, „Jesus Christus auf den Thron" zu setzen.[27]

Wir verstehen nun den steilen Satz am Anfang des Kapitels besser. Nur ist dem realen Hiob damit wieder nicht
geholfen. Denn es stimmt ja einfach nicht, dass Hiobslei-

---

[23] Ebd., 12.

[24] Ebd., 42.

[25] Ebd., 43.

[26] Hiob 42,5.

[27] O. Chambers, a.a.O., 104

den durch Bekehrung qualitativ so verändert werden, dass sie, weil die Geborgenheit in Jesus nie verloren geht, gar nicht mehr wirklich Leiden sind oder wenigstens ihren schlimmsten Stachel verlieren. Hiob steht nicht für den Unbekehrten, sondern für den wahrhaft Bekehrten, dessen Herz mit jeder Faser an Gott hängt.[28] Und das bedeutet wiederum: Auch und gerade Christen erfahren Hiobsleiden in vollem Maß und ihr größter Schmerz ist identisch mit dem größten Schmerz Hiobs: Alle Zusagen von der liebevollen Gegenwart des Vaters im Himmel sind ihnen leere Worte geworden, weil sie die brutale Realität der Gottverlassenheit erfahren. Es geht ihnen wie einem verwaisten Kind, dem ein Kalenderspruch an der Wand des leeren Zimmers zusagt: „Deine Mutter ist immer da!" Muss es diesen Spruch nicht hassen?

Die Interpretation des Hiobdramas als Bekehrungsgeschichte versagt insbesondere in der Begegnung mit den Leiden des Holocaust. Die Behauptung, Israel habe durch diese Hölle gehen müssen, um reif für die Bekehrung

---

[28] Christlicher Dogmatismus zeigt sich auch darin, alttestamentlich glaubenden Menschen die Fähigkeit einer wahrhaftigen, „selig machenden" Gottesbeziehung abzusprechen. Gerade das Buch Hiob widerspricht diesem aber Vorurteil entschieden. Die qualitative Unterscheidung zwischen alttestamentlichem und neutestamentlichem Glauben führt einerseits zu einer Abwertung jüdischer Spiritualität, die sich nie weit weg vom Antisemitismus bewegt. Andererseits führt sie zu einer qualitativen Überhöhung der Jesusnachfolge. Ein Beispiel dafür ist der stark vom Pietismus geprägte und für die Theologie des 20. Jahrhunderts sehr einflussreiche Philosoph Søren Kierkegaard (1813-1855): Hiob habe wider Willen alles hergeben müssen. Der Christ aber sei dazu berufen, „freiwillig alles aufgeben, um Christus nachzufolgen". Søren Kierkegaard, *Christliche Reden 1848,* Gesammelte Werke, Hg. E. Hirsch u. H. Gerdes, 20. Abt., aus d. Dän. übersetzt v. E. Hirsch, unter Mitarbeit v. R. Hirsch (Gütersloher Verlagshaus Gerd Mohn: Gütersloh, 1981), 190f. So die Nachfolge Jesu und das Leiden Hiobs zu kontrastieren macht einerseits aus der Jesusnachfolge eine Utopie, andererseits wertet es Hiobs Leiden ab. Kierkegaard übersieht, dass Hiobs Problem keineswegs das Loslassen ist, sondern der durchaus *christusähnliche* Schmerz extremster Menschen- und Gottverlassenheit sowie der quälende Schmerz seiner leiblichen Krankheit.

zum christlichen Glauben zu werden, als logische Konsequenz aus diesem Ansatz, könnte nur Gültigkeit beanspruchen, wenn der christliche Gott ein unsäglicher Menschenverächter wäre. Die Jüdin Margarete Susman weist
uns mit ihren Gedanken zur Verbindung zwischen jüdi-
schem und christlichem Glauben angesichts des Holocaust in eine ganz andere, mystische Richtung und impliziert dadurch auch die Verbindung wahren alttestamentlichen und wahren neutestamentlichen Glaubens. Es ist
derselbe Glaube, denn es ist derselbe Gott. Und es ist dasselbe Leid unter den Augen dieses Gottes, dieselbe Passion:

> *„Die Scheidung zwischen Kirche und Synagoge ist heu-
> te nicht die volle Wirklichkeit von Judentum und Chris-
> tentum. Die Entscheidung für oder wider Christus ver-
> läuft in ihrer lebendigen Wahrheit jenseits alles Gebau-
> ten und Geformten. Alles klare Symbol, alles in fester
> Gestalt Geschaute steht, wie die Wahrheit des Buches
> Hiob, an der wir die unsere zu erfassen suchen, hinter
> unserem Leben als ein unendlich ferner Spiegel des le-
> bendigen Strömens, in dem wir mit allem Unseren trei-
> ben. Jeder feste Besitz ist uns entrissen; wir kennen al-
> lein das Ringen."*[29]

1.3.3. Läuterungsleiden

„Es dient zu eurer Erziehung, wenn ihr dulden müsst."
Hb 12,7

Drei der vier Freunde Hiobs sehen in seiner Leidenserfahrung eine *Strafe Gottes*. Wegen der schon geradezu satirisch anmutenden Überzeichnung dieses Standpunkts
und der dargestellten moralischen Vorbildlichkeit Hiobs
im Gegensatz dazu erfährt das durch die Auslegung

---

[29] M. Susman, a.a.o., 125.

kaum Bestätigung.[30] Der vierte Hiobseelsorger, Elihu, will unter Hiobs Leid hingegen eine *Läuterungserfahrung* verstehen. Diese Erklärung scheint weitaus näher zu liegen.

Die Bedeutungsfelder von „Strafe" und „Läuterung" sind sich allerdings so nah, dass sie miteinander eine Schnittfläche bilden. Sie besteht in dem, was in der Bibel „Züchtigung" genannt wird. Züchtigungen sind harte Erziehungsmaßnahmen mit dem Ziel der Veränderung. Der Gezüchtigte soll dazulernen, er soll verstehen und es anders machen als zuvor. Pädagogisch sinnvolle Strafe ist in diesem Sinne „Züchtigung": Unangenehme Hilfe zur Überwindung von Fehlverhalten. Der Unterschied zwischen pädagogisch sinnvoller Strafe und Läuterung besteht darin, dass Letztere nicht auf Fehlverhalten bezogen ist. Es kann sich aber um dieselben Maßnahmen handeln.

Insofern ist es Elihus Interpretation nicht ganz falsch. Hiob lernt ja durch die Krise tatsächlich Wesentliches dazu. Falsch ist aber die angenommene Objektivierbarkeit der Läuterung. Wenn ein Hiob selbst sein Leid als Läute-

---

[30] Eine Ausnahme bildet die Interpretation des Alttestamentlers Manfred Oeming. Er findet die Schuldvorwürfe der Freunde Hiobs hilfreich. Wie die Nathangeschichte (2Sam 12,1) sei das „ein Modell für solche Seelsorge, die zur Einsicht führt: 'Du bist der Mann!' Durch die Überführung des Täters wird dieser zu Buße und Schuldbekenntnis hingeführt und ihm *daraufhin* die Vergebung Gottes zugesprochen!" Auch Elihu weise darauf hin, „daß die Vergebung Gottes unerwartet und unverdient als *Gnadengeschenk* gewährt wird [...]. Der theologische Gedanke macht das Vertrauen stark, daß auch der leidende Sünder von guten Mächten wunderbar geborgen bleibt." Manfred Oeming, „Leidige Tröster seid ihr alle" (Hiob 16,2): Das Hiobbuch als provokativer poimenischer Traktat, in: Manfred Josuttis et al. (Hg.), *Auf dem Weg zu einer seelsorgerlichen Kirche: Theologische Bausteine*, Christian Möller zum 60. Geburtstag (Vandenhoeck & Ruprecht: Göttingen, 2000), 216. Wahrscheinlich entstammen diese Überlegungen der guten Absicht, die Antwort an Hiob im protestantischen Zentraldogma der Rechtfertigung des Sünders zu suchen. Aber sie gehen an dem Hiob, wie er uns in der Endgestalt des Textes begegnet, völlig vorbei und aus seelsorgerlicher Perspektive muss ihnen entschieden widersprochen werden.

rung deutet, wird man ihm das respektvoll glauben dürfen, ohne sich ein objektives Bild davon machen zu können. Hiobs Geschichte aber unter dem Gesichtspunkt der Läuterung sozusagen *vermessen* zu wollen, wäre aber vermessen. So tritt jedoch Elihu auf. Er diagnostiziert bei Hiob als Ausgangspunkt des Leidens einen Läuterungsbedarf und als Zielpunkt den entsprechenden notwendigen Lerneffekt. Er ärgert sich über Hiob, weil dieser seine Lernaufgabe so schwer zu begreifen scheint. Er fühlt sich dazu berufen, Hiob unter die Arme zu greifen. Aber für einen noch nicht so ganz reifen Menschen wie Elihu ist der Reifungsprozess eines reifen Menschen wie Hiob noch nicht so ganz nachvollziehbar. Er hat nur sehr wenig Ahnung davon, was „Läuterung" für Hiob tatsächlich bedeutet - aus *dessen* Perspektive!

Alle Erklärungsversuche des Hiobleidens enden an Elihus Grenze, natürlich auch unsere eigenen. Erklärungsversuche haben ja den Zweck, sich einen Reim machen zu wollen. Dann kann man die Sache abhaken. Genau das versuchen die vier Seelsorger Hiobs und sie scheitern kläglich damit. Wenn sich einer einen Reim daraus machen kann, dann Hiob selbst, aber erst nach langem, schwerem Kampf. Die Freunde sind ungeduldig, sie greifen anmaßend vor. Sie bilden sich ein, Hiob von ihrer „objektiven" Warte aus besser zu verstehen als er sich selbst. Das macht sie zu Besserwissern. Wenn sie darum auch Richtiges wahrnehmen wie zum Beispiel den Aspekt der Läuterung, so greifen sie doch in ihrer Anwendung auf Hiob damit viel zu kurz. Sie verstehen ihn überhaupt nicht und werden ihm in keiner Weise gerecht.

Dass Hiob ein Schlachtfeld und dass er noch nicht bekehrt sei, sind Auslegungen nach Art der Freunde Hiobs. Sie enthalten Wahrheit, aber sie *sind* nicht wahr. Es sind Projektionen der eigenen theologischen Sichtweise. Auf der Erklärungsebene passt der Läuterungsaspekt besser zu Hiobs Erfahrung, aber auch er enthält nur etwas

Wahrheit, ohne selbst die Wahrheit zu sein. Die Hiobsgeschichte gibt keinen Anhaltspunkt dafür, dass der Hiob
vor dem Leiden Mängel aufweist, die so groß sind, dass
nur das Feuer dieses extremen Leidens sie ausschmelzen
kann. Gerade darunter leidet Hiob ja. Er ist kein Schul-
junge, den man erziehen muss, damit er reif für's Leben
wird. Sehr im Gegenteil!

Theologen stehen immer in der Gefahr, „rein sachliche" dogmatische Antworten zu geben, die am Leben
vorbeigehen. Ein Beispiel ist das Resümee des evangelikalen Auslegers Gleason L. Archer. Gott gebe auf die
Grundfrage des Hiobbuches, warum der Gerechte leiden
müsse, eine dreifache Antwort: „(1) Gott verdient unsere
Liebe unabhängig von den Segnungen, mit denen er uns
beschenkt. (2) Gott erlaubt mitunter das Leiden als Reini-
gung und Stärkung der Seele zur Gottseligkeit. (3) Gottes
Gedanken und Wege sind dem Menschen zu hoch [...]".[31]
Alle drei Sätze sind richtig. Aber diese Richtigkeiten ge-
sellen sich zu denen, die von Hiobs Seelsorgern ins Feld
geführt werden. So richtig sie sein mögen, so wenig *stimmen* sie für (einen) Hiob.

Wir sahen das schon bei Chambers, der übrigens auch
auf den Gesichtspunkt der Läuterung zu sprechen
kommt. Das passt ganz gut zu der These, dass der Hiob
vor dem Leiden noch kein wahrhaft Glaubender sei. Ob
Hiob als besonders Verstockter nur durch Strafe zur Umkehr gezwungen werden kann, wenn überhaupt, oder ob
er bereits Lernbereitschaft mitbringt und sich geduldig
den schmerzhaften Erziehungslektionen aussetzt, ist ja
nur ein gradueller Unterschied, jedenfalls geht es in beiden Fällen darum, dass er endlich seinen Widerstand gegen das Wirken des Heiligen Geistes aufgibt und Gott in
ganz existenziellen Angelegenheiten Recht gibt, und so

[31]Gleason L. Archer, *Einleitung in das Alte Testament*, Bd 2: *Einleitung zu den einzelnen Büchern* (Bad Liebenzell: Verlag der Liebenzeller Mission, 1989), 377f.

etwas nennt man gemeinhin „Bekehrung".

Chambers schreibt: „Ob uns das gefällt oder nicht, Gott will uns in seinem Feuer läutern, bis wir seinen Vorstellungen entsprechen. In diesem Prozeß schreien wir dann wie Hiob: 'Ich wünschte, du ließest von mir ab!'"[32] Aber worin entsprach der Hiob *vor* dem Leiden Gottes Vorstellungen *nicht*? Im Gegenteil: Er wird ganz ohne Ironie gerade als das *Musterexemplar* eines Menschen eingeführt, der Gottes Vorstellungen entspricht. Und am Ende des Buchs hat die Liebe den Beweis erbracht, dass dies nicht nur so aussah, sondern von Beginn an wirklich so war: Hiob liebt Gott um seiner selbst willen. Hiobs Herzenshaltung ändert sich im Feuer seines Leidens nicht. Sie wird nur auf eine wahnsinnig harte Probe gestellt.

Und dennoch lernt Hiob, und es ist eine *notwendige* Lernerfahrung für ihn. „Ich hatte von dir nur vom Hörensagen vernommen; aber nun hat mein Auge dich gesehen."[33] Insofern erlebte er tatsächlich Läuterung: Sein ganzes religiöses System ist weggeschmolzen wie die Schlacke aus dem Gold. Was bleibt, ist eine Unmittelbarkeit der Gottesbeziehung, die wohl auch ein Chambers nur erahnen kann.

Chambers sieht in Hiobs Läuterungsprozess die Vervollkommnung seines *Gehorsams*. Von Hiob sollen wir lernen: „Gott wird uns sein Tun verständlich machen, doch das dauert seine Zeit, weil wir so langsam gehorchen lernen. Aber nur, wenn wir gehorchen, können wir moralisch und geistlich verstehen."[34] Geht es für Hiob wirklich darum? In der Tat, im Neuen Testament wird so etwas sogar von Jesus gesagt: „So hat er, obwohl er Gottes Sohn war, doch an dem, was er litt, Gehorsam ge-

---

[32] O. Chambers, a.a.O., 29.

[33] Hiob 42,5.

[34] O. Chambers, a.a.O., 53.

lernt."[35] Sein Weg in den Tod am Kreuz: Ein Läuterungsleiden für Jesus, um Gehorsam zu lernen? Wenn wir Gott-
gehorsam und Läuterung auf der oberflächlichen Ebene
eines Elihu ansiedeln, ist das ein absurder Gedanke. Es
gibt darum nur zwei ernsthafte Möglichkeiten der Auslegung dieser Bibelstelle: Entweder streichen wir sie oder
wir bekennen, dass wir sie nicht verstehen. Sollten wir
uns anmaßen, die geistlichen Lernerfahrungen des Christus zu analysieren, zu diskutieren und am Ende womöglich noch zu kritisieren? Was sich da wirklich vollzog,
können wir vielleicht in stiller Betrachtung erahnen, aber
begreifen können wir es ganz sicher nicht. Es ist ein tiefes
Geheimnis der tiefen Beziehung Jesu zu seinem Gott.
Ähnliches gilt für Hiobs Läuterung.

Die zentrale Botschaft des Hiobbuchs ist die Verkün-
digung des Mysteriums der Liebe. Sie erreicht ihr Ziel
nicht in der (Weg-)Erklärung des Leidens, sondern in der
Anbetung.

1.3.4. Bewährungsleiden

> „Hiob hat eine Nähe zu Gott erlebt,
> wie Liebende sie zueinander haben.
> Und nun, der Gemeinschaft beraubt,
> versteht er überhaupt nichts mehr."
> Richard Rohr[36]

Daran besteht kein Zweifel: Das Hiobsleid ist eine Be-
währungserfahrung. Bewährung ist Bewahrheitung, Bestätigung einer Wahrheit. In gewisser Weise bewährt sich
Hiob, in gewisser Weise auch Gott. Hiobs traditionelles
Glaubenssystem bewährt sich nicht. Ebensowenig bewährt er selbst sich als der, den seine Freunde gern hätten: Allezeit tapfer, souverän auch Schwerstes meisternd,
unerschütterlich. Was sich aber bewährt, sind seine inne-

[35] Hb 5,8.
[36] R. Rohr, a.a.O., 80.

re Unabhängigkeit, sein unbedingter Wille zur Wahrheit und seine selbstbewusste Klage. Das ist Hiobs Geduld.[37] Er bewährt sich in seinem Widerstand. Er stellt sich wie Jakob in seinem Kampf am Jabbok der entsetzlichen Provokation: „Ich lasse dich nicht, du segnest mich denn!"[38]

Gott bewährt sich, indem er das Leid begrenzt, Hiob auf letztlich tröstliche Weise antwortet und seinen Schaden heilt. Aber mit Gottes und Hiobs Bewährung ist noch nicht das Wesentliche getroffen. Hiobs Bewährung bleibt menschlich und darum immer relativierbar. Sollte das wirklich der zentrale Punkt im Hiobbuch sein? Müsste man dann nicht einen etwas übersteigerten Humanismus unterstellen? Soll es wirklich mitten in der Bibel um die Geschichte der großartigen Bewährung eines moralischen Helden gehen? Ein wenig schon, denn Hiob ist ja tatsächlich großartig, ein wahres Vorbild, aber doch wohl kaum vor allem. Steht denn wirklich die Bewahrheitung Gottes auf dem Spiel? Wenn Gott sich nicht bewährte, dann wäre er doch nicht Gott! Nach der Wahrheit Gottes zu fragen ist eine Tautologie. Gott kann nur in Wahrheit Gott sein - oder es ist eben *nicht* Gott. Wichtig für uns ist aber die Frage, *wie* Gott sich bewahrheitet, und das bedeutet wiederum für uns: als *welcher* er sich uns bewährt. Gott bewährt sich also für uns in dem Bild, das wir von ihm gewinnen. Gerade dort findet allerdings der revolutionäre Umbruch im Hiobbuch statt: Die tradierte Gottesvorstellung bewährt (bewahrheitet!) sich überhaupt nicht! Und die neue Gottesvorstellung, die sich uns durch die Gottesoffenbarung im Unwetter nähert, scheint ja gerade in seiner *Unbegreifbarkeit* zu bestehen: „Du sollst dir *kein* Bildnis machen!" Und dennoch brauchen wir eine Vorstellung von Gott, weil wir ihm sonst nicht vertrauen können.

---

[37] Jk 5,11.
[38] Gen 32,27.

Was bleibt, ist die *Liebe*. Gott bewährt sich als Liebender und Geliebter. Hiob bewährt sich als Geliebter und
Liebender. Die Liebe ist das Geheimnis der Trinität. Die
Liebe ist das Geheimnis des Glaubens. Die Liebe hört niemals auf.

Hiob wird an Gott unendlich irre, weil er vollkommen
von Gottes Barmherzigkeit und Gerechtigkeit überzeugt
ist. Gott wird durch Hiob verherrlicht, weil Hiob Gottes
erbarmendes Herz kennt und darum allen Erfahrungen
trotzt, die ihm scheinbar unmissverständlich das Gegenteil beweisen. Somit liegt Hiobs Leiden auf derselben Linie wie das Leiden Jesu. Auch Jesus hält in der allertiefsten Gottverlassenheit an der Liebe des Vaters fest und
auch Jesus erfährt wie Hiob zuletzt die völlige Bestätigung seines Glaubens daran, nachdem er die Hölle der
völligen Gottesfinsternis durchlitten hat. Darum ist Hiob
im eigentlichen Sinn ein Märtyrer[39], ein Zeuge des Trium-
phes der Liebe: Seine Liebe zu Gott ist Antwort auf die
erfahrene und geglaubte Liebe Gottes zu ihm. Das ist der
unzerstörbare Kern seines Glaubens. Gottes Liebe ist
durch Gottes Geist lebendig in ihm - „ausgegossen in sein
Herz"[40]. Diese Liebe und nur sie überwindet die satanische Behauptung, die wahre Ergebenheit in Gott sei ein
Trug.

Wie in der ganzen Bibel geht es somit auch im Buch
Hiob vor allem um das *Hohelied der Liebe*. Trotz aller Fragen, die das Buch Hiob notwendigerweise offen lässt, ist
es darum ein Zeugnis des Trostes: Die Liebe überwindet
jeden noch so grausamen Versuch des Bösen, sie zu zerstören. Zuletzt siegen „Glaube, Hoffnung, Liebe, diese
drei; aber die Liebe ist die größte unter ihnen."[41]

---

[39] Märtyrer heißt „Zeuge".
[40] Rö 5,5.
[41] 1Kor 13,13.

1.4. Die Botschaft

Vordergründig vermittelt das Buch Hiob zunächst jedoch *ein abstoßendes Schreckbild der Lieblosigkeit*. Das geradezu grausame Kommunikationsverhalten der drei Freunde Elifas, Bildad und Zofar wie auch des vierten selbsternannten Seelsorgers Elihu, der zu allem Überfluss Hiob noch weiter plagen muss, als die anderen ihr Pulver endlich verschossen haben, nimmt nicht nur einen sehr weiten Raum im Text ein, sondern es nimmt den Leser auch in den Bann. Natürlich fragen wir uns, ganz besonders aus seelsorgerlicher Perspektive, was uns dieses sehr stark ausgestaltete Negativbeispiel der Seelsorge an einem schwerst leidenden Menschen mitten in der Bibel sagen möchte. Dem Umfang und der Eindrücklichkeit nach wohl ziemlich viel...

Hintergründig, lange nicht so evident, dafür aber ganz wesentlich, vermittelt das Buch Hiob aber *ein werbendes Vorbild wahrer Liebe*. Hiob erlebt tiefste Gottverlassenheit, aber sie widerfährt ihm als unauflöslich und überaus eng mit Gott *verbundenem* Menschen. Dass Gott ihm so fern ist, obwohl sein Herz so völlig an ihm hängt, gerade das macht ja seinen schlimmsten Schmerz aus. Und so unbegreiflich grausam auch alle Hiobserfahrungen sind: Gott bestätigt und tröstet ihn zuletzt, so dass er ganz und gar getröstet *ist*. Dass die Liebe stärker ist als alles und dass sie sich schließlich sehr tröstlich durchsetzen wird, allem noch so satanischen Widerstand zum Trotz, dies ist das *Evangelium* des Hiobbuchs.

1.4.1. Eine Warnung:
Jeder Dogmatismus ist ein Irrweg!

„Auch schon in der Bibel ist ja der Wahrheit der Offenbarung
gegenüber das Wort nur die den Sterblichen schonende Decke,
die der, der vom Unbedingten zeugt, auf sein vom Glanz des
Gestaltlosen glänzendes Antlitz gelegt hat. Aber durch die my-
thische Hülle des Schriftwortes scheint der Glanz hindurch; unserer für das Göttliche undurchsichtig gewordenen Sprache ist
diese Hülle selbst das Letzte."
Margarete Susman[42]

Das *Schreckbild* soll uns zur Warnung und Weisung dienen: Dogmatismus jeder Art vergiftet den Glauben, er
stirbt daran. Gift ist der Dogmatismus, weil er unwahrhaftig ist. Er leugnet die Wahrheit des Lebens zugunsten
der Richtigkeit des Buchstabens.

Ein wesentlicher Charakterzug Hiobs ist seine Wahrhaftigkeit. So sind die Freunde nicht. In der Gestalt Hiobs
wird das Problem der Maßlosigkeit des Leidens zuende
gedacht. Hiob geht der Wahrheit auf den Grund. Er gibt
sich mit keiner halben Antwort zufrieden. Darum sucht
er unablässig den nachvollziehbaren Grund seines Leidens. Und Hiob kommt mit seiner Suche auch zum Ziel!
Es wird ihm nämlich verzweifelt bewusst, dass sein Er-
kenntnispfad im undurchdringlich dornigen Dickicht der
Widersprüchlichkeit endet. Da steht er nun und weiß:
Dies ist das Ende meiner bisherigen Glaubensvorstellungen. Ich hatte mir aus allem einen Reim gemacht. Jetzt
reimt sich nichts mehr. Meine Theologie ist völlig am Ende.

Hiob durchleidet also nicht nur eine vorübergehende
Krise wie jemand, der verzagt, weil sich ein paar Wolken
vor die Sonne geschoben haben. So werden allerdings
Leidenserfahrungen oft seelsorgerlich gedeutet. Bei vielen Krisen ist es angemessen, auf das Licht am Ende des

---

[42] M. Susman, a.a.O., 29.

Tunnels hinzuweisen und behutsam bemüht zu sein, dem Betroffenen zur Einsicht zu verhelfen, dass er sich selbst unnötig in übergroße Sorge hineingesteigert hat. Auch Hiobs Freunde versuchen es mit Durchhalteparolen und dem Zuspruch, dass die Sonne schon bald wieder scheinen wird. Hiob verletzt das aber zutiefst, denn damit maßen die Freunde sich das Urteil an, dass Hiobs Leid doch so schlimm gar nicht sei: „Hab nur Geduld, es wird schon wieder! Ehre Gott durch dein Vertrauen, statt ihm diese hässlichen Vorwürfe zu machen! Und du wirst sehen, wie reich er dich beschenken wird!"

Aber das Hiobsleiden ist ganz anders. Die Freunde ahnen es, aber sie wollen es nicht wahrhaben, weil ihnen davor graut: Für Hiob hat sich das, was er für seine Sonne hielt, als Irrlicht entpuppt. Seine gesamte Theologie ist zusammengefallen wie ein Kartenhaus. Die Freunde ahnen es zunächst nur, aber zunehmend drängt es sich ihnen auf: Hiob traut ihrer Sonne nicht mehr! Ihre Wahrnehmung trifft zu, aber ihre Deutung ist nahezu mörderisch falsch: Sie meinen zu verstehen, dass Hiob vom Glauben abgefallen ist. Ein Abtrünniger! Ein Gotteslästerer!

Hiob wird somit ungewollt zum Ketzer. Das setzt seinem Leiden die Krone auf. Aber es ist seit jeher das Los der konsequent ehrlichen Menschen, dass sie zu Ketzern werden. Das geschieht immer dann, wenn dreierlei in einem Menschen zusammenkommt:

▸ Der Wille zur Wahrhaftigkeit,
▸ die Kollision mit der Unwahrhaftigkeit vorherrschender Dogmatismen und
▸ die mutig selbstbewusste Haltung, dieser Unwahrhaftigkeit zu widerstehen.

Das alles findet sich bei Hiob.

Hiob steht für den notwendigen theologischen Umbruch. Das Hiobbuch ist eine reformatorische Schrift. Sie muss bei den Vertretern des herkömmlichen theologischen Systems, das durch die drei Freunde repräsentiert wird, großen Anstoß erregt haben. Aber sie hat ihren Weg mitten in den Kanon der Heiligen Schrift hinein gefunden!

Hiobs existenzielle Krise *ist* der theologische Umbruch; er vollzieht sich in seiner Person. Er drängt unter Schmerzen hervor wie bei einer Geburt. Hiobs überkommene Glaubensvorstellungen sind exakt dieselben wie die seiner Freunde. Nur sind sie ihm völlig zerbrochen, während die Freunde sich noch daran festklammern, als wären sie der einzige Halt. Das kann man ihnen kaum vorwerfen, denn sie kennen nichts anderes. Was man ihnen aber vorwerfen kann, ist die Verweigerung des Gedankens, dass es auch anderes *geben* kann. Sie gehorchen ihrer Angst: Es kann nicht sein, was nicht sein darf.

Dogmatismen werden durch die Tabuisierung des Zweifels aufrechterhalten. „Wo kämen wir denn hin, wenn wir diesen Gedanken zuende denken würden?" Also wird der Gedanke zum Tabu. Aber dort, wo sich die Lüge verschanzt hat, tritt die Wahrheit zunächst immer als Zweifel auf. Anders geht es nicht. Ohne Zweifel gibt es keine Erneuerung.

Der Dogmatismus schadet nicht nur dem Glaubenden selbst, sondern auch seinem Umfeld: Er wirkt lebensfremd, bigottisch und besserwisserisch.

1.4.2. Eine Weisung: Erkenne, was du *nicht* erkennen kannst!

„Bedenkt man die grenzenlose Macht,
Weisheit und Güte des Schöpfers in allen Dingen,
so wird man nicht glauben,
dass alles für ein so unbeträchtliches,
geringes und ohnmächtiges Wesen,
wie der Mensch ist, offengelegt sein müsse. [...]
Nur so viel lässt sich sagen,
dass hier die sinnliche und die geistige Welt
einander ganz gleich stehen,
und dass das, was wir von beiden wahrnehmen,
in keinem Verhältniss zu dem Nichtwahrgenommenen steht,
und dass das mit unserem Sinnen oder Denken Erfasste
nur ein Punkt ist und beinahe Nichts
im Vergleich zu dem Uebrigen."

John Locke[43]

Der Dogmatismus ist dem selbstunsicheren Glaubenden eine Schutzburg aus Mauern des Pseudowissens. Seine Lehrmeinung hat als absolut zu gelten. Was er glaubt, das nennt er Wissen. Darum sind alle Menschen, die nicht seinen Glauben teilen, für ihn Ungebildete. Er muss sie belehren. Hiobs Antworten auf die Besserwissereien sei-

---

[43] John Locke, Über Wissen und Meinen: Buch 4, in: John Locke, *Versuch über den menschlichen Verstand,* in vier Büchern, Band 1, übers. u. erläutert v. J.H. v. Kirchmann (L.Heimann: Berlin, 1872), 136-355, Permalink http://www.zeno.org/Philosophie/M/Locke,+John/Versuch+%C3%BCber+den+menschlichen+Verstand, 167f. - John Locke (1632-1704) ist einer der großen Philosophen und Staatstheoretiker der britischen Aufklärung. Er kam aus einer puritanischen Familie und blieb trotz seiner Religionskritik dem Glauben treu. Locke kritisierte scharf unwahrhaftige Wissensaussagen, die aus unkritisch und autoritär verfügten Voreingenommenheiten des Glaubens abgeleitet waren, wie z.B. die Rechtfertigung absolutistischer Herrschaftsformen durch biblische Argumente. Letzterem stellte er eine freiheitliche Staatstheorie gegenüber, die er empirisch-wissenschaftlich begründete und biblisch untermauerte. Locke wurde damit zu einem Pionier der modernen Demokratie. Besonders großen Einfluss hatte seine Lehre auf die Verfassung der Vereinigten Staaten von Amerika.

ner Freunde und vor allem das Donnerwetter Gottes, das
dem Geschwätz das überfällige Ende setzt, zeigen aller
theologischen Spekulation die Grenze auf: Mensch, bilde
dir nicht ein zu wissen, was du gar nicht wissen *kannst*!

An diesem Punkt betrifft das Buch Hiob nicht nur das
theologische Denken, sondern auch das philosophische.[44]
Theologie und Philosophie stehen hier vor einem gemeinsamen Problem, das sie nur von verschiedenen Seiten her
angehen. Das gemeinsame Problem ist die Unterscheidung von *Wissen* und *Glauben*: Die Theologie vertritt den
Glauben und hat darum die Aufgabe, Glaubensangele-
genheiten nicht mit Wissensangelegenheiten gleichzusetzen. Die Philosophie vertritt das Wissen und hat wiederum die Aufgabe, die Grenzen zwischen Wissen und
Glauben auszuloten und zu definieren. Für beide Seiten
gilt: Wenn sie nicht auf diese Grenze sorgsam achten,
kommen Dogmatismen zustande. Der Glaube maßt sich
Wissensurteile an, das Wissen Glaubensurteile. Solche
Urteile können nur um den Preis der Wahrheit aufrechterhalten werden. Darum ist geboten: „Du sollst dir kein
Bildnis machen in irgendeiner Gestalt, weder von dem,
was oben im Himmel, noch von dem, was unten auf Erden, noch von dem, was im Wasser unter der Erde ist."[45]
Das bedeutet: Du sollst dich nicht dazu versteigen, das
Wesen der Dinge in Begriffe zu fassen, weder das der
ewigen noch das der zeitlichen Dinge. Du sollst nicht versuchen, mich, deinen einen Gott, dadurch in den
(Be-)Griff zu bekommen. Halte darum nichts für Wissen,
was mich betrifft. Unterscheide klar zwischen Wissen
und Glauben!

Das Buch Hiob spricht von dieser Grenze und fordert
dazu auf, sie wahrzunehmen und zu definieren. Das ist
eine mühsame, aber notwendige intellektuelle Herausfor-

---

[44] Nicht von ungefähr zählt das Buch Hiob zur *Weisheits*dichtung des
Alten Testaments.

[45] Deut 5,8.

derung an beide Disziplinen. Dementsprechend haben auch Philosophen wie Søren Kierkegaard, Karl Jaspers und Martin Buber, die sich mehr als andere mit der Zuordnung von Glauben und Wissen beschäftigten, das Buch Hiob in diesem Sinne verstanden.

Insofern ist das Hiobbuch auch eine philosophische Schrift. Das muss uns nicht überraschen, denn die Bibel enthält viel Philosophisches, bedeutet doch „Philosophie" nichts anderes als „Liebe zur Weisheit". Hiob ist ganz offensichtlich einer, der die Weisheit liebt. Interessant ist, dass die Antwort, die Gott ihm schlussendlich gibt, eher (natur-)philosophisch als theologisch wirkt; jedenfalls ist sie ziemlich anders als das, was man sonst aus den heiligen Schriften Israels und ihren Kommentaren kannte. Zumindest können wir Folgendes sagen: Wenn die Theologie sich erneuert, ist die Philosophie nicht fern. Vielleicht wird sie als Geburtshelferin gebraucht. Jedenfalls kann sie die Fragen stellen, durch die theologische Erneuerung in Gang kommt. Darum liegen in der Menschheitsgeschichte Phasen der Glaubensreformation und der philosophischen Aufklärung immer wieder wie verschachtelt ineinander.[46] Das scheint auch für die Krise der jüdischen Theologie nach dem babylonischen Exil zu gelten. Dafür spricht jedenfalls der Text des Hiobbuchs.

Am Beginn des Hiobbuchs scheint es, als würde sich der Vorhang für uns öffnen, um uns Einblick in Vorgänge in der Ratsversammlung am Hofstaat Gottes zu gewähren. Aber dem ist nicht so. Der weitere Verlauf des Dramas führt den Gedanken ad absurdum. Die Szene hinter dem Vorgang, die Satan mit Gott eine Wette abschließen lässt, deren Folge Hiob gnadenlos und unschuldig ausbaden muss, ist nur ein schwaches Bild für unser schwaches Auge, das nicht anders wahrnehmen kann als mensch-

---

[46] Z.B. wäre die Reformation nicht denkbar gewesen ohne die vorhergehende Philosophie der Scholastik; die Reformation wieder bereitete der späteren philosophischen Aufklärung den Weg.

lich. Es taugt nicht für Geheimnisse der Ewigkeit. Und
darum ist auch die Szene hinter dem Vorhang nichts weiter als ein zweiter Vorhang, durch den ein wenig Licht
von drüben in unsere Wirklichkeit dringt. Es spricht
nicht aus sich selbst heraus, es will gedeutet sein. Es *pro-
voziert* eine Deutung, die dem verzweifelten Zorn Hiobs
entspricht. Aber es *verlangt* nach einer Deutung, die seiner Sehnsucht gemäß ist. Dass nämlich das, was der Logik nach nur Unrecht sein kann, bei Gott dennoch reine
Weisheit und wahrhaftige Liebe ist. Es verwirrt das Wissen und verlangt den Glauben.

1.4.3. Ein Zuspruch: Stärker als alles ist die Liebe!

„Wieso ich noch lebe?
Unsicherer Gott
Dich Dir zu beweisen".
Yvan Goll[47]

Carl Gustav Jung (1875-1961) hat ein Buch über Hiob geschrieben, auf das in der Hiobliteratur immer wieder Bezug genommen wird. Jung sieht richtig, dass Hiob einen
theologischen Umbruch markiert. Das Gottesbild verändert sich weg vom unnahbar fernen Gott hin zu einem
Gott der persönlichen Beziehung: Dem„lag es an den
Menschen".[48]

Martin Buber (1878-1965) zufolge ist das Schlimmste
an Hiobs Leiden die Gottverlassenheit. Daran verzweifelt
Hiob.[49] Auch für Buber liegt die erkenntnistheoretische
Botschaft des Hiobbuchs nicht darin, dass eine neue Antwort für das Problem des Bösen und die Frage nach der

[47] Yvan Goll, zit. in: G. Langenhorst, a.a.O., 171. - Yvan Goll (1891-1950) war ein deutsch-französischer Lyriker jüdischer Abstammung.

[48] Carl Gustav Jung, *Antwort auf Hiob*, 4. Aufl. (dtv: München, 1997), 17.

[49] Quelle zu Buber: G. Langenhorst, a.a.O., 214ff.

Gerechtigkeit Gottes in Bezug auf das Unmaß der menschlichen Leidenserfahrungen geformt wird, sondern darin, dass solche Antworten für den menschlichen Intellekt nicht zugänglich sind. Weder Hiob noch der Leser erhält eine Erklärung solchen Leidens. Dennoch erkennt Buber eine Lösung des Hiobproblems: Er findet sie auf der Beziehungsebene. Hiob fragt zwar nach Erklärungen, aber er leidet in Wirklichkeit viel weniger an der Ungereimtheit als an der abgebrochenen Beziehung. Und er findet seinen Frieden, obwohl er ohne Erklärungen bleibt, als er endlich *erfährt*, dass Gott sich ihm persönlich zuwendet, indem er ihn anspricht und seine Not aufhebt. Somit ist Hiob Buber zufolge gerade in der Verzweiflung vorbildlich, denn er hält unablässig an der Vertrauensbeziehung fest: Welche Gründe es auch immer geben mag für die Gottverlassenheit, sie darf nicht der Weisheit letzter Schluss sein. Er kann nicht sein ohne Gott. Die erfahrene Vertrauensbeziehung zu Gott ist ihm existenzielle Notwendigkeit. Es gibt nur die Alternative der völligen Verzweiflung. Darum wartet Hiob weiter aller Erfahrung zum Trotz. „Gott wird, wie spät auch, doch noch kommen".[50] Das ist wiederum Hiobs Geduld. Und die Botschaft des Hiobbuchs ist: Diese Geduld kommt zum Ziel!

Wahrscheinlich hat Buber hiermit tatsächlich den Kern der Botschaft des Hiobbuchs getroffen. Der Satanszweifel, an dem sich das ganze Hiobsdrama entzündet, hinterfragt die Selbstzwecklichkeit der Beziehung zwischen Hiob und Gott und behauptet, es gebe sie nicht. Dann wäre Hiobs Gottergebenheit nicht anders als die eines Hundes, der seinem Herrchen treu ist, weil es ihn füttert und streichelt. Dann wäre aller Glaube, so edel er sich auch geben würde, nichts anderes als ein magisches Tauschgeschäft: Ich bin diesem Gott treu, wenn es sich lohnt, sonst suche ich mir einen anderen Götzen. Ich liebe

---

[50] Martin Buber, zit. in: Ebd., 215.

ihn, weil er mir meine Wünsche erfüllt. Aber ich liebe ihn nicht um seiner selbst willen. Wenn ich von seinen Leistungen absehe, halte ich ihn nicht für liebens-*würdig*.

Bubers Sichtweise stimmt außerdem bestens mit sehr vielen Bibeltexten zusammen, insbesondere mit Klagepsalmen, in denen schwerste Leidenserfahrungen und das „Harren auf Gott" mit seiner unsäglichen Mühsal und seiner großen Verheißung zu hoch emotionalen Aussagen verbunden und verdichtet sind. Oft äußert sich die Emotion in verzweifeltem Schreien. Den Leidenden der Klagepsalmen und ihrem Bruder Hiob geht es wie jenem kleinen Kind, das von der Mutter im Stich gelassen wurde. Sie mag ja gleich wiederkommen, aber dieses „gleich" kann das Kind nicht fassen, es ist ihm Ewigkeit. Es ist außer sich, es brüllt verzweifelt. Doch wenn die Mutter wieder kommt und sich ihm liebevoll zuwendet, ist es getröstet und fragt nicht nach dem Grund der Abwesenheit.

Mit Buber werden wir wohl sagen dürfen: Das Hiobdrama ist zutiefst ein *Liebesdrama*. Dieser Gedanke rückt es inhaltlich ganz nah an eine andere ähnlich faszinierende, ähnlich provozierend und den Rahmen alles Üblichen sprengende, fast deplatziert im Kanon der Heiligen Schrift wirkende Dichtung des Alten Testaments, die noch dazu von ähnlich hoher literarischer Qualität ist: Das Hohelied. Es ist des Nachdenkens wert, dass auch im Hohenlied das Hiobmotiv aufgenommen ist, als die andere Seite der Liebesbeziehung - Angst, Enttäuschung und Verzweiflung des Verlassenwerdens:

„*Des Nachts auf meinem Lager suchte ich, den meine Seele liebt. Ich suchte; aber ich fand ihn nicht.*
Ich will aufstehen und in der Stadt umhergehen auf den Gassen und Straßen und suchen, den meine Seele liebt. Ich suchte; aber ich fand ihn nicht.

Es fanden mich die Wächter, die in der Stadt umherge-
hen: 'Habt ihr nicht gesehen, den meine Seele liebt?'"[51]

Hiob hat den verloren, „den seine Seele liebt" - und findet ihn nicht mehr. Sein ganzes Klagen ist ein einziges
Suchen.

Die enttäuschte Liebende im Hohenlied *sucht*, Hiob
hingegen *flucht*, weil ihm jene Hoffnung auf das Finden
geraubt zu sein scheint. Aber er „flucht so schön und
mächtig, er flucht verflucht schön", bemerkt Werner Reiser in seiner Hiobauslegung zu Recht.[52] Es ist die Liebe,
die selbst dem Fluch seine schöne Würde gibt, rauh, aber
überaus leidenschaftlich und lebendig. Es ist das leidenschaftlich festgehalten Ja zum Leben allem zum Trotz,
das Hiobs Klage diesen Klang verleiht. „Im Namen des
recht gemeinten Lebens kommt es zum Protest gegen das,
was kein Leben mehr ist. Das Ja weckt das Nein der Verfluchung."[53] Darin gründet die Seelenverwandtschaft
zwischen Hiob und dem Hohenlied.

„Aber als ich meinem Freund aufgetan hatte, war er
weg und fortgegangen. Meine Seele war außer sich,
dass er sich abgewandt hatte. Ich suchte ihn, aber ich
fand ihn nicht; ich rief, aber er antwortete mir nicht.
Es fanden mich die Wächter, die in der Stadt umherge-
hen; die schlugen mich wund. Die Wächter auf der
Mauer nahmen mir meinen Überwurf.
Ich beschwöre euch, ihr Töchter Jerusalems, findet ihr
meinen Freund, so sagt ihm, dass ich vor Liebe krank
bin."[54]

---

[51] Hoh 3,1-3.

[52] Werner Reiser, *Hiob: Ein Rebell bekommt recht* (Quell: Stuttgart, 1991),
35.

[53] Ebd., 37.

[54] Hoh 5,6-8.

Hiob hat „seinem Freund aufgetan": Er hat sich Gott anvertraut, ihm sein Herz geöffnet. Aber er erlebt eine un-
fassbare Reaktion: Gott bestätigt ihn nicht, sondern „er
war weg und fortgegangen." Darum ist seine Seele „außer sich, dass er sich abgewandt hatte." Es folgt die verzweifelte Suche. Er begegnet Menschen, die ihm helfen
könnten auf seiner Suche: den „Wächtern". Aber sie ver-
dächtigen ihn. Sie unterstellen ihm, auf Abwegen zu sein.
Sie „schlagen ihn wund" und nehmen ihm den „Überwurf", berauben ihn also seines Schutzes. Es ist erstaunlich, wie genau diese Metapher auf die Freunde Hiobs
passt, treten doch auch sie als „Wächter" auf, als Hüter
der überlieferten Ordnung, in die ein liebesirrer Hiob
sich zu fügen hat. Sie haben nicht das geringste Gespür
für das, was ihn wirklich bewegt: Er ist „vor Liebe
krank"!

> „Denn Liebe ist stark wie der Tod und Leidenschaft un-
> widerstehlich wie das Totenreich. Ihre Glut ist feurig
> und eine Flamme des Herrn, sodass auch viele Wasser
> die Liebe nicht auslöschen und Ströme sie nicht erträn-
> ken können."[55]

Diese Sätze repräsentieren die Kernbotschaft des Hiobbuchs. Die Liebe ist stärker als alles. „Die Liebe hört niemals auf."[56] „Nun aber bleiben Glaube, Hoffnung, Liebe,
diese drei; aber die Liebe ist die größte unter ihnen."[57]
   Hiob ist uns Vorbild unüberwindlicher Liebe. Es will
uns Mut machen: Du darfst vertrauen, Mensch, dass
selbst dort, wo dein Begreifen völlig aussetzt, der Liebe
keine Grenze wird. Du darfst und sollst der Liebe *glauben*,
selbst dort, wo du nichts mehr von ihr *weißt*, weil alles,

---

[55] Hoh 8,6f.

[56] 1Kor 13,8.

[57] 1Kor 13,13.

was du weißt, dagegen spricht. Dein Leben ist umfasst von Gottes Liebe. Die Spanne deines Leidens ist umfasst, eingegrenzt, vermerkt im Buch des Lebens, ausgespart darin für vollkommenen und wahren Trost. Und wenn die Liebe ihren Trost für deine Leiden gefunden haben wird, wenn sie zum Ziel gelangt sein wird, dann wird auch die Gerechtigkeit mit ihr zum Ziel gekommen sein.

„Das Buch Hiob, das Schicksalsbuch unseres Volkes, ist, wenn irgend etwas, das je auf Erden geschrieben wurde, ein Buch des Lebens und des Vertrauens zum Leben", resümiert Margarete Susman.[58] Wenn auch die Flamme der Liebe zum Leben in Hiobs Herz zum glimmenden Docht verkümmert, ganz und gar auslöschen kann sie nicht, und jedes bisschen Hoffnung wird sie neu entfachen. Margarete Susman spricht hier vom „Schöpfungsgeheimnis":

> „Satan kann nicht über Hiob siegen, weil es ihm nicht gelingt, das Schöpfungsgeheimnis aufzulösen, an dem ihn der Schöpfer lebendig festhält: das Herz, den Kern, die lebendige Mitte, aus der unbegreiflich, unverstörbar, allem Zweifel Hiobs an der Gerechtigkeit Gottes zum Trotz, der Ruf aufsteigt: 'Aber ich weiß, daß mein Rächer, mein Löser, mein Erlöser lebt!'".[59]

Synomym mit dem „Schöpfungsgeheimnis" ist ihr „das Mysterium der Passion", worin sie die Berufung des „ewigen Israel" erkennt:

> „Aus seinem immer neuen Auferstehen aus immer neuem Tod ist es im endzeitlichen Erkalten der Herzen erwählt, unsichtbar wie ein Strom warmer, lebendiger Tränen durch die vereiste Völkerwelt hindurchzurinnen

---

[58] M. Susman, a.a.O., 153.

[59] Ebd.., 146

und, selbst in immer neuen Erschütterungen von Eis und Starre befreit, alle Erstarrungen und Vereisungen zwischen den Völkern und den Einzelnen aufzuschmelzen, alles Erforerene hinwegzutauen, reines, unmittelbares, gestaltlos flutendes Leben zu sein."[60]

Das sind erhabene Sätze aus erster Hand, geboren aus der unmittelbaren Betroffenheit des allergrausamsten Hiobleidens. Wundersätze, weil sie voller Hoffnung sind!

1.4.4. Eine Mahnung: Sei Hiob *wahrer* Freund!

„Auch das, so scheint mir,
ist eine Antwort an Hiob:
daß in ihm Gott selbst leidet."
Hans Jonas[61]

Unser christlich-trinitarisches Gottesverständnis legt es uns nahe, in Hiob eine Gottesknechtsgestalt zu sehen, wie sie im Trostbuch Jesajas vorgebildet und in Jesus Christus offenbart ist.[62] In Jesus wird Gott selbst Mensch, indem er die Gestalt dieses vorgezeichneten Gottesknechtes annimmt.[63] In Jesus identifiziert sich Gott mit dem leidenden Gottesknecht, der im Alten Testament mit dem wahren Israel gleichgesetzt wird, dem Israel der gerechten „Siebentausend". Er leidet um der Liebe willen und darum ist sein Leiden nichts Exklusives, sondern das selbstlose und grenzenlose Mitleiden des Erbarmens mit aller gequälten Kreatur.

---

[60] Ebd., 148.

[61] Hans Jonas, zit. in: G. Langenhorst, a.a.O., 213. - Hans Jonas (1903-1993) war ein deutscher Philosophie aus jüdischer Familie. Seine Mutter wurde in Auschwitz ermordet.

[62] Jes 40-66.

[63] Vgl. dazu insbesondere Jes 53.

Dieses *erbarmende Mitleiden* steht im krassen Gegensatz zum *erbärmlichen Mitleid* der Hiobsfreunde, das sich allenfalls sentimental über den Betroffenen erhebt, um ihn von oben herab zu bedauern, ohne sich je auf die Realität seines Leidens wirklich einzulassen. Das erbarmende Mitleiden sieht den Leidenden an, erkennt in ihm seinen nächsten Mitmenschen, Schwester und Bruder, weicht seiner Not nicht aus und hilft ihm sein Kreuz tragen. So begegnet uns Jesus und das erwartet er von denen, die ihm folgen. Das ist sein Unterscheidungskriterium zwischen den Menschen, die mit ihm persönlich verbunden sind, und denen, die nur davon reden und sich irgendwie christlich gebärden. Darum sagt Jesus: „Was ihr getan habt einem von diesen meinen geringsten Brüder, das habt ihr mir getan."[64]

Indem Hiobs Freunde sich als Gottes Advokaten geben, verfehlen sie ihren Auftrag. Sie sollen ihn nicht verteidigen, sie sollen ihm dienen, hier, ganz konkret, an diesem Menschen, der da vor ihnen sitzt. Sie sollen ihn auch nicht mit frommen Sprüchen vertrösten, sondern sie selbst sollen ihn trösten. Gewiss hat dieser Trost seine Grenze, denn sie können ihm die Gottverlassenheit nicht nehmen, sie können ihm den Verlust nicht ersetzen, sie können ihn nur stärken in seiner Geduld. Aber genau darum geht es: In dieser bescheidenen Begrenzung ganz für Hiob da zu sein. Es scheint ganz wenig und ist doch so viel: Ihm einfach nur Beziehung zu schenken, schlichtes, unaufdringliches Da-sein, achtsame, freundschaftliche, freund-liche Nähe. Das braucht er jetzt von ihnen, nichts sonst. Das wäre ihm wirklicher Trost.

Wenn Hiob auch nach Erklärungen verlangt, geht doch seine Sehnsucht einen anderen Weg. Im Bild gesprochen: Er möchte nicht wissen, wo die Mutter ist und warum sie dort ist und nicht hier, er möchte, dass sie zu-

---

[64] Mt 25,40.

rückkommt. Er verzweifelt am Verlust der Liebe. Es ist oft so in der Seelsorge: Mit ihren Warum-Fragen suchen die Leidtragen nur oberflächlich nach Erklärungen auf der Sachebene, aber im Herzen bringen sie damit zum Ausdruck, dass sie sich elend verlassen fühlen und ihnen nichts so sehr helfen kann wie menschliches Verständnis und liebevolle Nähe. Die Frage scheint auf der Sachebene zu liegen, die Antwort liegt auf der Beziehungsebene.

Richard Rohr nennt diesen Weg der Seelsorge in seiner Hiobauslegung „erlösendes Zuhören". Die Ausbildung von Seelsorgern ziele jedoch darauf ab, „Antworten zu geben." Im Gegensatz dazu beruhe der Weg des „erlösenden Zuhörens" auf der Annahme, dass uns keine letzten Antworten für den leidenden Mitmenschen zur Verfügung stehen. „Wonach sich die Menschen sehnen, ist, angenommen und verstanden zu werden. [...] Das Erlösendste, was wir einander tun können, ist einfach zu verstehen."[65]

Hiobs Freunde beziehen Stellung auf der Sachebene und verbarrikadieren sich dort. Nur nicht zu viel Gefühl - wo kämen wir denn da hin? Sie scheuen die Emotionalität der Beziehungsebene wie der Teufel das Weihwasser.

Der Kontrast ist uns Mahnung, den anderen Weg in der Seelsorge mit schwer leidenden Menschen zu gehen, den Weg des emotionalen Einfühlens und Verstehens, den Beziehungsweg. Das meint die Begegnung mit dem einzelnen Leidenden wie auch unsere Haltung zu den Brennpunkten der Unmenschlichkeit: Dass wir hinschauen statt wegzuschauen. Dass wir uns treffen und verletzen lassen, statt uns versachlichend aus der Affäre zu ziehen. Dass wir uns hüten vor der faulen Ausrede, es gehe uns nichts an. „Wer ist denn mein Nächster?" Der *nächste Hiob* ist mein Nächster. Hiobs gibt es viele. An Hiob kommt keiner vorbei, es sei denn, er ließe ihn in sei-

---

[65] R. Rohr, a.a.O., 74.

nem Elend liegen.

Es versteht sich von selbst, dass Hiob für die Juden nach dem Holocaust mehr denn je zur Symbolfigur wurde. Wenn wir Hiobs wahre Freunde sein wollen, dann auch wahre Freunde derer, die den Holocaust erlitten und aller, die bis heute Vergleichbares erfahren. „Freund" kann hier nichts anderes heißen als leidenschaftliche Solidarität. Bonhoeffers berühmter und mutiger Satz: „Nur wer für die Juden schreit, darf auch gregorianisch singen", gilt auch heute als ungeschmälerte und dringliche Mahnung, nicht nur angesichts des immer neu aufwuchernden Antisemitismus, sondern auch angesichts aller ähnlichen Menschenverachtung.

Das ist die Botschaft: Lass dich erfassen von der Liebe, verschreibe dich ihr ganz. Und darum: Lass dich nicht schrecken von Hiobs Leid wie seine Freunde. Schau hin, wo sie den Blick abwenden. Lass dir die Qual der Menschenschwester und des Menschenbruders zu Herzen gehen. Und werde den Hiobs ein wahrhaftiger Freund.

2. Die Vorgeschichte

➜ **Lies Kapitel 1 und 2!**

2.1. Der Blick hinter die Kulissen

„Kühn ist vor allem,
wie unerschütterlich Gott auf Hiob setzt,
als ob er nicht am Menschen zweifeln könnte.‟
Werner Reiser[66]

Der originale Hiob ist kein Jude. Er kommt aus Uz. Die Gegend lag wahrscheinlich in Arabien. Das ist ein wertvoller Hinweis, wie auch die wahrscheinliche Bedeutung seines Namens. „Hiob‟ bedeutet wohl „Wo ist mein Vater?‟. Wir dürfen folgern: Die Herkunft Hiobs weist darauf hin, dass die Symbolgestalt „Hiob‟ für jeden Menschen steht, der so leidet wie Hiob. Und in der Bedeutung des Namens leuchtet der tiefste Schmerz des Hiobleidens auf: Die Gottverlassenheit.

Obwohl Hiob jedermann sein kann, bleibt der Name seines Gottes nicht im Ungefähren: Er ist eindeutig als der Gott Israels identifiziert. Allerdings wurden in der jüdischen Theologie verschiedene Gottesnamen verwendet, und so ist es auch im Buch Hiob. Erst in der Gottesoffenbarung am Schluss des Buches wird Gott „Jahwe‟ genannt. Mit diesem Namen hat Gott sich Mose offenbart. „Jahwe‟, so wird im zweiten Buch Mose erklärt, heißt „Ich bin, der ich bin‟ oder „Ich werde sein, der ich sein werde‟.[67] Darin kommt Gottes Unfassbarkeit zum Ausdruck: An den Wirkungen ist er zu erkennen, darin dass er sich immer neu offenbart. Man wird das so verstehen dürfen. „Du wirst mich daran erkennen, wie ich mich dir gegenüber verhalten werde.‟ Und darin wiederum liegt

---

[66] W, Reiser, a.a.O., 15.

[67] Ex 3,14.

der Hinweis auf sein Wesen. Gott bleibt sich gleich und bleibt als solcher den Seinen treu. Das Wiedererkennungsmerkmal ist in Psalm 103 schön zusammengefasst: „Barmherzig und gnädig ist der Herr, geduldig und von großer Güte."[68]

2.1.1. Der Störenfried

> „Ich bin der Herr, und sonst keiner mehr,
> der ich das Licht mache und schaffe die Finsternis,
> der ich Frieden gebe und schaffe Unheil.
> Ich bin der Herr, der dies alles tut."
> Jes 45,6f

Dass Satan an einer himmlischen Ratsversammlung teilnehmen kann und dort auch noch eine wichtige Rolle spielt, sozusagen also Redezeit erhält und Gehör findet, ist überaus anstößig. Wenn es nicht in der Bibel stünde, würde der Christ einem solchen Szenario gegenüber auf Distanz gehen; mit der christlichen Dogmatik scheint es jedenfalls überhaupt nicht kompatibel zu sein. Aber da es nun einmal in der Bibel so steht, sollte sich die Dogmatik danach ausrichten, auch wenn es Mühe kostet.

Der Satan wird sehr selten im Alten Testament erwähnt. Ähnlich wie bei Hiob tritt er im ebenfalls nachexilischen Buch Sacharja auf. Dort erscheint er als Ankläger des gerechten Hohenpriesters Jeschua wie in einer himmlischen Gerichtsverhandlung. Der „Engel des Herrn" tadelt Satan und rechtfertigt Jeschua.[69] Fest steht, was für das ganze Alte Testament gilt: Satan ist hier wie dort durchaus kein autonomer Gegenspieler Gottes oder gar so etwas wie ein Gegen-Gott. Er hat seine ziemlich klar

---

[68] Ps 103,8.

[69] Sach 3,1ff.

definierte Rolle unter den Engeln zu spielen.[70] Sein Name
ist Programm: Satan bedeutet „Hinderer, Anfeinder und
Quertreiber".[71] Offenbar hasst er die Menschen und
möchte sie zerstören, aber er steht dabei unter der souveränen Befehlsgewalt Gottes. Der strenge Monotheismus
Israels ließ es im Gegensatz zu anderen zeitgenössischen
Religionen, die gute und böse Götter nebeneinander und
gegeneinander stellen konnten, nicht zu, eine andere
übermenschliche Macht als Gott für den Letztverursacher
des Übels in der Welt zu halten.

Somit trifft es zwar schon zu, mit Chambers zu sagen,
das Unwesen Satans sei von Gott zwar zugelassen, es sei
aber nicht mit Gottes Willen gleichzusetzen.[72] Doch kann
das erklären und trösten? Der Letztverursacher und
Letztverantwortliche bleibt ja dennoch Gott. Wenn eine
Regierung wissentlich zulässt, dass hohe Beamte Verbrechen an ihren Bürgern begehen, darf sie dann selbst noch
gut genannt werden?

Um dem Dilemma zu entgehen, tut Chambers das,
was viele Theologen tun: Er verteufelt die Welt. Der Dualismus des himmlischen Hofstaats wird dadurch quasi
ausgelagert. Die Welt ist gefallen, sie ist ganz verdorben
und böse.

*„Im Leid begehrt der Mensch erst einmal auf und sagt
zornige Dinge, weil er innerlich verletzt ist. Doch am
Ende bringt das Leid den Menschen zum richtigen
Standpunkt, daß nämlich die Dinge im Grund genommen tragisch sind. Solange ich glücklich bin und die*

---

[70] Dem Alttestamentler Ebach zufolge lässt sich die Funktion Satans in
Hiob 1 „mit der zeitgenössischen Funktion eines königlichen Inspek-
tors oder Kontrolleurs im persischen Reich vergleichen." Jürgen Ebach,
Streiten mit Gott: Hiob. Teil 1, Hiob 1-20 (Neukirchener: Neukirchen-
Vluyn, 1995), 10.

[71] Ebd., 11.

[72] O. Chambers, a.a.O., 14.

Dinge gut laufen, wiederhole ich vielleicht das, was ein berühmter Philosoph sagte: 'Diese Welt ist die beste aller möglichen Welten.' Tatsächlich war sie ursprünglich von Gott dazu ausersehen. Inzwischen ist sie zur schlechtesten aller nur möglichen Welten herabgesunken."[73]

Satan ist der „Fürst der Welt"[74]. Wenn er willkürlich Böses tut, dann entspricht das ganz einfach nur den ganz normalen Verhältnissen in dieser Welt. Eigentlich sollte das niemand wundern, auch Hiob nicht. Aber Hiob muss eben erst noch zu der Einsicht kommen, sein Optimismus muss völlig scheitern, und dies wiederum wird die Voraussetzung zu seiner Bekehrung sein:[75] Als Verzweifeltem wird ihm bewusst werden, wie sehr er den Retter braucht, und dann erst wird sich Gott ihm offenbaren.

Der „berühmte Philosoph", von dem Chambers spricht, ist Gottfried Wilhelm Leibniz (1646-1716). Sein berühmtestes Werk heißt „Theodizee".[76] Darin setzt er sich sehr ausführlich mit der Frage auseinander, warum Gott die Übel in der Welt zulässt. Seither trägt diese Frage den Namen seines Buches. Der Rationalist Leibniz geht davon aus, dass eine Erklärung nicht unserer Vernunft widersprechen sollte. Denn was allzu offensichtlich unvernünftig sei, wäre auch für den Glauben eine allzu große Zumutung. Leibniz geht ferner davon aus, dass ein Gott, an den zu glauben vernünftig ist, allweise, allmäch-

---

[73] Ebd., 41.

[74] Joh 12,31.

[75] „Hiob entdeckt, daß die grundlegenden Dinge im Leben nicht logisch, sondern tragisch sind. [...] Wenn man so weit ist, befindet man sich auf der rechten Fährte." O. Chambers, a.a.O., 52.

[76] Gottfried Wilhelm Leibniz, *Die Theodizee von der Güte Gottes, der Freiheit des Menschen und dem Ursprung des Übels*, Bd. 2, erste Hälfte und zweite Hälfte, hg. u. übersetzt v. H. Herring, 2. Aufl. (Insel: Frankfurt a.M., 1986).

tig und allgütig sein sollte. Dieses positive Gottesbild ent-
nimmt er seinem christlichen Glauben. Unter diesen beiden Voraussetzungen kommt Leibniz zu dem Schluss,
dass die gegenwärtige Welt die beste aller möglichen
sein muss. Dabei setzt er das Schicksal des Menschen
nicht zum Maß aller Dinge, sondern er sieht ihn, ähnlich
wie Locke, im Zusammenhang mit der unbegreifbaren
Größe und Komplexität des Universums. Leibniz leugnet
die Übel, das Böse und die Sünde nicht, aber er glaubt daran, dass Gott auch das Schrecklichste in seinen vollkommen Plan des Universums integriert, dass sich also auch
alles Böse letztlich den guten Zielen Gottes beugen und
ihnen dienen muss. Wenn es einen anderen Weg zur
Vollendung gäbe, so hätte Gott ihn beschritten. Wenn er
nicht dazu fähig gewesen wäre, dann wäre er nicht Gott.

Aus diesen Überlegungen des Philosophen Leibniz ist
der Begriff „Optimismus" entstanden.

2.1.2. Es gibt keinen Gegengott

„Der alttestamentliche Mensch kannte noch keinen metaphysi-
schen Dualismus von Gut und Böse; Herr des Geschehens war
allein Jahwe".
Tobias Mickel[77]

Vom Grundgedanken her ist Optimismus also nichts anderes als das Festhalten daran, dass es auf alle Leidenserfahrungen, gerade auch die unfassbar schweren, eine
tröstlich sinnvolle Antwort geben kann und wird. Alle
Wunden werden verheilen und zuletzt wird Gottes *gutes*
Werk - es kann ja nur gut sein, sonst wäre Gott nicht
Gott! - vollendet sein. Dieser Optimismus ist also ursprünglich nichts anderes als ein anderes Wort für die
Hoffnung.

---

[77] Tobias Mickel, *Seelsorgerliche Aspekte im Hiobbuch: Ein Beitrag zur biblischen Dimension der Poimenik*, Theologische Arbeiten, Hg. T. Holtz, U.
Kühn, R. Mau et al., Band 158 (Evangelische Verlagsanstalt: Berlin,
1990), 88. Dissertation in Praktischer Theologie.

Oswald Chambers hingegen vertritt den weit verbrei-
teten christlichen *Pessimismus*. Das bedeutet nicht, dass er
ohne Hoffnung wäre, aber er ist ohne Hoffnung für die
natürliche Welt. Seine Weltsicht ist *dualistisch*: Die natürliche Welt ist ganz und gar verdorben und sie steht - als
Ganze! - unter der Herrschaft Satans. Wer nicht gerettet
wird, fährt mit ihr in die Hölle, nicht weil er Verbrechen
begangen hätte, die Höllenstrafen verdienen, sondern
weil er sich sozusagen „auf dem falschen Dampfer" befindet, der nun einmal dorthin unterwegs ist.[78]

Man darf sich mit gutem Grund auch mit dem leibniz-
schen Entwurf kritisch auseinandersetzen. Aber eine
wichtige Erkenntnis können wir an dieser Stelle schon
einmal festhalten: Eine optimistische Weltsicht wie die
soeben beschriebene ist jedenfalls deutlich näher am Text
des Hiobbuchs als eine dualistisch pessimistische. Das
Buch Hiob kennt *keinen* Dualismus. Der „Hinderer" des
Hiobbuchs ist keine souveräne Macht, die alle Kreatur
unter ihre Herrschaft geknechtet hat, sondern sie ist Teil
der Schöpfung und Gott beherrscht sie wie alles in der

---

[78] Dieser Daseins-Pessimismus findet sich in radikalisierter Form auch
bei Philosophen wie Arthur Schopenhauer (1788-1860). Dieser hat den
christlichen Pessimismus in seiner einseitig lebensverneinenden
„Selbstverleugnung" restlos aufgenommen und ihn durch die hinduis-
tische Vorstellung, dass die Welt der Erscheinungen eine Illusion sei,
ergänzt. Der Wille des Menschen ist für Schopenhauer darum nicht
sein Königreich, sondern seine Hölle. Erst durch die Überwindung des
begehrenden Wollens erlange der Mensch Frieden. „Je heftiger der Wille, desto greller die Erscheinung seines Widerstreits: desto größer also
das Leiden." Darum hat „alles Leiden, indem es eine Mortifikation
und Aufforderung zur Resignation ist, der Möglichkeit nach eine heil-
igende Kraft". Mit anderen Worten: Es kann die Kraft haben, den Lebenswillen, den Schopenhauer mit illusorischem, immer nur wieder
neues Leid verursachendem Begehren gleichsetzt, endgültig zu brechen. Arthur Schopenhauer, *Die Welt als Wille und Vorstellung*, Bd. 1,
nach d. Edition. v. A. Hübscher, Nachwort H.G. Ingenkamp (Philip
Reclam jun.: Stuttgart, 1987), 553. Die Ähnlichkeit dieser Sichtweise zu
lebensfeindlichen Formen der Askese insbesondere im Mönchtum ist
signifikant.

Schöpfung. Ganz deutlich wird das durch die Gottesreden aus dem Unwetter werden.

Man muss natürlich nicht behaupten, die Theologie
des Hiobbuchs sei der Weisheit letzter Schluss. Uns ist
bewusst, dass es im Neuen Testament einige Aussagen
über den Teufel und die Welt gibt, die mehr für ein dua-
listisch-pessimistisches Weltbild zu sprechen scheinen,
welches sich dementsprechend ja dann auch in der christlichen Theologie etabliert hat. Aber es wäre theologisch
wenig überzeugend, hinter den Fortschritt des Hiobbuchs zurückzufallen. Also wird es darum gehen, diesen
Fortschritt nicht aufzugeben, die Theologie des Hiobbuchs aber neutestamentlich weiterzudenken. Dazu ist jedoch hier nicht der Ort.

Wenn somit schon einmal klar ist, dass zerstörerische
Mächte dem Hiobbuch zufolge keine Souveränität Gott
gegenüber besitzen und sogar Teil der Schöpfung sind,
bleibt die Frage offen, warum dann Gott, der doch den
Menschen angeblich so nahe ist, unermessliches Leid wie
den Holocaust geschehen lassen kann. Wenn seine Allmacht es nicht verhindert und seine Allgüte es an sich
vorbeigehen lässt, dann kann es ja wohl nur an seiner All-
weisheit liegen. Aber an diesem Punkt kommen wir mit
unserer Vernunft nicht weiter. Kann und darf denn irgendein Mensch behaupten, Genozide und das ganze
Spektrum menschlicher Gräueltaten müsse man als Wege
der Weisheit Gottes verstehen? *Hoffen* mag man es, aber
deuten kann man es so nicht. Und erst recht kommt die
Vernunft an ihrer Grenze, wenn sie verstehen soll, dass
womöglich der Grund für das Entsetzliche so etwas wie
eine Wette zwischen Gott und Satan sein soll. Wir können uns das nicht zusammenreimen, es sei denn, der Unterschied zwischen Weisheit, Güte und extremem Sadis-
mus ginge uns verloren.

Dass der Satan hier „nicht als eine von außen kom-
mende, nicht als eine von Gott verworfene Macht" auf-

tritt, sondern dass Gott sogar „vertraulich mit ihm über
Hiob" spricht und sich darüber hinaus auch noch überzeugen lässt, ihn „dem Feind zur satanischen Prüfung"
auszuliefern, ist in der Tat „von Anfang an das den Boden des Geschehens tief Aufwühlende und Unterwühlen-
de" der Hiobgeschichte, wie Susman schreibt.[79] Nun dürfen wir uns aber wieder in Erinnerung rufen: Das Buch
Hiob ist eine Dichtung! Wir müssen also genauso wenig
wie bei einem Theaterstück darüber spekulieren, ob sich
das denn wirklich genau so zugetragen hat. Und wir dürfen speziell bei dieser Szene sogar hinzufügen, dass sie
sich gar nicht so zugetragen haben *kann*, selbst wenn die
Aussage, die uns durch dies Geschichte vermittelt werden soll, reine Wahrheit ist - woran wir keinen Zweifel
hegen müssen; und zwar aus dem bereits erwähnten
Grund: Was sich „hinter den Kulissen" unserer Diesseits-
wirklichkeit in Zeit und Raum abspielt, kann sich dem
menschlichen Auge nie so enthüllen, wie es seinem Wesen nach ist. Es erreicht uns immer nur in vermittelnder
Gestalt.

Die Bibel ist voll von solchen Vermittlungen. Sie sind
nicht die göttliche, ewige Wahrheit selbst, sondern sie
zeugen davon. Darum redet Jesus und auch sonst die ganze Bibel so häufig in *Gleichnissen*. Sie deuten auf das Ewige hin, aber sie stellen es nicht dar. Sie sind deutungsbe-
dürftig. Alle diese Zeichen, Zeugnisse und Bilder weisen
über sich hinaus auf das göttliche Geheimnis, für das sie
stehen - das sie zugleich offenbaren und verdunkeln.[80]

Wir dürfen darum behaupten, dass durch die Ein-
gangsszene des Hiobdramas keine *Antwort* auf das Theo-
dizee-Problem gegeben werden soll, sondern dass, auf
bewusst provozierende Art, die *Frage* in den Raum ge-

---

[79] M. Susman, a.a.O., 34.

[80] „Das Geheimnis Gottes hört nicht auf, Geheimnis zu sein, auch
wenn es offenbar geworden ist." Wilhelm Stählin, *Mysterium: Vom Geheimnis Gottes* (Kassel: Johannes Stauda, 1970), 11f.

stellt werden soll, dass aber daraus auch eine tiefe göttliche Weisheit leuchtet, die nach Deutung verlangt.

2.2. Satanische Strategie

> „So aber ist Satan als der Abgesandte Gottes selbst der Vollstre-
> cker des messianischen Schicksals. [...] Nur wo das Dasein in
> letzter Lebens- und Sterbenstiefe sich sammelt zur äußersten
> Krise und Gefahr, dort allein entspringt in ihrer echten Macht
> und Wahrheit die Kraft der Tiefe: die Hoffnung."
> Margarete Susman[81]

Hiob wird systematisch zermürbt (Abbildung 01). Die
„Hiobsbotschaften" nehmen kein Ende für ihn. Nachdem
seine Gesundheit ruiniert ist, geht auch seine Ehe in die
Brüche, am zentralen Punkt der gemeinsamen Gottesbeziehung, dort, wo die Partner am tiefsten und stärksten
verbunden sind. Die letzte Stufe der satanischen Zerstörungsstrategie besteht gewissermaßen in der Verstoßung
Hiobs aus der Glaubensgemeinschaft: Auch seine Freunde, die geistlichen Brüder, stellen sich gegen ihn. Er gehört nicht mehr dazu. Keiner versteht ihn mehr. Er gilt
als Enfant terrible, als einer, dem man nicht mehr trauen
kann, als Verstockter.

Die wirkungsvollste satanische Zerstörungsstrategie,
so dürfen wir annehmen, folgt der Reihenfolge der Bedürfnisse. Die Maxime würde sodann lauten: Spare dir
den Angriff auf die fundamentalsten Bedürfnisse bis zuletzt! Zermürbe ihn zuvor, indem du ihm erst die Erfüllung aller anderen Bedürfnisse zunichte machst. Und
dann nimm ihm das, woran er sich zuletzt noch hält!

Zunächst sieht es so aus, als würde der satanische Zer-
störungsprozess ungefähr der „Bedürfnispyramide" nach
Abraham Maslow (1908-1970) entsprechen:[82] Ein Bedürf-

---

[81] M. Susman, a.a.O., 151.

[82] Abraham H. Maslow, *Motivation und Persönlichkeit*, deutsch v. P.
Kruntorad (Reinbek bei Hamburg, 1996).

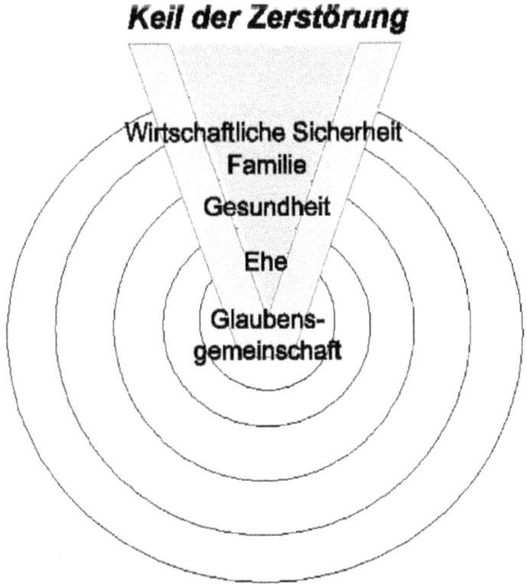

Keil der Zerstörung

Wirtschaftliche Sicherheit
Familie
Gesundheit

Ehe

Glaubens-
gemeinschaft

Abbildung 01: Systematisch treibt der Satan den Keil der Zerstörung
in die konzentrischen Kreise der seelischen Stabilität Hiobs.

nis baut bei Maslow auf das andere. Die Spitze der Pyra-
mide bilden die geistigen Bedürfnisse, darunter kommen
die sozialen, diese haben wiederum das Sicherheitsbe-
dürfnisse zum Grund, aber das fundamentalste Bedürfnis
ist das physiologische: Essen, Trinken, Gesundheit. Doch
wenn auch dieser Angriffspunkt bereits zum finalen Lei-
densschub gehört,[83] ist das, was Hiob *nach* der schweren
Krankheitsattacke zusetzt, noch schlimmer für ihn: Es ist
brutales Unverstandensein und radikale Ablehnung
durch seine vertrautesten Mitmenschen. Es ist qualvolle
Einsamkeit. Die Bindungsforschung der vergangenen
Jahrzehnte hat tatsächlich gezeigt, dass unser Bedürfnis
nach Beziehung grundsätzlich stärker ist als alle anderen
Bedürfnisse. Unser Bedürfnis nach Beziehung ist das Lie-
besbedürfnis. Die Liebe ist unser höchster Wert und Lieblosigkeit ist das Schlimmste, das einem Menschen widerfahren kann.

---

[83] Hiob 2,4.

Satanische Strategien sind grundsätzlich unfair. Darum ist zu erwarten, dass der Satan den schwächsten Punkt nutzt, um den Lebenswillen eines Menschen völlig zu zerstören. Eine Seelsorge wie die der Freunde Hiobs kann einer Person „den Rest geben". Gottes Seelsorge beschreitet den umgekehrten Weg: Sie bewahrt und stärkt den glimmenden Docht und das geknickte Rohr. Die Seelsorge der Hiobsfreunde entspricht dann aber leider dem satanischen Prinzip, trotz bester Absicht: Hiob sollen die letzten Flausen aus dem Kopf geschlagen werden, damit er endlich, aller Illusion beraubt, sich richtig bekehren kann und somit erst richtig unter den Segen Gottes gelangt. Kann dies Aufgabe der Seelsorge sein? Gilt es nicht vielmehr, den glimmenden Docht zu suchen und zu finden - diesen tiefen Wunsch nach Leben, dieses Fragen nach Gott, und mit großer Behutsamkeit darum Sorge zu tragen, dass daraus eine Flamme werden kann? Seelsorge ist: Unter der Asche nach Glut suchen, ihr Nahrung geben, dass sie zu neuem Feuer werden kann. Niemand maße sich das Urteil über einen anderen Menschen an, diese Glut sei gar nicht vorhanden - das weiß allein Gott.

Die unverständige Seelsorge der Freunde setzt am Tiefpunkt des Leidenswegs an und führt dazu, dass Hiob *noch* tiefer rutscht. Ist sie für ihn der Gipfel der Anfechtung? Nun scheint er wirklich ganz und gar verlassen zu sein.

Der Seelsorger wird vom Besuchten zumindest ein Stück weit als Repräsentant Gottes wahrgenommen. Eine bange Frage: Vermitteln wir durch unverständige Seelsorge den Eindruck, dass Gott selbst unverständig ist? Könnte das für manche dann auch der Gipfel des Leidens sein?

Gleich groß wie die Gefahr ist aber auch die Chance. Tröstlich ist, dass Gott selbst trotz des Versagens der Seelsorger nicht die Kontrolle verliert. Als sie am Ende ihres

Lateins sind und Hiob vollends am Boden ist, redet Gott
ganz persönlich und unmittelbar zu dem Geplagten und
richtet ihn auf. Gott ist größer als wir mit unseren Fehlern. Hiob muss letztlich auch die allerschlimmste Menschenverlassenheit zum Besten dienen. Indem seine
Freunde „ihn in seine Einsamkeit zurückstoßen, weisen
sie ihn wieder allein an den zurück, von dem er sich ver-
stoßen weiß."[84] Und darum vollzieht sich letztlich tröstlich das Paradox an Hiob: „Am Zerreißen des Bandes zur
menschlichen Gemeinschaft erfährt Hiob erst sein ganzes
Verbundensein mit Gott."[85]

Damit ist allerdings die unverständige Seelsorge der
Hiobfreunde nicht gerechtfertigt. Sie brachte Hiob viel
mehr Schaden als Hilfe.

2.3. Hiobs (Über-)Lebenskräfte

> „Die ganze Zeit über begründet Hiob seine Auffassung mit den
> Tatsachen, die ihm widerfahren sind. Und genau das sollte man
> auch tun, obwohl viele von uns zu Gottes Ehre lieber lügen wür-
> den, als bestimmte Tatsachen zuzugeben. [...] Hat einem Gott
> etwas Gutes getan, ist es klar erkenntlich. Hat er es nicht ge-
> tan, sollte man um der anderen willen nicht die Unwahrheit sa-
> gen. Hiob bleibt fest bei der Wahrheit und nimmt in Kauf, daß
> seine Freunde verwirrt sind. Und am Ende gibt Gott ihm recht."
> Oswald Chambers[86]

Ein Unglück kommt selten allein. *Ein* Schlag - so schrecklich es gewesen wäre, aber ein Mann vom Format Hiobs
hätte das vielleicht ausbalancieren können. Hiob ist im
Grund ein tief dankbarer Mensch mit einem Gespür für
die Bedeutung des Segens: „Von deiner Gnade leben wir,
und was wir haben, kommt von dir." Er lebte unter Gottes Schutz; dass es ihm so gut ging, war im Wesentlichen

---

[84] M. Susman, a.a.O., 46.

[85] Ebd., 47.

[86] O. Chambers, a.a.O., 42.

nicht auf sein eigenes Vermögen zurückzuführen, sondern auf diesen Schutz und Segen. Das war ihm bewusst,
dafür war er dankbar. Gott gab ihm eine Chance und
Hiob nutzte sie. Aber ohne diese Chance wäre alles um-
sonst gewesen.[87] Hiob wusste: Der Segen ist unverdient -
einen *Anspruch* darauf kann ich nicht erheben. Deshalb
fürchtete er auch Gott.[88] Er wusste: Das alles *ist* keineswegs selbstverständlich. Deshalb verachtete er auch die
Armen und Schwachen nicht.[89] Er wusste: Es kann wirklich *jeden* treffen, und niemand kann dann mit Recht vor
Gott sagen: Aber mich *durfte* es nicht treffen.

Dieses Wissen um das Geschenk des Lebens oder, besser, um die gnädige Leihgabe, hat ihn gelehrt, das Dan-
kenswerte zu erkennen und darüber immer neu froh zu
werden und es hat ihn vorbereitet, zu gegebener Zeit loszulassen. Hiob hat somit eine starke Kraft in sich, die ihm
helfen wird, die Krise zu überwinden. Satan wird seine
Wette verlieren.[90]

In Hiob ist ein „Stehaufmännchen" - und das weiß
der Satan. Weil er weiß, dass er kein leichtes Spiel haben
wird, lässt er nichts unversucht, um Hiob zu Fall zu bringen. Ein Schlag allein würde ihn zwar eine Zeit lang
schwer belasten, aber er würde sich bald wieder an Gottes Güte erinnern und daran aufrichten. Deshalb legt der
Satan es darauf an, ihm *alles* zu entziehen, was ihn freuen
könnte. Er drückt Hiob so zu Boden, dass er denken soll:
Es gibt überhaupt nichts zum Aufrichten mehr. „Sage
Gott ab und stirb." Deshalb kommt das Unglück Schlag
auf Schlag, so dass Hiob gar nicht zur Besinnung kommen kann.[91]

---

[87] Vgl. Ps 127.

[88] Hiob 1,1.5.8f

[89] Hiob 4,3f; 29,12ff.

[90] Hiob 1,9ff; 2,4ff

[91] Hiob 3,26.

„Aber darin versündigte Hiob sich nicht"[92] - das heißt: Er hält aus, er glaubt der Lüge nicht, dass alle Hoffnung, aller Sinn dahin sei. Er gibt *Gott* recht - denn einen *Anspruch* auf all das Gute hatte er nicht erhoben, weshalb Gott es auch wieder wegnehmen darf. Es gehört Hiob nicht, es gehört Gott. Nicht *er* hat Ansprüche an Gott, sondern Gott hat den Anspruch auf sein Leben.

Hiob trauert. Er tut nicht nur dankbar, er *ist* es. Deshalb kann er leiden. Er muss die Dankbarkeit nicht künstlich aufrechterhalten. Sie lebt in ihm und sie ist nicht tot zu kriegen. Sie geht ihm nicht verloren. Deshalb kann er ehrlich sein. Er beugt sich tief.[93] Das heißt: Er nimmt diese Last bewusst auf sich, er stellt sich darunter. Er spielt nicht den Aufrechten, den nichts erschüttern kann. Doch, er *ist* bis ins Mark hinein erschüttert. Hiob muss nicht mühsam eine Konstruktion positiven Schicksalsverständnisses und positiven Denkens zur Leidensbewältigung aufbauen und aufrechterhalten, um nicht zusammenzubrechen. Kein "Keep smiling". Sein Ideal besteht nicht darin, jemand zu sein, der nicht zusammmbricht. Er ist echt. Er bejaht die Last als Last, in ihrer ganzen Schwere. Seine Freunde tun das leider nicht.

Jetzt ist Trauerzeit für ihn![94] Er *ist* tief gebeugt. „Gott legt uns eine Last auf" - das kommt *vor* „aber er hilft uns auch"![95] Und vor dem „Aber" muss ein Pausenzeichen stehen, sonst werden die Worte danach zum frommen Selbstbetrug. Diese Pause kann sehr lang werden. Nicht die Freunde in ihrer seelsorgerlichen Ungeduld werden bestimmen, wann es wieder vorwärts geht bei Hiob, wann er wieder mit neuer Lebensperspektive aufstehen kann. Es *ist* eine Last.

---

[92] Hiob 1,22; 2,10.

[93] Hiob 1,20.

[94] Vgl. Prd 3,4.

[95] Ps 68,19.

Trauern heißt, die Last als solche zu bejahen. Rituale können dazu helfen: Hiob streut Asche auf sein Haupt, zerreißt seine Kleider.[96] Es ist gut, tut gut, wenn die Trauer Struktur bekommt. Sie braucht Konzentration. Dies ist wohl auch der ganz positive Grund von Hiobs Schweigen: Er wird nicht eher reden, als bis er genau das zum Ausdruck bringen kann, was in seinem Herzen ist. Es gärt ungeheuer in ihm, aber der Gärungsprozess braucht seine Zeit. Hiob hütet sich vor dem fruchtlosen Gejammer, das nur vom wahren Schmerz ablenkt. Zerstreutes, unkontrolliertes Trauern lässt zu viel Energie verlorengehen. Trauer benötigt Sammlung. Sonst geht der Realitätsbezug verloren: Es kann nicht mehr differenziert wahrgenommen werden, *was* eigentlich drückt - und was auch *nicht* drückt, wo also auch wieder neue Hoffnung aufkeimt. Es entsteht ein diffuser Trauernebel, der alle Sicht versperrt. Alles wird dann mit Ablenkung überdeckt - Anästhesie statt Trauer[97] - oder es wird alles von maßloser Negation überschwemmt. Auch auf fromme Weisen: Da ist die Euphorie des "Wunderbar-Getragen-Seins" und zurechtgebogener Erklärungsansätze einerseits, um eine Total-Lösung zu ermöglichen, und auf der anderen Seite die fromm getarnte Negation der Hoffnung: Die resignierende Beugung vor der Macht des Bösen, die ja doch in dieser Welt stets die Übermacht behalte und sich immer ärger verbreite.

Hier hilft uns eine Vision aus dem Sacharjabuch zum Verständnis:[98] Der Prophet sieht Reiter und Engel. Die Reiter durchziehen die Lande und berichten dem Engel, dass alles „ruhig und still" ist. Friedhofsruhe! Der überaus tyrannische babylonische Gewaltstaat hat rundum alles unter Kontrolle. Gott hat Israel eine neue Zukunft ver-

---

[96] Hiob 1,20; 2,8.

[97] Obwohl auch die maßvolle Betäubung zur nüchternen Trauerarbeit gehört - auch darin liegt Hoffnung! Vgl. Spr 31,5f.

[98] Sach 1,7-17.

sprochen, aber immer noch ist nichts davon ist zu sehen. Der Engel solidarisiert sich mit den Unterdrückten. Er ist mit diesem Zustand ganz und gar nicht einverstanden: „Wie lange noch willst du dich nicht erbarmen über die Städte Judas, über die du zornig bist schon 70 Jahre?" fragt er Gott. „Und der Herr antwortete dem Engel [...] freundliche Worte und tröstliche Worte." Das war also ganz im Sinne Gottes gesprochen und gebetet! Offensichtlich will Gott den Widerstand des Betens gegen das unverständliche Böse. Die scheinbar sanfte Ergebenheit ins Schicksal kann ein Arrangement mit dem Bösen sein: Es wird geduldet, wo es doch überwunden werden sollte! Das dunkle Tal ist niemals Selbstzweck bei Gott, auch wenn der Mensch durch eigene Schuld hineingeraten ist, sondern Gott möchte trösten. Aber er braucht dazu Menschen, die bereit sind, sich auch wirklich trösten zu *lassen*. Und trösten *lassen* kann sich nur, wer nicht so tut, als sei er inmitten seiner großen Trost*losigkeit* und Trost*bedürftigkeit* doch eigentlich ganz zufrieden. Gott möchte Bewegung, darum begegnet er dem dumpfen Frieden der Resignation unter der babylonischen Knechtschaft mit dem prophetischen Wort der *Unzufriedenheit*. Darum erzählt Jesus die Geschichte von der Witwe, die dem säumigen Richter keine Ruhe ließ, als Ansporn dafür, dass wir „allezeit beten und nicht nachlassen" sollen.[99] „Ich bin nicht undankbar, Gott, aber sehr unzufrieden!" Das muss durchaus kein Widerspruch sein. Es ist nichts weiter als ehrlich.

Sich von Gott führen zu lassen besteht eben nicht in immerwährender sanfter Anpassung bei völliger Dahingabe des eigenen Willens. Gott achtet uns zu hoch dafür. Er nimmt uns ernst. Er will, dass wir aufrecht und aufrichtig sind. Er würdigt uns, dass wir ihm Gegenüber sind. Gott verleiht unserer Menschlichkeit unvorstellbar

---

[99] Lk 18,1-8.

hohe Würde. Deswegen setzt er auch seinen Willen nicht einfach so durch, wie es die Tyrannen tun. Die brechen den Widerstand. Die waschen die Gehirne, bis alle Härte des Eigenwillens aufgeweicht und weggespült ist. Gott formt unseren Willen, aber er bricht ihn nicht. Das ist der fundamentale Unterschied.

3. Hiobs Trauer

„Hiob! O Hiob! Hast du wirklich nichts andres gesprochen als diese schönen Worte: Der Herr hat's gegeben, der Herr hat's genommen [...]. Hast du nicht mehr gesagt? [...] Nein, du, der du in deines Wohlstands Tagen des Unterdrückten Wehr gewesen bist, [...] du hast die Menschen nicht betrogen, und als alles barst, da wardst du des Leidenden Mund und des Zerknirschten Stimme und des Geängstigten Schrei, und eine Linderung allen, die in Qualen verstummten, ein getreuer Zeuge von all der Not und Zerissenheit, die in einem Herzen wohnen kann, ein untrüglicher Fürsprech, der es wagte, ʻin der Bitterkeit seiner Seele' Klage zu erheben und zu streiten wider Gott.'"
Søren Kierkegaard[100]

„Ich bin nackt von meiner Mutter Leibe gekommen, nackt werde ich wieder dahinfahren. Der Herr hat's gegeben, der Herr hat's genommen; der Name des Herrn sei gelobt!"[101] So reagiert Hiob auf die ersten furchtbaren Schicksalsschläge. Das sind goldene Worte, die aus tiefstem Herzen kommen. Das ist der wahre Hiob!

Wir müssen diese Aussage nicht des weiteren Fortgangs der Hiobsgeschichte in Zweifel ziehen. Für sich genommen ist sie reine Wahrheit, ein Ausdruck existenzieller Freiheit durch den Glauben. Das gilt insbesondere für den neutestamentlich Glaubenden, dem zugesichert ist, dass nichts ihn von der Liebe Gottes scheiden kann.[102]

Der Text bestätigt das: „In diesem allen sündigte Hiob

---

[100] Søren Kierkegaard, zit. in: G. Langenhorst, a.a.O., 58.

[101] Hiob 1,21.

[102] Rö 8,38f.

nicht und tat nichts Törichtes wider Gott."[103] Hiob denkt genau wie der Dichter des 73. Psalms: „Wenn ich nur dich habe, so frage ich nichts nach Himmel und Erde. Wenn mir gleich Leib und Seele verschmachtet, so bist du doch, Gott, allezeit meines Herzens Trost und mein Teil."[104] Hiobs erste Reaktion ist nichts anderes als der Widerspruch gegen Satans Behauptung, seine Gottesbeziehung hänge davon ab, dass sie sich lohnt. Hiob spricht programmatisch aus, was sein Herz den ganzen höllisch schweren Trauerweg hindurch bestätigen wird: Er kommt nicht von Gott los. Das Geheimnis seines Glaubens ist nicht der Lohn, sondern die Liebe.

Vielleicht kann man sagen, dass Hiobs Herz weiter ist als seine Theologie. Denn sein Bild von Gott und dem Verhältnis des Glaubenden zu ihm sieht, das werden die folgenden Kapitel zeigen, noch ähnlich aus wie das seiner Freunde: Gott belohnt die Gerechten und straft die Ungerechten. Ein Gerechter darf darum davon ausgehen, dass sich sein Glaube erkennbar lohnen wird. Gottes Vertrauenswürdigkeit kann am Lohn, den der Gerechte empfängt, nachvollzogen werden. Das ist keine reine Liebesbeziehung, sondern so etwas wie eine freundliche Handelsbeziehung: Ein faires Geben und Nehmen für beide Seiten: Gott hat einen ergebenen Verehrer und dieser hat einen treuen Gott, der ihn beständig schützt und versorgt. Im Herzen geht es Hiob aber um die Liebe um der Liebe willen.

Hiob erfährt eben nicht in erster Linie ein *Läuterungs*leiden. Er muss nicht erst noch reif werden - er ist es schon. Er muss nicht erst noch lernen loszulassen, denn er hält nichts fest. Er klebt nicht an der irrigen Vorstellungen, dass sein innerer Friede von den äußeren Umständen abhängt. Er ist innerlich frei. Er ist seelisch gesund.

---

[103] Hiob 1,22.
[104] Ps 73,25f.

3.1. Der gesunde Kranke

„Sehnsucht nach dem Unmöglichen, maßlose Wut, ohnmächtige Trauer, Ekel bei der Aussicht auf Einsamkeit, Bedürfnis nach Mitgefühl und Unterstützung - das sind die Gefühle, die ein Hinterbliebener ausdrücken und manchmal erst entdecken muß, wenn er Fortschritte machen soll. Doch werden alle diese Gefühle leicht als unwürdig und unmännlich angesehen. Sie auszudrücken, mag bestenfalls demütigend erscheinen; schlimmstenfalls fordert es Kritik und Verachtung heraus."

John Bowlby[105]

Stressprobleme können durch drei Faktoren oder ihre Kombinationen entstehen:

▸ Die Veranlagung
▸ Die äußere Belastung
▸ Die Bewertung von Veranlagung und äußerer Belastung.[106]

Die Bewertung ist unser *inneres* Urteil über die *äußeren* Umstände. Die äußeren Umstände sind alles, was wir um uns und in uns wahrnehmen, beobachten und darum eben auch *bewerten* können.

Auch die Bibel unterscheidet in diesem Sinne zwischen dem *inneren* und dem *äußeren* Menschen. Paulus kontrastiert die beiden Sphären sogar, wenn er in der Reflexion seiner eigenen schweren Leidenserfahrungen sagt: „Darum werden wir nicht müde; sondern wenn auch unser äußerer Mensch verfällt, so wird doch der innere von Tag zu Tag erneuert."[107]

---

[105] John Bowlby, *Das Glück und die Trauer: Herstellung und Lösung affektiver Bindungen,* aus d. Engl. v. K. Schomburg u. S.M. Schomburg-Scherff (Klett-Cotta: Stuttgart, 1982), 123. John Bowlby (1907-1990) war einer der wichtigsten Bindungs- und Trauerforscher der 20. Jahrhunderts.

[106] Hans-Arved Willberg, *Mach das Beste aus dem Stress: Wie Sie Ihr Leben ins Gleichgewicht bringen* (R. Brockhaus: Wuppertal, 2006), 9-11.

[107] 2. Kor 4,16.

3.1.1. Innerer und äußerer Mensch

> „Wenn ich von solchen Schicksalen erfahre, dann kann ich nur
> mitleiden. [...] Hier werden Menschen von einer Krankheit bis
> ins Innerste getroffen. Und sie können nichts dazu. Sie haben
> sich nicht selbst verletzt."
> Anselm Grün[108]

„Seelisch gesund" können wir einen Menschen nennen, wenn sein innerer Mensch angemessene Antworten auf die äußeren Umstände findet. Das beinhaltet, dass man auch seelisch gesund mit einer seelischen *Erkrankung* umgehen kann. Voraussetzung dafür ist, dass wir einen vernünftigen Abstand zu unserem Problem finden; dass wir uns nicht mit unserem Problem identifizieren: Ich *habe* ein Problem, aber ich *bin nicht* mein Problem! Darum kann ich *gesund* mit meiner *Krankheit* umgehen.

Es gibt also *gesunde Kranke* und *kranke Kranke*. Aber auch wenn wir an uns oder anderen ein *krankes* Kranksein feststellen, ist das nicht schlimm, abwertend oder moralisch verwerflich. Denn auch mit solchen Einsichten können wir wieder *gesund* umgehen. Das heißt in diesen Fällen: Wir können dieses Problem konstruktiv als ein *Reifungsdefizit* deuten. Dieser Mensch hat zu gewissen äußeren Umständen noch keine gesunde Einstellung gewonnen. Er lehnt sich zum Beispiel selbst seines Problems wegen ab, weil er das *Idealbild* von sich selbst noch nicht mit seinem *Realbild* abgeglichen hat. Ein *gesunder* Kranker kann sich hingegen mit seinem Leiden gut akzeptieren - er *mag* sich leiden!

Den völlig ausgereiften Menschen gibt es nicht. In der Tat: Darum ist auch Hiobs Leid ein Stück weit *Läuterung*. Da gibt es schon noch etwas auszuschmelzen. Hiob lernt ganz Wesentliches dazu und bereut zum Schluss ehrlich einige seiner bisherigen Ansichten, nachdem Gott ihn

---

[108] Anselm Grün, *Tu dir doch nicht selber weh*, 2. Aufl. (Matthias Grünewald: Mainz, 1997), 53.

korrigierend darauf hingewiesen hat. Aber der Lernprozess ist nicht das Wesentliche an der Hiobsgeschichte, sondern die Bewahrheitung des ersten Satzes, mit dem Hiob sein Leiden kommentiert. Hiob hängt nicht am Vergänglichen. Hiob hängt allein an Gott. Und er kommt von Gott nicht los. Das quält ihn mehr als alles andere.

Es gibt weder den völlig ausgereiften Menschen noch den völlig unreifen. Der Ansatz zur gesunden Bewältigung von Krisen welcher Art auch immer liegt immer im reifen Anteil eines Menschen, in seiner Vernunft, dort, wo er bei sich selbst ist. Von diesem Punkt aus kann auch ein „kranker Kranker" lernen, immer gesünder mit seinem Problem umzugehen. Je mehr er das lernt, desto besser kann er sich selbst annehmen und desto stärker wird sein Selbstbewusstsein, desto weniger lässt er sich auch von seiner Krankheit beeindrucken Entweder verschwindet sie dadurch ganz oder sie wandelt sich zur Behinderung, die ihn zwar einschränkt, die er aber in sein *gesundes* Leben integriert hat.

Für Seelsorge, Beratung und Therapie haben diese Differenzierungen grundlegende Bedeutung: Erstens ist ein Helfer, der es mit den seelischen Problemen eines Menschen zu tun hat, nur in Ausnahmefällen dazu berechtigt, *das* Kranke in der Seele eines Menschen zu behandeln, ohne *den* Kranken dabei ernstzunehmen als den, der *selbst* die allermeiste Arbeit bei der Bewältigung seines Problems leisten wird und der auch die Kompetenz dazu hat. *Der* Kranke erfährt den Seelsorger, Berater oder Therapeuten als bescheidenen und achtungsvollen Bündnispartner und Helfer gegen *das* Kranke in ihm. Der Helfer glaubt an die Mündigkeit des Klienten und stärkt sie, wo immer sich eine Gelegenheit dazu findet.

Zweitens liegt die Voraussetzung für dieses Bündnis darin, dass der Seelsorger, Berater oder Therapeut überhaupt erst einmal *wahrnimmt*, ob sein Gegenüber eher gesund oder krank mit seinem Problem umgeht, statt grundsätzlich von Letzterem auszugehen. Das ist immer dann der Fall, wenn der Helfer mit dem Vorurteil auftritt, dass mit dem Klienten oder Patienten „etwas nicht stimmt". Das hängt davon ab, wie man selbst als Helfer „seelische Gesundheit" definiert. Dazu gibt es heute zwei gegensätzliche Grundkonzeptionen, von denen die Psychotherapie dominiert wird und die sich auch in der Seelsorge widerspiegeln: Die *negativistische* und die *positivistische* Sichtweise.[109]

3.1.2. Negativistische und positivistische Vorurteile

„Unerträglich wird das Leiden,
wenn wir es falsch interpretieren".
Anselm Grün[110]

Die negativistische Sichtweise geht davon aus, dass der real existierende „normale" Mensch psychisch grundsätzlich verkorkst ist und eines professionellen Helfers bedarf, der die Knoten seiner Seele wenigstens lockern kann. Den Negativismus hat uns die Psychoanalyse beschert. Dort ist sozusagen der ganze Mensch eine einzige seelische Krankheit. Die positivistische Sichtweise hingegen geht davon aus, dass ein „normaler" Mensch *keine* ernsthaften seelischen Probleme hat, sondern für alles zügig selbst eine gute Lösung findet. Der Positivismus beherrscht die verhaltenstherapeutischen und lösungsorientierten Schulrichtungen, sofern sie ideologisch überhöht werden, was nicht sein muss, aber offenbar dennoch häufig geschieht. Auch hier nimmt der Therapeut die höhere Warte des (von vornherein) Besser-Wissenden ein, mit

---

[109] Die negativistische mehr in der psychoanalytisch geprägten großkirchlichen Pastoralpsychologie, die positivistische in der freikirchlichen therapeutischen Seelsorge und Lebensberatung, in der kognitiv-verhaltenstherapeutische und lösungsorientierte Ansätze dominieren.

[110] A. Grün, a.a.O., 55.

folgender unterschwelliger Botschaft: „Du musst ja wohl ein Problem mit deinem Problem haben, denn sonst wärest du nicht so dumm, es noch nicht gelöst zu haben (und nun brauchst du auch noch *mich* dazu, womit deine Unfähigkeit ja wohl endgültig erwiesen ist)."

Es muss uns nicht überraschen, dass sich auch unter Hiobs neuen Freunden solche finden, die ihn als kranken Gekränkten betrachten, bei dem „etwas nicht stimmt". So meint etwa der Psychoanalytiker Jack Kahn ganz deutlich zu erkennen, dass die eigentliche Krankheit Hiobs ein neurotisches psychosomatisches Leiden sei; Hiobs Grundproblem sei eine Zwangsstörung und die Krise sei der Weg zur Heilung durch Veränderung der Persönlichkeit in der Tiefenschicht.[111] Der ganze Text des Hiobbuchs wird hier psychoanalytisch gedeutet und was herauskommt, ist ein völlig anderer Hiob als der, den wir unter Verzicht auf diese Art der Deutung kennenlernen. Typisch für Psychoanalyse ist leider, die eigene Deutung für die eigentliche zu halten. Dadurch ist ein Psychoanalytiker natürlich immer im Recht, so verblüffend seine Ergebnisse auch erscheinen mögen.

Aber auch die positivistische Schublade steht für ein schnelles Urteil über Hiob bereit: Hiob habe sich seine Probleme selbst durch seine zwanghafte Sorge geschaffen, meint etwa der christliche Kognitive Therapeut David Stoop, es handle sich um „Sich-selbst-erfüllende Prophezeiungen." Dafür gebe es zwei Beweise: Zum einen sagt Hiob: „Was ich gefürchtet habe, ist über mich gekommen, und wovor mir graute, hat mich getroffen."[112] Zum andern wird Hiob von Gott am Ende getadelt, woraus zu folgern sei, dass Hiob irrigen Bewertungen seiner Situa-

[111] Jack H. Kahn, *Job's Illness: Loss, Grief and Integration: A Psychological Interpretation*, with H. Solomon (Pergamon: Oxford, New York, Toronto, Sydney et al., 1975).
[112] Hiob 3,25.

tion gefolgt sei.[113] Diese hätten darin bestanden, dass der zwanghafte Hiob sich von Sorgen beherrschen ließ.[114] Und das wiederum sei die Folge seines zweifelhaften Gottesbildes.[115] Mit anderen Worten: Wenn er Gott richtig vertrauen würde, dann würde er sich auch nicht diese vielen unnötigen Sorgen machen und dann würden daraus auch nicht diese sich-selbst-erfüllenden Prophezeiungen resultieren.

„Lieber Hiob, wenn du die Dinge anders siehst, dann wird es dir auch ganz bald wieder anders gehen", sagen die Positivisten unter den neuen Freunden Hiobs. „Das ist alles viel zu einseitig, viel zu düster. Verändere deinen Blickwinkel und die Depression wird von dir abfallen!"

Aber dem Bibeltext nach trifft diese Einschätzung Hiobs Problem ganz und gar nicht. Allerdings, ein Bewertungsproblem liegt tatsächlich letztlich vor, doch nicht auf dieser oberflächlichen Ebene. Es geht viel tiefer, als diesen Helfern lieb sein kann. Hiob würde ihnen antworten: „Genau wie ihr habe ich bisher auch geglaubt. Aber genau dieser Glaube funktioniert nicht mehr. Es reimt sich gar nichts mehr. Meine Glaubensvorstellungen sind völlig zerstört. Kommt erst mal in meine Lage, dann wisst ihr, wovon ich rede. Es gibt ein Zuviel!"

---

[113] David Stoop, *Self-Talk: Key to Personal Growth* (Revell: Old Tappan, 1982), 42f.

[114] „His mind is constantly preoccupied with worry." Ebd., 43.

[115] Ebd., 44.

3.1.3. Hiobs tatsächliches Problem

„Was ist meine Kraft,
dass ich ausharren könnte;
und welches Ende wartet auf mich,
dass ich geduldig sein sollte?
Ist doch meine Kraft nicht aus Stein
und mein Fleisch nicht aus Erz."
Hiob 6,12

Dieses *Zuviel* ist Hiobs Problem. So richtig es ist, dass Unglückserfahrungen nun einmal zum menschlichen Leben gehören und dass auch glaubende Menschen sich nicht aussuchen können, welche Leidenserfahrungen für sie in Frage kommen und welche nicht, dass wir vielmehr an dem Leiden wachsen sollen, das uns verordnet ist, und dass wir sogar anders gar nicht glücklich werden können. Hiob weiß das schon lang und muss es nicht erst noch lernen. So richtig und wichtig auch die alte Weisheit ist, dass es nicht die Dinge selbst sind, die uns schaden, sondern unsere Urteile über sie, so zentral ihre Bedeutung für die Seelsorge ist, so falsch ist ihre oberflächliche Anwendung auf das Hiobsproblem.

Nein, Hiob ist auf der Hut. Darum hütet er sich auch vor der Versuchung, in die gut gemeinte Falle seiner Freunde zu tappen, dass eben doch irgendetwas mit ihm nicht in Ordnung sei, in die Falle des Selbstzweifels nämlich: „Hiob, geh in dich, du machst es dir doch nur selbst unnötig schwer; sei doch nicht so stolz, erkenne und bekenne deine Fehler!" Hiob lässt sich nicht beirren. „Er verletzt sich nicht noch selbst, indem er sich beschuldigt, indem er sein eigenes Verhalten in Frage stellt und bei sich nach Fehlern sucht", kommentiert Anselm Grün sehr richtig. „Das ist keine Selbstgerechtigkeit, sondern Redlichkeit."[116]

Hiobs innerer Mensch reagiert gesund auf das, was

---

[116] A. Grün, a.a.O., 52.

seinen äußeren Menschen kränkt. Aber gibt es eine feste Grenze zwischen dem inneren und äußeren Menschen? Jedenfalls reicht der äußere sehr weit an den inneren heran oder auch in ihn hinein. Das bedeutet: Der innere Mensch kann sich zwar stets in souveränen Bezug zum äußeren stellen; er verliert nicht die Freiheit, auf die Erfahrungen des äußeren Menschen vernünftig zu reagieren. Aber er bleibt auch nicht unbeeinflusst davon. Es kann sehr eng für ihn werden, sehr schwer und hart. Er kann durch die schlimmen Erfahrungen des äußeren Menschen so unter Druck kommen, dass er kaum noch zu einer konstruktiven Antwort darauf in der Lage ist.

Wie die ganze lebendige Natur ist auch der Mensch ein Bedürfniswesen. Die Bedürfnisse bestimmen unsere Werte und Motive. Unter echten Bedürfnissen ist das zu verstehen, was ein Mensch *braucht*, um menschlich leben zu können. Bei den physiologischen Bedürfnissen wie Essen und Trinken versteht sich das von selbst. Aber für die seelischen Bedürfnisse trifft das ebenso zu. Übermäßige anhaltende Nichterfüllung von wesentlichen Bedürfnissen zerfrisst die Lebenskraft eines Menschen. Dann mag der innere Mensch zwar weiterhin „von Tag zu Tag erneuert" werden, aber es wird eine extrem schwere Geburt daraus. Es wird einfach zu viel. Die Kränkungen des äußeren Menschen drücken zu stark auf den inneren.

Die satanische Zermürbungsstrategie zielt darauf, die schützende Mauer des inneren Menschen zu durchbrechen, um in das Zentrum der Persönlichkeit Hiobs zu dringen und ihn in die völlige Verzweiflung zu treiben. Und das gelingt! Die Flamme der Glaubenszuversicht und der Lebensfreude in Hiobs Herz erlischt. Seine Widerstandskraft knickt ein. „Selbst wenn niemand Sie mag und alle Sie verurteilen, werden Sie dennoch überleben", sagt der seelsorgerliche Positivismus. „Wenn Sie Gott beim Wort nehmen wollen, der gesagt hat: 'Ich will dich nicht verlassen noch von dir weichen' (Hebr 13,5), gibt es keinen Grund für Sie zu glauben, Sie brächen zusammen, wenn andere Sie verurteilen."[117] Ganz recht, aber Hiob *hat* Gott beim Wort genommen und erlebt als Folge davon mit grausam überzeugender Deutlichkeit die schrecklichste Gottverlassenheit! „[M]angelnde Anerkennung von seiten eines uns Nahestehenden ist häufig sehr schwer zu ertragen. Aber dennoch können wir es aushalten, wenn wir es müssen."[118] Schon recht, aber was heißt hier „aushalten" und „ertragen"? Hiob ist das Musterbeispiel eines geduldigen Menschen, wenn wir Jakobus folgen wollen, der das ja behauptet.[119] Und wenn etwas schwer zu ertragen ist, dann ja wohl mehr oder weniger, also etwas leichter oder *noch* etwas schwerer. Hiob hält Stand. Aber ihm wird *zu viel* aufgeladen. Es gibt eine *Grenze* des Tragbaren für ihn. Seine Haltung ändert sich nicht: Tragen, was zu tragen ist! Aber er bricht unter der Last zusammen, weil sie größer ist als seine Widerstandskraft.

Positivistische Freunde Hiobs antworten: „Hiob, du hast dir nur *eingebildet*, zusammenbrechen zu müssen! Es lag an deinem Perfektionismus, deinem mangelnden Gottvertrauen, deinem Pessimismus, an der falschen Sicht der Dinge." Positivistische christliche Freunde Hiobs erinnern ihn an das, was geschrieben steht: „Gott ist treu, der euch nicht versuchen lässt über eure Kraft, sondern macht, dass die Versuchung so ein Ende nimmt, dass ihr's ertragen könnt."[120] Also könne er sich doch die ganze bittere Klage sparen. Er solle doch wieder zu sich finden, er habe den Faden verloren, er müsse nur wieder recht glauben. Aber Hiob wird selbst Paulus widerspre-

---

[117] William Backus, Marie Chapian, *Befreiende Wahrheit: Lösen Sie sich von Lebenslügen und finden Sie zu innerer Freiheit* (Projektion J: Asslar, 1983), 126.

[118] Ebd.

[119] Jk 5,11.

[120] 1.Kor 10,13.

chen, es sei denn, Paulus würde seinen Spruch etwa so erklären: „Ich rede vom *Ende*. Schaut euch das *Ende* der
Hiobsgeschichte an. Ich rede nicht von Hiobs *Weg*. Ich
weiß selbst nur zu gut, wie es ist, wenn alle Lichter ausgehen."[121] Und tatsächlich, Paulus berichtet im zweiten
Brief an die Korinther eindringlich von *seiner* Hiobserfahrung, dass er und seine Weggefährten nämlich „übermäßig beschwert waren und über unserer Kraft, so dass wir
auch am Leben verzagten und es bei uns selbst für beschlossen hielten, dass wir sterben müssten."[122]

Übermäßig! Über die Kraft! Da erlischt die Flamme,
da knickt das Rohr.[123] Der seelsorgerliche Positivismus
will nicht glauben, dass es bei einem glaubenden Menschen so weit kommen kann. Und wenn doch, dann einer
falschen Sicht der Dinge wegen: „Du denkst, überfordert
zu sein, aber du bist es nicht. Gott überfordert nicht! Du
machst dir das Problem nur selbst." Nicht immer. Es gibt
das Zuviel. „Mir zeigt das Buch Ijob, daß die These, daß
niemand verletzt werden kann außer durch sich selbst,
nicht absolut gesetzt werden darf", resümiert darum Anselm Grün zu Recht. „Ijob leidet großen Schmerz. Er ist in
seinem Innersten getroffen worden."[124]

Hiobs seelische „Krankheit" ist nichts anderes als die
Trauerreaktion eines seelisch gesunden glaubenden Menschen auf eine Verkettung extremer Verlusterfahrungen
mit traumatischem Charakter.

---

[121] Vgl. 2.Kor 1,3-10.

[122] 2.Kor 1,8f.

[123] Jes 42,3.

[124] A. Grün, a.a.O., 52.

3.1.4. Die Überlastung

„Mein Geist ist zerbrochen,
meine Tage sind ausgelöscht;
das Grab ist da."
Hiob 17,1

„Alles, was ein Mann hat, lässt er für sein Leben!"[125] Der
Satan hat Recht damit. Es kommt nur auf die Art der Fol-
ter an. Zu allem Übel kommt noch hinzu, dass Hiob
schwer und quälend erkrankt. Wenn wir gesund sind,
vergessen wir zu schnell, was es bedeutet, richtig krank
zu sein - und wie wichtig es auch für das seelische Befinden ist, gesund zu sein. Die Bedeutung der physischen
Gesundheit für die seelische Tragkraft ist nicht zu unter-
schätzen. Wir mögen sie herunterspielen und theoretisch
recht damit haben - aber Gott weiß, und in der Hiobsgeschichte weiß es leider auch der Satan, welche Rolle sie
für uns in der Lebenspraxis wirklich spielt.[126] „Ich ver-
gehe!" hält Hiob der ersten zurechtweisenden Antwort
seines Freundes Elifas entgegen. Er fleht geradezu um
Verständnis und Erbarmen: „Ich leb' ja nicht ewig. Lass
ab von mir, denn meine Tage sind nur noch ein
Hauch."[127] Hiob ist völlig erschöpft, aber er findet keine
Ruhe, weil er immerzu weiter Qual erfährt. „Er lässt mich
nicht Atem schöpfen, sondern sättigt mich mit Bitternis."[128]

Eine genaue Diagnose der körperlichen Erkrankung
Hiobs scheint nicht möglich zu sein. Fest steht aber, dass
es sich um eine Hauterkrankung handelt, die im alten
Orient als Aussatz eingestuft wurde. Offenbar ist der ganze Körper davon befallen. Aussätzige wurden damals iso-

---

[125] Hiob 1,4.

[126] Hiob 2,3-8.

[127] Hiob 7,16.

[128] Hiob 9,18.

liert. Sie mussten sich außerhalb des Dorfes aufhalten. Ein typischer Aufenthaltsort für Aussätzige war der örtliche Müllplatz. Dort sitzt der Kranke „auf einem Abfallhaufen, mitten in der Asche."[129] Er kratzt sich mit den herumliegenden Tonscherben und deckt seinen Leib mit Asche ein, „wenn die entzündeten, eiternden Beulen jede Kleidung unerträglich machen."[130]

Der Aussätzige zu jener Zeit erleidet eine doppelte Isolierung: Die soziale aufgrund seiner Krankheit, aber auch die religiöse. Anscheinend schrieb man im alten Orient den Aussatz mehr als andere Krankheiten der Wirkung „gefährlich-übernatürlicher Mächte" zu.[131] Wenn Hiobs Freunde sich später immer mehr darauf einschießen werden, sein Leid müsse die Folge irgendeiner verborgenen Sünde sein, hat das also auch hierin seinen Grund.

Aber es kommt sogar noch schlimmer für Hiob: Seine Frau hält es nicht mehr aus. In der Auslegungsgeschichte wurde Hiobs Frau ähnlich in die Nähe Satans gebracht wie Eva.[132] Der Text gibt das aber nicht her. Dass Hiobs

---

[129] J. Ebach, Streiten mit Gott 1, 35. „Einen solchen Kehrichthaufen in entsprechender Funktion, eine mazbala, konnten noch in diesem Jahrhundert Reisende in Arabien sehen." Ebd.

[130] Ebd., 37.

[131] T. Mickel, a.a.O., 46.

[132] G. Langenhorst, a.a.O., 96; J. Ebach, Streiten mit Gott 1, 38f. Nach Susman ist sie „eine zweite, düstere Eva, [die] sich mit der Satansmacht verbündet, indem sie ihn gegen den grausamen, ungerechten Gott aufreizt und verlangt, dass Hiob ihm fluche". M. Susman, a.a.O., 37. Ähnlich negativ beurteilt sie Hans Wilhelm Hertzberg, *Das Buch Hiob*, Bibelhilfe für die Gemeinde, Hg. E. Stange, Alttestamentliche Reihe (J.G. Oncken: Stuttgart, 1949), 18. Keil und Delitzsch unter Verweis auf Augustin: „[T]his woman is truly *diaboli adjutrix*". C.F. Keil, F. Delitzsch, *Commentary on the Old Testament*, Vol. 4: *Job*, Two Vol. in One, Commentary on the Old Testament, Ed. C.F. Keil and F. Delitzsch, translated from the German, Reprint (William B. Eerdmans: Grand Rapids, 1980), 71. Weitere Beispiel von regelrechten Verteufelungen der Frau Hiobs bei Calvin und Chrysostomus ebd., 71f.

Frau unter der Last zerbricht, ist mehr als nachvollziehbar, erleidet sie doch bis auf die Krankheit genau dasselbe wie ihr Mann, nur wird ihr Leid nicht thematisiert.[133]
Hingegen nehmen die männlichen Nächsten Hiobs, seine
Freunde, durchaus so etwas wie die Rolle von Satansa-
genten ein.

Sie verzweifelt und verbittert. Joseph Roth hat sich in
seinem Hiobroman schön in sie hineinversetzt: „Sie wagte nicht mehr Gott anzurufen, er schien ihr zu hoch, zu
groß, zu weit, unendlich hinter unendlichen Himmeln, eine Leiter aus Millionen Gebeten hätte sie haben müssen,
um einen Zipfel von Gott zu erreichen."[134] Hiob fällt ihr
so zur Last, dass sie es unerträglich findet. „Stirb" sagt sie
ihm, und das will sagen: „Geh, ich kann dich nicht mehr
tragen." Sie wird mit ihrer eigenen Trauer nicht fertig,
und das doch nicht zuletzt auch, weil sie den Halt in ihrem Mann verloren hat! Jetzt bräuchte sie ihn so - und er
wird einfach krank. Sie ist im Stich gelassen. So unerträglich ist ihr die Last, dass sie noch lieber ganz ohne ihn wäre. Dann wäre ein Teil des Leids wenigstens endlich vorbei. Und Hiob muss schmerzvoll und hilflos erleben, dass
er ihr *wirklich* keinen Halt mehr geben kann. Er lehnt es
entschieden ab, den Glauben wegzuwerfen. Aber das
„Stirb!" nimmt er auf. Er fühlt sich nur noch als Last. Deshalb verflucht er den Tag seiner Geburt: Ach, gäbe es
mich doch überhaupt nicht![135]

In der Sterbebegleitung begegnet der Seelsorger häu-

---

[133] Darin deutet sich an, dass Hiobs Frau nicht nur als gleichermaßen
Betroffene leidet, sondern darüber hinaus als Mensch zweiter Klasse.
Joseph Roth lässt seinen Hiob sagen: „„[Sie] ist ein Weib, was kann ich
von ihr verlangen." Joseph Roth, *Hiob: Roman eines einfachen Mannes,*
39. Aufl. (Kiepenheuer & Witsch: Köln, 1999), 47. In der Tat: Sie
scheint kaum der Erwähnung wert zu sein und noch dazu ist sie der
Missdeutung ausgesetzt, Agentin des Bösen zu sein.

[134] J. Roth, a.a.O., 17.

[135] Hiob 3.

fig dem Wunsch von Angehörigen schwerkranker Menschen, dass doch ihr Patient möglichst bald erlöst werden möge. Das scheint in Wirklichkeit oft vor allem der Wunsch nach Erlösung von der *eigenen* Last durch dieses Leiden zu sein. Ebenso ist es aber auch bei Patienten, die selbst so reden: Sie sehen sich nur als Last. Das ist ganz ernstzunehmen, aber es darf nicht bestätigt werden. Dies muss der Patient spüren: Du bist uns diese Belastung wert. Und dieses Gefühl, wertgeachtet zu sein, kann der größte Antrieb zum Weiterleben sein.[136]

Hiob sagt Gott nicht ab, aber er wünscht sich den Tod. Das ist im Grunde nichts anders als die Sehnsucht, endlich nicht mehr weiter gequält zu werden.[137] Die Brutalität der Schläge zermürbt ihn.[138] Insofern kommt Satan tatsächlich zu seinem Ziel. Hiob kann einfach nicht mehr (Abbildung 02).

Jetzt, wo er physisch ganz am Ende und auch noch von seiner Frau verlassen ist, dem Menschen, der ihm am meisten bedeutete, hat Hiob einfach alle Kraft verloren, mit den Schicksalsschlägen umzugehen und zurechtzukommen.[139] Die Konsequenz ist dammbruchähnlich: Seine Mauern gegen die Brandung der Leidenserfahrungen

---

[136] Das oft an Sterbebetten zu hörende „Wir brauchen dich doch noch!" kann etwas von dieser Wertschätzung ausdrücken, aber ebenso auch den Eindruck vermitteln, unerlaubterweise unbrauchbar geworden zu sein. Bin ich als Patient nur wirklich akzeptiert, wenn meine Brauchbarkeit wiederhergestellt wird? Ebenso ist es zwiespältig, zu rasch und zuviel von Gottes Wertschätzung zu reden. Soll das eine Vertröstung sein? Ein Alibi dafür, mich selbst im Stich zu lassen? Vgl. Jk 2,15f. Wenn wir Kranken gegenüber betonen, wie sehr sie von Gott geliebt sind, sollte unser Verhalten dem zumindest nicht widersprechen; vgl. 1.Joh 4,20. Du predigst lauter durch das, was du lebst, als durch das, was du redest.

[137] Hiob 3,1ff.

[138] Solche Verkettungen schlimmer Ereignisse begegnen Krankenhausseelsorgern erstaunlich oft. Das Sprichwort scheint leider wahr zu sein: Ein Unglück kommt selten allein.

[139] Hiob 6,11.

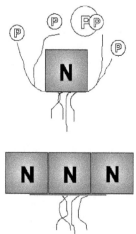

Abbildung 02: Die Pflanze der positiven Lebenseinstellung (P) findet ihren Weg, auch wenn sie durch viel Negatives (N) niedergedrückt wird. Aber was zuviel ist, ist zuviel, auch für den stärksten Lebenswillen.

halten nicht mehr. Die Erinnerung an die zurückliegenden harten Schicksalsschläge trifft ihn ungehemmt und erschüttert ihn um so mehr. Schließlich bricht unkontrolliert bricht wie ein gewaltiger Schwall die Klage hervor. Aber zuerst verschlägt es ihm die Sprache.

3.2. Schock und Ritual

„Im Augenblick der Katastrophe herrscht lähmendes Schweigen. Es gibt nichts zu sagen. Man muss einfach durchhalten. Aber sobald die Opfer einigermaßen in Sicherheit sind, [...] sprudelt es aus ihnen heraus. Doch man bringt sie ganz rasch zum Schweigen.‟
Boris Cyrulnik[140]

Zum richtigen Verständnis der Hiobgeschichte ist es wichtig sich zu vergegenwärtigen, dass Hiob ein ganz

---

[140] Boris Cyrulnik, *Die Kraft, die im Unglück liegt: Von der Fähigkeit, am Leid zu wachsen,* aus d. Franz. v. F. Schröder u. R. Kluxen-Schröder (Goldmann: München, 2001), 176.

normaler Mensch ist. Und darum reagiert er auch ganz normal auf die traumatische Verlusterfahrung. Es kostet keine Mühe, Hiobs Krisenprozess den Phasen der Trauer- und Krisenverarbeitung zuzuordnen, die aus der Trauer- forschung hinlänglich bekannt sind.[141] Der Text stellt das sehr authentisch dar.

Plötzliche schwere Verlusterfahrungen sind meist schwerer zu verarbeiten als solche, auf die man zugehen kann. Beide Spontanreaktionen Hiobs sind typisch dafür: Der scheinbar völlig ungerührte, sehr vernünftige und sehr sachliche Umgang mit der schrecklichen Nachricht wie auch das Erstarren im Schock. Die trauernde Person ist zunächst wie vom Schlag getroffen; sie kann den Schmerz noch gar nicht spüren, sie ist wie betäubt. Es ist ein Zustand der Fassungslosigkeit. Beide Reaktionen sind darin begründet: Der sachliche Umgang bezeugt, dass noch kein angemessenes Reaktionsmuster zur Verfügung steht, also geht man damit um, als wäre es ein Alltagser- eignis. Das gibt auch ersten Halt und Orientierung: Man kann nüchtern hilfreiche Maßnahmen treffen und sich präventiv auf das besinnen, womit man den bevorstehen- den schweren Weg der Trauer zu bewältigen gedenkt. Hiob richtet, wie ein Soldat vor dem Ausbruch des Kampfes, noch in der Ruhe vor dem Sturm einen gefass- ten, eindringlichen Appell an sich selbst, und wenn auch die nächste Welle der Schreckensnachrichten ihm alle Sprache rauben wird, wirkt die Kraft des Erinnerns doch in ihm fort und hilft ihm, den Kampf zu bestehen.[142]

Allerdings lauern hier erste Gefahren im Trauerpro-

---

[141] Eine Übersicht und Beschreibung der verschiedenen Phasenmodel- le findet sich bei Hans-Arved Willberg, Cornelia Gorenflo, *Den Weg der Trauer gehen* (Hänssler: Stuttgart, 2008), 21-43.

[142] Verhaltenspsychologisch bedeutet das: Hiob gibt sich eine ermuti- gende Selbstinstruktion. Das ist etwas ganz anderes als die unterstellte zwanghaft-sorgenvolle self-fulfilling prophecy. Hiob mag ja eine ge- wisse Tendenz dazu haben, aber aus dem Text ist nicht ersichtlich, dass sie ihn dominiert.

zess. Weil der Trauernde das Ausmaß des Verlusts noch gar nicht fassen kann und den wahren Schmerz noch gar nicht wirklich spürt, kann die gefasste, tapfere Reaktion zum Selbstläufer werden: Der Schmerz darf gar nicht erst entstehen, er wird geleugnet, das Leid wird oberflächlich weggetröstet, die furchtbare Wunde mit einem Pflaster versehen, unter dem sie niemals heilen kann. Mitunter ersetzt dann Euphorie die Trauer: Alles reimt sich, alles ist voll Dankbarkeit und Glorie.

Ähnlich ambivalent ist das *Trauerritual*, das Hiobs erster Reaktion unmittelbar vorausgeht. Die rituelle Handlung kann dem Schmerz Raum geben, sie kann ihn aber auch überdecken. Auch das Verhalten der drei Freunde ist zunächst großenteils rituell: „sie waren eins geworden hinzugehen, um ihn zu beklagen und zu trösten. Und als sie ihre Augen aufhoben von ferne, erkannten sie ihn nicht und erhoben ihre Stimme und weinten, und ein jeder zerriss sein Kleid und sie warfen Staub gen Himmel auf ihr Haupt".[143] Dass sie „eins geworden waren, ihn zu beklagen und zu trösten", liest sich nicht so, als hätten sie sich wirklich auf sein Leiden einlassen wollen. Sie hatten wohl mehr im Sinn, das zu tun, was *man* anstandshalber tut in solchem Fall. Auch für den Betroffenen selbst kann das Ritual ein Maskenspiel sein, hinter dem er seine wahren Gefühle verbirgt.

Aber die rituelle Symbolhandlung kann dem authentischen emotionalen Ausdruck auch *dienen*. Die alttestamentlichen Trauerformen sind „Riten der Selbstminderung", erklärt Jürgen Ebach. „Der Trauernde erscheint nicht nur im übertragenen Sinne, sondern auch in seiner Kleidung buchstäblich zerrissen [...]. Diese Riten sind zugleich der Ausdruck der Trennung, des Zerreißens von Bindungen, der gewaltsamen Abtrennung des Angewachsenen, Eingewurzelten (Haare), des Verlassens des

---

[143] Hiob 2,11f.

angestammten Platzes."[144] Damit wird symbolisch dargestellt, dass die bislang scheinbar gesicherte Identität des
Trauernden zerrissen ist, das alte Modell ist nicht mehr
brauchbar, es muss durch den schmerzhaften Heilungs-
prozess des Trauerns einem Neuen weichen. Dementsprechend meinte Fritz Perls (1893-1970), der Begründer
der Gestalttherapie, dass die Trauer „als Mittel, das alte
Selbst fahren zu lassen, um sich zu ändern, erklärt, warum Leiden von selbstzerstörerischem Verhalten begleitet
ist, wie etwa sich die Haut zu zerkratzen, sich gegen die
Brust zu schlagen, sich die Haare zu raufen."[145] Wir verwenden ja tatsächlich auch solche körpersprachlichen
Ausdrucksformen wie das Haareraufen und Sich-zu-Bo-
den-werfen, wenn wir verzweifelt sind, und empfinden
in der Wut oft den Impuls, das Bild der vertrauten Umgebung, in der sich das Schlimme ereignete, gewaltsam zu
zerstören. Insofern kann das Ritual ein echtes Bewälti-
gungsbedürfnis aufnehmen und kanalisieren.

Während das Ritual bei den Freunden Hiobs wohl
eher die wahre Anteilnahme ersetzt, bereitet es bei ihm
selbst die emotionale Verarbeitung vor. Es kommt, wie es
kommen muss: Als der erste Schock sich legt, bricht der
Schmerz sich Bahn. Der Schmerz ist ungeheuer stark.

---

[144] J. Ebach, Streiten mit Gott 1, 25f.

[145] Frederick S. Perls et al., *Gestalttherapie: Grundlagen*, 5. Aufl. (dtv: Stuttgart, 2000), 152.

3.3. Die Klage

„Mich ekelt mein Leben an.
Ich will meiner Klage ihren Lauf lassen
und reden in der Betrübnis meiner Seele."
Hiob 10,1

➜ **Lies Kapitel 3!**

3.3.1. Die existenzielle Vertrauenskrise

„Die Freunde können Hiob Gott nicht ersetzen,
das kann kein Mensch für den andern sein und tun,
aber sie können ihn ihre Nähe spüren lassen."
Werner Reiser[146]

Wenn das existenzielle Gottvertrauen durch die Extrem-
erfahrung der Gottverlassenheit widerlegt wird, wandelt
es sich zur Klage.[147] Das ist Hiobs völlig angemessene
Antwort auf sein Leiden, als er die Sprachlosigkeit des
Schocks überwunden hat. Darin ist er eins mit Jesus, der
in der vollkommenen Trostlosigkeit und höllischen Qual
seines Todeskampfs am Kreuz dem verborgenen Vater einen Klagepsalm entgegenschrie: „Mein Gott, mein Gott,
warum hast du mich verlassen?"[148]

Dieses „Warum", das nicht nach einer sachlichen Erklärung verlangt, sondern rein emotionaler Ausdruck
tiefsten Seelenschmerzes ist, der Klage eben, durchpulst
auch alle Reden Hiobs. Seine Freunde teilen es nicht. Sie
sind nicht wirklich mitbetroffen. Sie sitzen nicht mehr
mit Hiob in der Asche - sie stehen darüber. Sie haben sich
erhoben und *über*heben sich. Sie sind überheblich. Sie *berichtigen* Hiob, sie *beschwichtigen* das Unmaß seines

---

[146] W. Reiser, a.a.O., 56.

[147] Vgl. zur Klage H.A.Willberg, Den Weg der Trauer gehen, 61-64.

[148] Ps 22,2.

Schreiens aus tiefer Not zu Gott, sie *bezichtigen* ihn der
Sünde. Aber nochmals: Hiob geht es wie einem Kleinkind
mit gesundem Urvertrauen. Wenn die Mutter weg ist,
muss es verzweifelt schreien, weil sie sein Leben ist, und
gegen fremde Stimmen, die es streng ermahnen oder ein-
lullen wollen, muss es sich aus allen Kräften wehren: Un-
tröstlich wird es bleiben, bis die Mutter endlich wieder
kommt.

Es ist, als hätte sich eine Schlinge um Hiobs Hals gelegt, die sich mehr und mehr zuzieht. Immer wieder verwendet der Text des Hiobbuchs das Wort *nefesh*. Das ist
einer der anthropologischen Zentralbegriffe des Alten
Testaments. Er wird gebraucht, um den Menschen in seiner Bedürftigkeit und Verletztlichkeit zu bezeichnen. Oft
wird *nefesh* mit „Seele" oder „Leben" übersetzt. Es kann
aber auch zum Beispiel „Kehle" bedeuten. Die *nefesh* ist
betroffen, wenn wir sagen: „Es geht mir an den Kragen"
oder „das Wasser steht mir bis zum Hals." Das ist Hiobs
Erfahrung. Sie ist existenziell, denn das Leid durchdringt
ihn „in seiner ganzen Existenz, seiner gesamten Leben-
kraft"[149].

Hiobs hemmungslose Klage, die in Kapitel 3 beginnt
und sein Reden bestimmt, bis Gott ihm endlich antwortet, entspricht der Schwere seines Leidens. Der hoch dis-
ziplinierte Hiob wäre sehr wohl in der Lage, sie zu unter-
drücken. Er erlaubt sie sich aber, weil er verantwortlich
mit der Krise umgeht: „Darum will auch ich meinem
Munde nicht wehren. Ich will reden in der Angst meines
Herzens und will klagen in der Betrübnis meiner Seele."[150] Hiob weiß, dass man der Verlusterfahrung „nicht
notwendig mit der Schwächung des Konflikts" begegnet,
„sondern mit der Stärkung des Selbst und des Selbstge-

---

[149] J. Ebach, Streiten mit Gott 1, 35.
[150] Hiob 7,11.

wahrseins", wie Perls es ausdrückt.[151] Er kann nur wieder zu sich selbst finden, wenn er zulässt, was in ihm brodelt, wenn sich der emotionale Propfen lösen darf. Nur so bleibt er in Kontakt mit der Realität. Indem Hiob seinen Gefühlen Raum gibt, widersteht er der Versuchung, in der ersten Phase des Nicht-Wahrhaben-Könnens zu verharren. Hiob verschließt die Augen nicht vor dem Verlust. Er spürt den rasenden Schmerz, weil er sich der Wahrheit stellt.

Darum, weil er nicht ausweicht, ist er außerordentlich bedrückt und dementsprechend sind seine Gedanken sehr dunkel. Die Last ist zu schwer. Das Fremdwort für „Niedergedrücktsein" heißt „Depression". Das darf man an dieser Stelle zunächst zweifellos diagnostizieren.

Dazu passt auch der starke Todeswunsch, den Hiob hier zum Ausdruck bringt. Explizite Lebensverneinungen finden sich nur sehr selten im Alten Testament und in dieser Intensität nur bei Hiob. Sein Motiv, der sehnliche Wunsch, endlich Ruhe zu finden[152], ist dem Motiv vieler depressiv Suizidaler durchaus ähnlich. Dennoch wäre es falsch, Hiobs Todeswunsch als Suizidalität zu deuten. Denn Hiob ist ein *gesunder* Depressiver. Er gibt dem übergroßen Druck nicht Recht. Die Schlinge zieht sich zu, aber er verweigert sich der Strangulation. Darum klagt er statt in den Tod zu fliehen. Er bestraft sich nicht selbst noch zusätzlich für das erfahrene Leid, indem er sich das Leben und damit alle Hoffnung nimmt.

Hiobs „verflucht schöne" Verfluchung seines Lebens ist nichts als der verzweifelte Ausdruck seiner überaus leidenschaftlichen *Lebensbejahung*. „Wie muß Hiob das Leben lieben, daß er es so hassen kann!"[153] Lebensmüdigkeit ist ein vielschichtiges Phänomen, durchaus nicht

---

[151] F. Perls, a.a.O., 152.

[152] Besonders deutlich wird das auch in Hiob 10,18-22.

[153] W. Reiser, a.a.O., 34.

identisch mit Suizidalität. Hiob wird sich keinesfalls selbst das Leben nehmen. Diesen „Gefallen" wird er seinem wahrgenommenen Feind nicht tun! Hiob trotzt der sinnlosen Lebenszerstörung und wird ihr darum nicht auch noch die eigene hinzufügen. Er gibt nicht auf. Er kämpft verzweifelt.

3.3.2. Die Dominanz der Chaosmächte

Hiobs erster Klageschwall in Kapitel 3 gibt das Motiv der Gottesrede von Kapitel 38 an vor. Hier wie dort setzt der Text sich mit der Schöpfungstheologie der ersten beiden Kapitel des Genesisbuches auseinander. In Hiob sperrt sich alles gegen die dortige Behauptung, die ganze Schöpfung sei sehr gut. Er hat allen Sinn für das eigene Geschaffensein verloren. Hiob „wendet die Frage nach dem Verhältnis zwischen seiner Geburt und seinem gegenwärtigen Leiden in eine nach dem Verhältnis von Schöpfung und Chaos."[154] Es ist, als wolle er den Film von der guten Schöpfung zurückdrehen, als verlange er nach einem einer Neuinszenierung. Genau darauf wird die Gottesrede antworten.

Die Nacht seiner Geburt sollen „verfluchen, die einen Tag verfluchen können, und die da kundig sind, den Leviatan zu wecken".[155] Hiob ruft die Beschwörer der Chaosmächte auf die Bühne. Wer den Leviatan weckt, der entfesselt das zerstörerische Chaos. Diesen Mächten weiß er sich schutzlos preisgegeben. Sie scheinen in der Lage zu sein, das schöne Dogma von der „guten Schöpfung" ohne weiteres ad absurdum zu führen. Der Leviatan ist ein mythologisches Ungeheuer mit höchst bedrohlichem Zerstörungspotenzial, in dem sich „die widermenschli-

---

[154] J. Ebach, Streiten mit Gott 1, 50.

[155] Hiob 3,8.

che und widergöttliche Gegenwelt manifestiert."[156] In
Ägypten gab man ihm die Gestalt des Krokodils, aber
man stellte sich ihn auch als Seeungeheuer vor.[157] Der
Leviatan scheint nur durch göttliche Kraft besiegt werden
zu können. Darum sehnen sich die Glaubenden nach seiner endgültigen Überwindung. Aber Hiob erlebt das Gegenteil: Der Teufel ist los! Wenn die Chaosmächte das gute Schöpfungswerk willkürlich von einem Augenblick
auf den anderen zerreißen können - was soll er dann
noch halten von Gottes Macht und Güte? Ist die gute
Ordnung nichts weiter als Beute und Fraß der Chaosmächte? Das drängt sich Hiob auf. Darum beschwört er
das Chaos herauf, damit es die nur dem Schein nach gute,
feste Ordnung der Schöpfung vernichte - weil ihr Schein
ja trügt! Das Chaos fresse den Kosmos.

Wozu soll ein Opfer, das ohnehin gnadenlos gefressen
wird, sich noch weiter mit dem Dasein quälen? Soll es
gar nur dazu geboren sein, ihr Opfer zu werden? Hiobs
leidenschaftliches Ja zum Leben wehrt sich verzweifelt
gegen diese Einsicht. Aber wie? Darum verflucht er die
Nacht seiner Geburt.

Die Freunde missverstehen Hiobs Fluch und verwechseln ihn mit Blasphemie. Aber Hiob flucht nicht Gott, so
wenig ein Kind der Mutter flucht, nach der es schreit.
Grenzenlose Wut gegen Gott ist etwas völlig anderes als
Gott in dem Sinn zu fluchen, den Hiobs Freunde bei ihm
wahrzunehmen meinen. Hiob sagt Gott nicht ab, sondern
er greift ihn an. Was er aber wirklich verflucht, ist seine
eigene Existenz. Aber er flucht ihr nicht mit in kalt abge-
wogener Sachlichkeit, sondern in siedender Verzweiflung. Sein Fluch ist nichts als Hilfeschrei: „Wenn man
doch meinen Kummer wägen und mein Leiden zugleich
auf die Waage legen wollte! Denn nun ist es schwerer als

---

[156] J. Ebach, Streiten mit Gott 1, 51.
[157] Jes 27,1; Ps 74,13f.

Sand am Meer; darum sind meine Worte noch unbe-
dacht."[158]

Das Leviatanmotiv wird in Gottes Antwort ausführlich über zwei Kapitel hinweg wieder aufgenommen und
weiterbewegt.[159] Aus dem Kontext geht hervor, warum
das geschieht. Hiobs schöpfungstheologischer Horizont
wird erweitert: Die gute Schöpfung Gottes besteht nicht
nur in einer guten Ordnung, die sich dem menschlichen
Verstand enthüllen kann. Auch beängstigende Kräfte und
Mächte gehören zu ihr, deren Sinn sich dem Verstand
verschließt. Aber Gottes Weisheit kennt ihn.

3.3.3. Hiob und Jeremia

> „Es gibt heute genügend Beweise dafür, daß die stärksten und
> beunruhigendsten, durch einen Verlust hervorgerufenen Affek-
> te, die Angst, verlassen zu werden, die Sehnsucht nach der ver-
> lorenen Person und die Wut, sie nicht finden zu können, sind".
> John Bowlby[160]

Das Alte Testament ist nicht vom Himmel gefallen, sondern in einem jahrhundertelangen Prozess entstanden. In
diesem Prozess gab es durchaus Spannungen und Verän-
derungen der Gotteserkenntnis. Insofern kann man auch
sagen: Das Alte Testament legt sich selbst aus - versucht
sich selbst zu verstehen. Das Hiobbuch markiert in diesem Prozess eine sehr wichtige Stelle: Die Geschichte Israels hatte einen Verlauf genommen, der den einfach gedachten Zusammenhang von menschlicher Gerechtigkeit
und göttlichem Lohn sehr fragwürdig gemacht hatte. Die
Vernichtung Israels, das babylonische Exil und die Arm-
seligkeit des neuen Israels der Rückkehrer im Vergleich
zu Macht und Pracht unter David und Salomon ließen
das Schema „Es war unsere eigene große Schuld und die

---

[158] Hiob 6,2f.

[159] Hiob 40; 41.

[160] J. Bowlby, a.a.O., 119.

gerechte Strafe dafür" sehr zweifelhaft werden. Die Geschichtsbücher des Alten Testaments versuchten zwar den Nachweis des Zusammenhangs, indem sie den Untergang Israels aus dem Ungehorsam der Mächtigen im Lande folgerte, aber das waren gerade nicht die Gerechten, sondern ihre Unterdrücker! Die Gerechten waren Menschen wie Jeremia, die das Unheil mit doppelter Wucht traf, einerseits durch die Schicksalsgemeinschaft mit dem ganzen ausgepressten, vergewaltigten und dahingemordeten Israel als dem letztlich wehrlosen Opfer der brutalen Politik Assurs und Babylons, andererseits durch das persönliche Leiden unter den ungerechten Reichen und Mächtigen im eigenen Volk. Es ist kein Zufall, dass keine Klagereden in der ganzen Bibel der Klage Hiobs so stark ähneln wie die Jeremias. Diesen Typ des Gerechten verkörpert auch Hiob. Er wird mit voller Wucht getroffen, ohne durch eigene Schuld das Unheil herbeigeführt zu haben. Im Gegenteil: Er hat alles getan, um es abzuwenden. Und es war nicht wie in Sodom und Gomorrha, wo die Gerechten ausgestorben waren, sondern es gab viele Hiobs; so viele, dass die Frage der Gerechtigkeit Gottes den Gerechten gegenüber unbedingt nach theologischer Klärung verlangte. Wir dürfen annehmen, dass auf diese Weise das Buch Hiob entstand. Die neuen, furchtbaren und furchtbar enttäuschenden Erfahrungen Israels, die in so schrecklich krassem Gegensatz zu den Verheißungen standen, bedurften einer Revision der Theologie.

Vor diesem Hintergrund sind auch die Klagen Jeremias zu sehen. Sie haben einen ganz ähnlichen Klang wie die Klagen Hiobs. Die deutlichste Parallele in der Bibel zu Hiob 3 findet sich in Jeremia 20,14-18.

> „Verflucht sei der Tag, an dem ich geboren bin; der Tag soll ungesegnet sein, an dem mich meine Mutter geboren hat! Verflucht sei, der meinem Vater gute Botschaft

brachte und sprach: 'Du hast einen Sohn', sodass er ihn fröhlich machte! Der Tag soll sein wie die Städte, die der Herr vernichtet hat ohne Erbarmen. Am Morgen soll er Wehklage hören und am Mittag Kriegsgeschrei, weil er mich nicht getötet hat im Mutterleibe, sodass meine Mutter mein Grab geworden und ihr Leib ewig schwanger geblieben wäre! Warum bin ich doch aus dem Mutterleib hervorgekommen, wenn ich nur Jammer und Herzeleid sehen muss und meine Tage in Schmach zubringe!"

Der Gedanke scheint nicht abwegig, dass Hiob 3 bewusst diese Verse in Erinnerung rufen möchte. Jedenfalls gehören die beiden Leidenserfahrungen inhaltlich zusammen. Beide Klagen sind Etappen auf dem Weg der Krisenbewältigung angesichts des babylonischen Terrors und der Vernichtung Israels. Beide Gestalten sind Protagonisten des gesunden Kranken, der gerade seines gesunden Selbstbewusstseins und seines unüberwindlichen Festhaltens an der Barmherzigkeit Gottes wegen so sehr zu leiden hat, unverstanden und tief vereinsamt. In beiden ist der glimmende Docht und beide würden viel darum geben, wenn er vollends erlöschen würde, damit sie endlich Ruhe hätten. Beider System der theologischen Stimmigkeiten ist zum Scherbenhaufen geworden, beide fühlen sich von ihrem Gott zutiefst verlassen und betrogen. Beide sind maßlos enttäuscht.

Seelisch gesund zu sein bedeutet nicht, es leicht zu haben, sondern sich selbst in seiner von Gott gegebenen Bestimmung zu erkennen und anzunehmen. Bei Jeremia wird es noch deutlicher als bei Hiob, dass er nicht an einem *falschen* Selbstbild leidet, sondern an seiner *wahren* Bestimmung: So hat Gott ihn gemacht, so hat er ihn gewollt, dazu hat er ihn bestimmt - und *darunter* leidet Jermia. Er leidet um der Wahrheit willen, seiner eigenen Wahrheit und Wahrhaftigkeit wegen. Mithin ist auch bei Jeremia genau wie bei Hiob ein deutliches Zeichen der seelischen Gesundheit seine Ehrlichkeit: Er wagt es, seine ganz unfrommen Gedanken, seine ganze wahre Schwachheit, offen zum Ausdruck zu bringen. Das zeigt sich auch sonst im Jeremiabuch: Frommer Schein ist ihm zutiefst zuwider.[161]

Die seelische Auswirkung des Leidens ist bei Hiob und Jermia sehr ähnlich, nur die Ursachen sind zum Teil verschieden. Jeremia leidet noch deutlicher als Hiob unter den Folgen seiner *Berufung*: „Herr, du hast mich überredet und ich habe mich überreden lassen. Du bist mir zu stark gewesen und hast gewonnen; aber ich bin darüber zum Spott geworden täglich, und jedermann verlacht mich."[162] Jeremia steht stellvertretend für alle Glaubenden, die der Überzeugung waren, Gottes persönlichem Ruf in den Dienst zu folgen und darum mutige unkonventionelle Schritte gewagt haben, unter Verzicht auf bequemere und attraktivere Alternativen, allein auf Gottes Zusage hin, er werde sie nie im Stich lassen und ihr Vertrauen großzügig väterlich belohnen, die dann aber durch schwerste Enttäuschungen eines Besseren belehrt wurden und darum existenziell am Sinn ihres Auftrags zweifeln, ihn aber nicht loslassen können, weil er in der Mitte ihres Herzens unauslöschlich brennt: „Da dachte ich: Ich will nicht mehr an ihn denken und nicht mehr in seinem Namen predigen. Aber es ward in meinem Herzen wie ein brennendes Feuer, in meinen Gebeinen verschlossen, dass ich's nicht ertragen konnte; ich wäre schier vergangen."[163]

---

[161] Vgl. z.B. Jer 7.

[162] Jer 20,7. Joseph Roth nimmt dieses Moment auf, indem er sich seinen Hiob namens Mendel Singer als einen Thoralehrer denkt, der nicht nur unter den schweren Lebensumständen leidet, sondern auch unter Verachtung, Spott und Unverständnis seines Amtes wegen. „Man griff also sein Dasein an, wenn man seinen Beruf tadelte, man versuchte ihn auszulöschen aus der Liste der Welt. Dagegen wehrte sich Mendel Singer. J. Roth, a.a.O., 45.

[163] Jer 20,9.

Der Schnittpunkt der Leidenserfahrungen Hiobs und
Jeremias liegt in der massiv empfundenen Gottverlassenheit, die sich ihnen am allerstärksten darin erweist, dass
sich selbst die engsten Vertrauten höchst demütigend
und kränkend gegen sie kehren. Weil sie beide vom Glauben ergriffen sind, können diese Allernächsten auch nur
wieder Glaubende sein, denn dort, in der Gemeinschaft
der Glaubenden, ist ihr wahres Zuhause. Wenn in Hiob 3
möglicherweise bewusst die „Klagemelodie" von Jer
20,8-14 eingearbeitet ist, darf daraus gefolgert werden,
dass unsere Aufmerksamkeit dadurch auch bewusst darauf gelenkt werden soll, den tiefsten Punkt der Leiden
Hiobs tatsächlich erst im Verhalten seiner Freunde von
Kapitel 4 an zu suchen.[164]

Die erste Klage Hiobs ist noch vom Schock gezeichnet.
Der Schmerz, der ihn jetzt grausam stark erfasst, nimmt
ihn zunächst ganz in Beschlag. Hiob dringt noch nicht
wieder nach außen durch. Er ist noch eingeschlossen in
die Glocke des Schmerzes. Er ist noch nicht dialogfähig.
Deshalb hat die Klage auch noch keinen Adressaten. Die
erste Klage hat darum noch nicht den Charakter der Auseinandersetzung, sie ist ein einziges Weinen, Aufstöhnen
und Schreien. Aber Hiobs Freunde reagieren, als hätte er
ihnen einen wohl überlegten maßlos gotteslästerlichen
und persönlich beleidigenden Vortrag gehalten. Was ihn
wirklich quält und was er wirklich braucht, kommt nicht
einmal in ihren Blick.

---

[164] Vgl. zur Parallelität zwischen Hiob und Jeremia aber auch die Kla-
gelieder Jeremias, insbesondere Klag 3,1-19!

3.3.4. Die blanke Wut

„Enkel Hiobs
Wie tief entbrannte über uns dein Zorn!
Wo blieb die Feuersäule, die uns führte,
Dein Wunderfels, der, da man ihn berührte,
Uns Wasser gab, sich wandelte zum Born?
Wo bleibt die Stimme, da der Dornbusch flammt?
Nicht Land, nur Blut, wohin wir auch enteilen,
Wo bleibt der Stab, für uns das Meer zu teilen?
Sind wir auf Ewigkeit zum Irr'n verdammt?
Ist uns die letzte Arche schon zerschellt,
Gibt's kein Entfliehn aus solcher Hölle,
Kein Ohr, das vor gewaltgem Schreie gelle,
Ist keine Liebe mehr auf dieser Welt?
Mit Tränen säten wir das erste Korn,
Und sieh, der Halm ist leer, den wir geschnitten,
Was willst du, Herr, noch über Hiob schütten?
- Gar tief entbrannte über uns dein Zorn."

Mascha Kaléko[165]

➔ **Lies Kapitel 7, 9 und 10!**

Sowohl Hiobs Geduld wie auch seine Vorbildlichkeit liegen darin begründet, dass er sich nicht resignierend in sein Schicksal fügt. Hiob widerspricht damit einer alten und starken seelsorgerlichen Tradition, in der auch schon seine Freunde stehen. Demnach bewältigt man sein Kreuz nur dadurch, dass man sich ihm klaglos willig fügt. Diese Sichtweise hat sich besonders stark im barocken Pietismus der ersten Generationen durchgesetzt und prägt bis heute den Umgang mit Leid in Glaubensrichtungen, die dort ihre Wurzeln haben.

Hiobs fassungsloses Klagen in Kapitel 3 wandelt sich in der Folge zur bitter wütenden *An*-Klage. Die ersten beiden Freunde, Elifas und Bildad, versuchen zwar, Hiob zu beschwichtigen, aber der lässt sich nicht von ihnen

---

[165] Mascha Kaléko (1912-1975), zit. in: Ulrich Becker, Frauke Büchner, Bernhard Dressler et al. (Hg.), *Versöhnung lernen*, Religion 9/10 (9./10. Jahrgangsstufe) (Ernst Klett: Leipzig, 1999), 82. Mascha Kaléko (1912-1975) war eine jüdische Dichterin.

aufhalten. Hiob gerät in eine Konfrontation an zwei Fronten: Seine Freunde dringen auf ihn ein und er wehrt sich dagegen. Dann dringt er selbst auf Gott ein. Die Provokationen der Freunde mögen seine Wut noch schüren, aber sie helfen ihm nicht. Sie erscheinen ihm nur als Hindernisse, als zusätzliche Last.

Nach dem Schock reagiert Hiob zunächst depressiv, aber er weicht dem Schmerz nicht aus. Darum gerät er weder in den Sog der Suizidalität noch versinkt er in Selbstmitleid. Darum klagt er statt zu jammern. „In der Klage richte ich meine Not an Gott. Ich beklage mein Los und klage Gott an. In diesem Dialog kann sich in mir etwas verwandeln."[166] Aus den beiden Antwortreden, mit denen sich Hiob zuerst gegen Elifas und dann gegen Bildad wehrt, gelangt er zur Überwindung der Selbstbezogenheit seiner ersten, depressiven Klage. Er richtet sich aus der Niedergeschlagenheit auf und sieht nicht mehr nur den Dreck *um sich*, in den er getreten wurde, sondern den Feind *vor sich*, der ihn trat. Das ist nicht ein menschliches Gegenüber, sondern das ist der übermächtige Gott in seinem völlig unverständlichen Handeln. „Gottes ausschließende, ihn ganz umschließende Liebe ist umgeschlagen in Gottes reasenden, ihn ganz verstoßenden Zorn", schreibt Susman.[167] „Nur in der Verfolgung, in der vernichtenden Bedrohung vermag Hiob noch eine Beziehung Gottes zu seinem Leben zu erkennen."[168] Es hat sich „etwas in Hiobs Haltung verändert". Nun erst „bäumt er sich aus der untersten Tiefe seiner Seele gegen Gott auf".[169] Nun leidet Hiob „gottunmittelbar", formuliert Reiser. „Wer so offen schreit, hält die Verbindung of-

[166] A. Grün, a.a.O., 197.

[167] M. Susman, a.a.O., 38.

[168] Ebd., 42.

[169] Ebd., 37.

fen und läßt nichts anderes dazwischen kommmen."[170] Eigentümlicherweise kann sich das nur auf der Basis eines unerschütterlichen Grundvertrauens ereignen: „Es geschieht aus dem kühnen Vertrauen, daß ein Mensch gegenüber Gott er selbst sein kann und rebellieren darf".[171]

Reiser sieht auch richtig, dass die Wut aus der Angst entsteht. Hiob trägt ein außerordentlich bedrohliches Gottesbild in sich.[172] Seine Erfahrungen scheinen ihm sehr exakt das Bild des dämonisch tyrannischen Angst-Gottes als Wahrheit zu bestätigen. Darum projiziert Hiob das Bild seines inneren Angst-Gottes auf den unsichtbaren, fremden Gott, den er als Verursacher seines Leidens wahrnimmt.[173] Dorothee Sölle zeigt, dass Hiobs Klage voll von Metaphern dieser Art ist:

> „In Wahrheit ist er ein wehrloses Objekt des Prüfenden, eine 'Zielscheibe' (7,20) für die 'Pfeile' voller Gift (6,4). Der tyrannische Charakter Gottes erscheint in einer Reihe von Bildern: Gott jagt den Menschen wie der Löwe das Wild (9,16), er erlegt ihm Frondienst (10,17) auf wie einst Pharao in Ägypten, er ist der Treiber der Gefangenen und der Herr über Knechte (3,18f.), sein Handeln wird benannt mit Ausdrücken wie: unterdrücken (10,3), verwerfen (10,3), vernichten (10,8), niederreißen (16,13), einkerkern, irreführen, zu Toren machen (12,14ff.); er ist es, der den Menschen 'überwältigt' und 'sein Antlitz' entstellt (14,20)."[174]

Überzeugende gegensätzliche, tröstliche Erfahrungen bleiben aus. Gott unter diesen Umständen dennoch als barmherzig und gütig zu begreifen, scheint vollkommen

---

[170] W. Reiser, a.a.O., 73.

[171] Ebd.

[172] Reiser verweist dazu auf Hiob 10,1-22.

[173] W. Reiser, a.a.O., 75.

[174] Dorothee Sölle, *Leiden* (Herder: Freiburg i.B., 1993), 141f.

unmöglich und so unsinnig, als wollte man behaupten, zwei plus zwei ergäbe fünf. Hiob wagt es es, „selbst die massivsten Bilder vor Gott hinzuwerfen und gleichsam zu sagen: 'Siehst du, auf solche Bilder und Fixierungen kommen wir Menschen von dir, wenn du dich uns nicht zeigst, wie du bist!'".[175]

Dieses „Wie du bist" kommt aus dem unzerstörbaren Grundvertrauen. Hiob hält *gegen* Gott *an* Gott fest. Er verweigert sich dem tyrannischen Sadisten, dem Menschenverächter, wie auch dem gleichgültigen Schachspieler, der irgendwelche grausamen Menschenexperimente anstellt, um sich oder einem Teufel irgendwas zu beweisen, das sinnlos für das Opfer bleibt. In ihm ist der glimmende Docht, das tiefe Wissen um die Wahrheit, dass nämlich die Wahrheit Liebe ist, das andere Bild: „Gott ist die Liebe; und wer in der Liebe bleibt, der bleibt in Gott und Gott in ihm."[176]

> „Nur aus dieser brennenden Gegenwärtigkeit Gottes, aus Hiobs Liebe zu Gott ist überhaupt sein ganzes Fragen und Rechten zu verstehen. Nur um das einmal wahrhaftig Besessene wird so gerungen; nur der Liebende kann so rechten; nur um den Geliebten wird so gelitten."[177]

Aus der schmerzlichen Betroffenheit wird glühende Wut. Indem die Wut aber nun ihr Gegenüber findet, wird sie dialogisch. Der Charakter seiner Klage verändert sich zum zornigen Gebet. Schon die Kapitel 7 und 8 sind „massivste Vorwürfe an Gott, in denen Ijob seine Verletztheit in der Beziehung zu diesem vehement zum Aus-

---

[175] W. Reiser, a.a.O., 79.

[176] 1Joh 4,16.

[177] M. Susman, a.a.O., 37f.

druck bringt".[178] In den Kapiteln 9 und 10 steigert sich das noch: „Die zweite Antwortrede Hiobs gehört zu den ungeheuerlichsten Texten in der Bibel", kommentiert Ebach. „Hiob schleudert Gott gewaltige Anklagen entgegen - bis hin zur Unterstellung, Gott selbst herrsche als Frevler über die Welt."[179] Hiob geht in den Angriff, er pocht vehement auf sein Recht, denn er ist in dieser Phase zutiefst davon überzeugt, dass ihm Unrecht geschieht. Aber zugleich verzweifelt er im Wissen, dass der einzige, der ihn rechtfertigen könnte, derselbe ist, dem er das Unrecht vorwirft.[180]

Mitten in dieser Ausweglosigkeit ereignet sich die womöglich entscheidende Wandlung in Hiob: Hiob zentriert sich ganz auf sein „Du". Seine Klage wird mehr und mehr zum puren, wenn auch äußerst wütenden Gebet. Statt nun endlich aus der verzweifelten Erkenntnis, dass er keinen anderen Anwalt hat als den scheinbar sadistisch menschenverachtenden Richter selbst, die letzte Konsequenz der Gottesleugnung zu ziehen, wagt Hiob es, den göttlichen Unrechttäter selbst zur Rechenschaft zu ziehen, in der wahnsinnig erscheinenden, aber für ihn alternativlosen Hoffnung, ihn zu Einsicht und Umkehr zu bewegen. Es darf doch nicht wahr sein!

Der weitere Verlauf des Hiobdramas beweist allerdings, dass der klischeehafte seelsorgerliche Rat, auf die Überwindung der Selbstbezogenheit durch neue Hinwendung zu Gott würde sich ganz rasch alles zum Besten wenden, jedenfalls in Hiobs Fall fehl geht. Zunächst verändert sich nichts. Es mag ein Licht am Ende des Tunnels geben, aber Hiob zeigt es sich noch lange nicht.

---

[178] Klaudia Engljähringer, *Theologie im Streitgespräch: Studien zur Dynamik der Dialoge des Buches Ijob*, Stuttgarter Bibelstudien 198, Hg. H.-J. Klauck, E. Zenger (Katholisches Bibelwerk: Stuttgart, 2003), 107.

[179] J. Ebach, Streiten mit Gott 1, 93.

[180] Hiob 9,32-35.

3.3.5. Die Ausweglosigkeit

„Der Gott will entweder die Übel abschaffen und kann es nicht, oder er kann und will es nicht, oder er will es nicht und kann nicht, oder er will und kann. Wenn er will und nicht kann, ist er schwach, was auf Gott nicht zutrifft. Wenn er kann und nicht will, ist er neidisch[181], was dem Gott gleichermaßen fremd ist. Wenn er weder will noch kann, ist er neidisch[182] und schwach, also auch kein Gott. Wenn er will und kann - was allein dem Gotte zukommt -, woher stammen dann die Übel? Oder warum schafft er sie nicht ab?"
Epikur[183]

➤ **Lies Kapitel 13,18ff; 14 und 17!**

Wie würde Hiob Epikur wohl antworten? Vielleicht so: „Er will nicht! Und auf den Einwand, das dürfe man von Gott nicht sagen, weil es ihm Mißgunst unterstelle, könnte Hiob antworten: Man darf nicht, aber man muß."[184]

Hiob erleidet beides: die *intellektuelle* wie auch die *existenzielle Aporie*[185]. Würde er die existenzielle Aporie nicht erfahren, so könnte er die intellektuelle ignorieren. Das unterscheidet ihn von seinen Freunden. Sie haben gut reden. Sie können sich bequem ihre Reime machen, weil sie nicht am eigenen Leib spüren, was Hiob erleidet.

---

[181] Im Sinne von „missgünstig". Vgl. die Übersetzung der Stelle bei J. Ebach, Streiten mit Gott 1, 99.

[182] Dito.

[183] Epikur, *Briefe, Sprüche, Werkfragmente*, Griech./Deutsch, übersetzt u. hg. v. H.-W. Krautz, bibliograph. erneuerte Ausg. (Philipp Reclam jun.: Stuttgart, 2000), 166. Epikur (ca. 341-270 v.Chr.) ist einer der bedeutendsten Philsophen der Antike. Interessant für das Verständnis dieses Zitats ist die Tatsache, dass er an einer schmerzhaften chronischen Erkrankung litt, an der er letztlich auch starb. Aus seinem letzten Brief an einen seiner Schüler: „Den glückseligen Tag feiernd und zugleich als letzten meines Lebens vollendend schreibe ich euch dies: ihn begleiten Blasen- und Darmkoliken, die keine Steigerung der ihnen innewohnenden Heftigkeit zulassen." Ebd., 61.

[184] J. Ebach, Streiten mit Gott 1, 99f.

[185] „Aporien" sind unüberwindliche Widersprüchlichkeiten.

Sie sind besserwisserisch; Hiob aber *weiß* es besser. Die existenzielle Aporie beweist ihm mit grausamer Überzeugungskraft die intellektuelle. Hiob steht glasklar vor Augen: „Die höchste Gerechtigkeit ist die höchste Willkür. Die höchste Macht ist nicht kontrollierbar. Wer zuoberst regiert, kann machen, was er will [...] Es ist eins: Schuldlose wie Schuldige vernichtet er"[186] Joseph Roth lässt seinen Hiob Mendel Singer klagen:

> *„Gott ist grausam, und je mehr man ihm gehorcht, desto strenger geht er mit uns um. Er ist mächtiger als die Mächtigen, mit dem Nagel seines kleinen Fingers kann er ihnen den Garaus machen, aber er tut es nicht. Nur die Schwachen vernichtet er gerne. Die Schwäche eines Menschen reizt seine Stärke, und der Gehorsam weckt seinen Zorn."*[187] *„Alle Jahre habe ich Gott geliebt, und er hat mich gehaßt. Alle Jahre habe ich ihn gefürchtet, jetzt kann er mir nichts mehr machen. Alle Pfeile aus seinem Köcher haben mich schon getroffen. Er kann mich nur noch töten. Aber dazu ist er zu grausam."*[188]

Das hat so starke Überzeugungskraft für Mendel Singer, dass er seinen Hiobsfreunden entgegenhält: „Ihr werdet staunen und sagen: auch Mendel ist verrückt [...]. Aber ich versichere euch: ich bin nicht verrückt. Ich war verrückt. Mehr als sechzig Jahre war ich verrückt, heute bin ich es nicht."[189]

Die Ausblendung intellektueller Aporien findet sich in der real existierenden Theologie häufig, weil nicht sein kann, was nicht sein darf. Im Normalfall werden solche Widersprüchlichkeiten einfach ignoriert. Das geht so lan-

---

[186] W. Reiser, a.a.O., 71, zu Hiob 9,5ff.19.22.

[187] J. Roth, a.a.O., 164f.

[188] Ebd., 168.

[189] Ebd., 164.

ge gut, bis sie sich durch die *Lebensrealität* aufdrängen.

Hiob bringt die existenziell-intellektuelle Aporie in seiner zweiten Antwort an Bildad auf den Punkt:

„ Ja, ich weiß sehr gut, dass es so ist und dass ein Mensch nicht Recht behalten kann gegen Gott. Hat er Lust, mit ihm zu streiten, so kann er ihm auf tausend nicht eins antworten. Wenn ich auch Recht habe, so kann ich ihm doch nicht antworten, sondern ich müsste um mein Recht flehen.Wenn ich ihn auch anrufe, dass er mir antwortet, so glaube ich nicht, dass er meine Stimme hört [...]. Geht es um Macht und Gewalt: Er hat sie. Geht es um Recht: Wer will ihn vorladen? Wäre ich gerecht, so müsste mich doch mein Mund verdammen; wäre ich unschuldig, so würde er mich doch schuldig sprechen."[190]

Die Logik der intellektuellen Aporie geht davon aus, dass Gott im Recht ist, weil er Gott ist, auch wenn er Unrecht geschehen lässt. Der Glaube folgt dieser Einsicht, indem er enttäuschte Erwartungen demgemäß interpretiert: In Gottes Nein liegt ein Ja verborgen, er weiß besser, was gut für mich ist, als ich selbst. Hiob erkennt nun aber das Trügerische dieses Gedankens: Damit lässt sich alles Widersprüchliche auflösen, um den Preis der vollkommenen Willkür. Gott wird dem Glaubenden völlig unberechenbar. Jedes Gebet kann er mit bestem Grund erhören oder verwerfen und weil er Gott ist, muss er uns nicht vermitteln, warum. „Gott ist das einzige Wesen, das es sich leisten kann, mißverstanden zu werden", schreibt Chambers. „Das können wir nicht, sondern nur Gott. Wenn uns jemand mißversteht, nehmen wir ihm das in der Regel übel. [...] Gott rechtfertigt sich nie".[191] Die Apo-

---

rie in dieser Ansicht ist, dass daraus zwingend folgt: Eine persönliche Vertrauensbeziehung zu Gott ist nicht möglich, es sei denn, der Glaubende betröge sich selbst. Das ist Hiobs Gerechtigkeitsproblem. Denn Willkürlichkeit ist das Gegenteil von Verlässlichkeit

Hiob hat nicht den Anspruch, dass seine Wünsche in Erfüllung gehen müssen. Aber dass er einen *tröstlichen* Sinn darin finden kann, wenn es nicht so ist. Wenn Gott ein liebender Vater ist, dann verneint er Wunsch und Bedürfnis des Glaubenden nicht einfach anonym, sondern er geht auf den Enttäuschten ein, um ihn zu trösten und zu ermutigen. Tröstend kann zum Beispiel eine plausible Erklärung sein. Hiob schreit nach Trost, denn er weiß, dass sein Glaube davon abhängt. Er *kann* nicht ungetröstet weiter vertrauen. Und Hiob ist selbstbewusst genug, um nicht Trost mit Vertröstung zu verwechseln. Er weiß: Ohne ganz konkreten, überzeugenden Trost kümmert sein Gottvertrauen mehr und mehr dahin, und irgendwann wird der glimmende Docht in ihm erkaltet sein.

Das ist die Aporie der Theologie vom Willkürhandeln Gottes: Sie verunmöglicht die persönliche Vertrauensbeziehung des Kindes zum Vater. Da bleibt nur Verzweiflung und der Glaube an einen unpersönlichen Erfinder des Universums. Aber es lohnt sich nicht, persönliche Erwartungen an ihn zu haben, denn es gibt keinen Unterschied zwischen seinem Handeln und dem des Schicksals. Die Erhörlichkeit des Betens reduziert sich auf Wahrscheinlichkeiten. Man könnte ebensogut würfeln, denn man kann nie vorhersehen, wie Gottes Antwort ausfallen wird, und er hat immer einen guten unerklärbaren Grund dafür.

Hiobs Klagegebet zieht sich, unterbrochen durch die Seelsorgeversuche der Freunde, bis zu Kapitel 17 hin. Der Trost bleibt aus. Immer mehr drängt sich ihm auf, dass er ein falsches Bild von Gott hatte. In Wirklichkeit ist er einem dämonischen Willkürherrscher ausgeliefert, gegen den er keine Chance hat. Schließlich endet seine Klage „in absoluter Hoffnungslosigkeit":[192]

> *„Meine Tage sind vergangen; zerrissen sind meine Plä-*
> *ne, die mein Herz besessen haben. Nacht will man mir*
> *zum Tag machen: Licht sei näher als Finsternis. Wenn*
> *ich auch lange warte, so ist doch bei den Toten mein*
> *Haus, und in der Finsternis ist mein Bett gemacht. Das*
> *Grab nenne ich meinen Vater und die Würmer meine*
> *Mutter und meine Schwester. Worauf soll ich denn hof-*
> *fen? Und wer sieht noch Hoffnung für mich? Hinunter*
> *zu den Toten wird sie fahren, wenn alle miteinander im*
> *Staub liegen."*[193]

Von nun an wird Hiob zunächst nur noch auf die letzten Reden der Freunde reagieren, die immer liebloser und vorwurfsvoller werden, bis sie endlich aufgeben.[194] Dann erst findet er wieder neuen Raum zu Besinnung und neuer Klage. Und darin zeigt sich schon der erste Silberstreifen am Horizont. Die Gottesfinsternis wird bald vorüber sein, der Morgen kündet sich an.

Hiob kommt voran mit seiner Trauerarbeit, aber er es selbst kann es noch nicht erkennen:

> *„Ich schreie zu dir, aber du antwortest mir nicht; ich*
> *stehe da, aber du achtest nicht auf mich. Du hast dich*
> *mir verwandelt in einen Grausamen und streitest gegen*
> *mich mit der Stärke deiner Hand. Du hebst mich auf*
> *und lässt mich auf dem Winde dahinfahren und verge-*
> *hen im Sturm. Denn ich weiß, du wirst mich zum Tod*
> *gehen lassen, zum Haus, da alle Lebendigen zusammen-*
> *kommen. Aber wird man nicht die Hand ausstrecken*

---

[192] K. Engljähringer, a.a.O., 124.

[193] Hiob 17,11-16.

[194] Hiob 18-27.

*unter Trümmern und nicht schreien in der Not? Ich
weinte ja über die harte Zeit, und meine Seele grämte
sich über das Elend. Ich wartete auf das Gute, und es
kam das Böse; ich hoffte auf Licht, und es kam Finsternis. In mir kocht es und hört nicht auf; mich haben über-
fallen Tage des Elends."*[195]

Es bleibt dabei: Hiob schreit nach Gott wie ein verlasse-
nes Kind nach seiner Mutter.

3.4. Warum Hiob nicht resigniert

„Zeit mit irgendeiner Form von Selbstbeschuldigung zu verbrin-
gen, schadet nur Ihrer Leistungsfähigkeit und schmälert die Ihnen zur Verfügung stehende Energie zur Veränderung. Solche
Anklagen sind eine kostspielige, nutzlose und destruktive Art
des Umgangs mit Energie."
Virginia Satir[196]

Hiobs Trauerweg ist authentisch, gerade auch darin, dass
er sich nicht klischeehaft geradlinig vollzieht, sondern
seine ganz eigene Gestalt hat. Hiob durchlebt die Stadien
des schweren Trauerprozesses auf spezifische Weise:
Nach dem Schock bricht der Schmerz auf. Er ist so stark,
dass er Hiob zunächst völlig niederdrückt. Das ist eine
erste Phase der Depression, die bei ihm aber bald einer
viel stärker dominierenden Phase des aggressiven Widerstands weicht, die zwar von depressiven Momenten
durchsetzt ist, diese aber deutlich in Grenzen hält. Dann
folgt, den Phasenmodellen des Trauerns gemäß, auch bei
Hiob eine Zeit des Rückzugs, als nämlich seine Freunde
nichts mehr zu sagen wissen und er dadurch wieder

---

[195] Hiob 30,20-27.

[196] Viriginia Satir, *Kommunikation, Selbstwert, Kongruenz: Konzepte und
Perspektiven familientherapeutischer Praxis*, aus d. Amerik. v. T. Kierdorf
u. H. Höhr, 4. Aufl. (Junfermann: Paderborn, 1994), 277.

Raum zu bitterer Einkehr und neuer Klage erhält.[197]

Häufig erleben Trauernde diesen Abschnitt des Rückzugs als ein tiefes dunkles Tal der Depression. Es ist die wahrscheinlich gefährlichste Zeit im Trauerprozess, weil er in der Depression steckenbleiben kann. Dann dringt der Trauernde nicht bis zur Annahme durch und wird seines Lebens nicht mehr froh. Er kommt „nicht über den Verlust hinweg", wie man zu sagen pflegt.[198]

Auffallend an Hiobs Trauerweg ist aber, dass die Depression ihn zwar immer wieder überfällt, aber nie Besitz von ihm ergreift. Hiob gibt einfach nicht auf. Dort, wo andere ganz in depressiver Resignation versinken würden, erhebt er sich stets neu zu erbittertem Widerstand.

3.4.1. Hiob und die Schuldfrage

Habe ich wirklich geirrt,
so trage ich meinen Irrtum selbst.
Hiob 19,4

Seine Wut bewahrt ihn vor dem Untergang. Eine deutlich erkennbare längere Phase der Depression ist bei Hiob nicht festzustellen. Auch sein Rückzug ist von Wut und Klage dominiert. So hält sich Hiob über Wasser, bis er das rettende Ufer erreicht.

Die stärkste Quelle der Depression ist der Selbstvorwurf. Die Freunde mit ihrer fixen Idee, eine unerkannte Schuld müsse die Ursache für Hiobs Zustand sein, drängen ihn damit an den Abgrund der depressiven Verzweiflung. Aber Hiob wehrt sich mit Erfolg!

---

[197] Hiob 27-30.

[198] Gesunde Trauerarbeit setzt sich mit dem Verlust auseinander. „Im krassen Gegensatz zu diesem lebendigen Prozeß und konstruktivem Resultat handelt es sich bei der Depression um einen Zustand, ein 'Steckenbleiben' im Prozeß, bzw. um eine 'Blockade' des Prozesses, eine Art 'Infarkt' der Seele." Peter Kutter, Psychoanalytische Depressionskonzepte, in: Gerhardt Nissen (Hg.), *Depressionen: Ursachen, Erkennung, Behandlung,* (Kohlhammer: Stuttgart, Berlin, Köln, 1999), 36-48.

Es muss dem gewissenhaften Hiob zur Gewissensnot werden, wie seine Frau reagiert. Er weiß sich verantwortlich für sie. Er möchte ihr Halt geben. Aber er konnte es doch nicht verhindern, dass es ihr nun so geht. Hilflos sitzt er in seinem Elend. Noch schlimmer: Sein Zustand ist auch noch schuld an ihrer Bitterkeit! Und dann steigen Schuldgefühle dem Tod seiner Kinder gegenüber in ihm auf. Das Unglück geschah an dem Tag, als die jungen Leute feierten.[199] Hiob war bei solchen Anlässen stets in Sorge, sie könnten sich versündigen.[200] Ist das jetzt alles doch Strafe Gottes? Hat er nicht genug getan, um seine Kinder zu bewahren? Dem theologischen System gemäß, aus dem er stammte, fürchtete Hiob Strafen Gottes, aber er rechnete nicht damit, weil er meinte, Vorsorge zu treffen. Doch nun war die Rechnung nicht auf gegangen.[201] Warum? Seine drei Freunde werden mit ihren Verdächtigungen, dass Schuld die Ursache seines Unglücks sei, Öl auf das Feuer in seinem Gewissen gießen statt ihn zu trösten. Hiobs Reife zeigt sich nicht zuletzt darin, dass er sich nicht irremachen lässt.

Er weiß, dass niemand vor Gott gerecht ist. Und gerade darum wird er sich nicht auf das Thema „Schuld" festnageln lassen. Er wird Abstand bewahren und nicht bereit sein, mehr für wahr zu halten als wirklich klar erkennbar ist. Er beibt nüchtern, indem er nicht auf einen Schematismus zur Problemlösung eingeht, der bei allem eine Wurzel der Schuld sucht. Darum versinkt er trotz tiefster Trauer auch nicht in Resignation, sondern er wehrt sich. Er geht in die Offensive gegen Gott: Er klagt.

Die Ausleger weisen gern darauf hin, dass Hiobs Unschuldsbeteuerung sein wichtigstes Argument in der Debatte mit seinen Freunden und Gott ist. Aber die Stand-

---

[199] Hiob 1,13.

[200] Hiob 1,4.5.

[201] Hiob 3,25.

festigkeit Hiobs hängt nicht davon ab, dass er unschuldig *ist*, sondern davon, dass er keinen vernünftigen Zusammenhang zwischen seiner Schuld und seinem Leiden *sieht*. Wäre ein solcher erkennbar, könnte er es als Strafleiden verstehen und sich fügen, oder wenigstens als Läuterungsleiden: „Ich sehe Sinn darin, denn ich weiß, dass ich dort, wo ich schuldig wurde, charakterlich noch zu lernen habe. Gott erzieht mich und es ist gut so!"

„Weit lieber will er sich ja schuldig wissen, als an der Gerechtigkeit Gottes verzweifeln."[202]

3.4.2. Und wenn er doch schuldig wäre?

Der Mensch, vom Weibe geboren,
lebt kurze Zeit und ist voll Unruhe,
geht auf wie eine Blume und fällt ab,
flieht wie ein Schatten und bleibt nicht.
Doch du tust deine Augen über einen solchen auf,
dass du mich vor dir ins Gericht ziehst.
Kann wohl ein Reiner kommen von Unreinen?
Auch nicht einer!
Hiob 14,1-4

Die Betonung der Schuldlosigkeit Hiobs in den Auslegungen legt den Gedanken nahe, die Frage nach der Gerechtigkeit Gottes in Bezug auf die Leidenserfahrung im Fall einer tatsächlich vorhandenen Schuld nicht stellen zu sollen: „Wenn du tatsächlich schuldig bist, dann trifft es dich ja zu recht!" Insbesondere aus neutestamentlicher Perspektive ist es aber durchaus nicht so. Denn erstens betont das Neue Testament noch viel deutlicher als das Alte die allen Menschen gemeinsame Schuldverflochtenheit und zweitens antwortet es darauf mit dem ebenso allen Menschen geltenden Trost des Evangeliums von der vollkommenen Rechtfertigung des Sünders. Ein neutestamentlicher Hiob weiß das und hält unerbittlich daran fest. Wenn er schuldig wurde, so ist es nichts Besonders,

---

[202] M. Susman, a.a.O., 43.

weil damit zu rechnen war wie bei jedem anderen Christen auch. Und er darf und soll jederzeit das Vorrecht beanspruchen, die geschehene Schuld als restlos vergeben zu betrachten. Somit erlaubt und ermöglicht das Neue Testament auf religionsgeschichtlich einzigartige Weise die Entdramatisierung des Schuldigwerdens. Sogar der Zusammenhang von Schuld und Strafe wird entkoppelt: „Furcht ist nicht in der Liebe, sondern die vollkommene Liebe treibt die Furcht aus; denn die Furcht rechnet mit Strafe. Wer sich aber fürchtet, der ist nicht vollkommen in der Liebe."[203] Der Glaubende wird hiermit aufgefordert zu vertrauen, dass Gott seiner Schuld *keine* Strafe folgen lassen wird; die Angst vor Strafe und die vertrauende Liebe zu Gott sind demnach nicht kompatibel. Damit reduziert sich das Thema „Schuld" für den Einzelnen im Licht des Evangeliums auf den begangenen *Fehler*, und der Sinn einer Leidenserfahrung als Konsequenz aus der Schuld kann allenfalls noch darin bestehen, aus dem Fehler zu *lernen*. Dies ist aber eine Frage der Verhältnismäßigkeit: Hiobs Schuld muss schon extrem groß und er selbst extrem lernresistent sein, wenn man in seinem Fall einen sinnvollen pädagogischen Zusammenhang herstellen möchte. Genau das versuchen die Freunde und liegen damit extrem falsch.

Aus neutestamentlicher Sicht lässt sich also schlicht formulieren: Fehler sind dazu da, daraus zu lernen (und sie darum auch abzustellen). Ein konkretes Fehlverhalten Hiobs könnte darum in seiner Geschichte durchaus Platz finden. Hiob behauptet auch gar nicht, er sei ein Mensch ohne Schuld. Margarete Susman schreibt:

„Es ist die menschliche Schuld schlechthin, an der auch er teilhat. 'Wer will einen Reinen finden bei denen, da keiner rein ist?' Kein Mensch ist rein vor Gott; keiner

---

[203] 1.Joh 4,18.

kann in den Lebensbedingungen, in die er gestellt ist,
rein bleiben. In der einmal gefallenen Schöpfung gibt es
Unschuld im strengen Sinne nicht. Darum weiß Hiob
sich als Mensch schuldig."[204]

Hiobs Gerechtigkeit besteht gerade nicht in einer „weißen Weste". Sich fernzuhalten von allen Möglichkeiten der Verunreinigung ist nicht das Kennzeichen echter biblischer Gerechtigkeit, sondern ihres pharisäischen Zerrbilds. Im Gegenteil: Hiobs Gerechtigkeit besteht in einer hohen Sensibilität für die eigene Verantwortung und Schuld. Darum kann er ja auch nicht einfach über die Anschuldigungen seiner Seelsorger hinweggehen, sondern sie nehmen ihn mit. Aber Hiob kann in gar keiner Weise irgendeine sinnvolle Relation zwischen einem konkreten Fehlverhalten, das ihm bewusst wäre, und seinem Leiden als Konsequenz daraus erkennen. Und er lässt sich kein diffuses Schuldproblem aufschwätzen, sondern akzeptiert nur eine klare, nachvollziehbare Benennung konkreten Fehlverhaltens: Dazu würde er stehen und die notwendigen Folgen daraus würde er gern auf sich nehmen. Das ist ein wesentlicher Grund dafür, dass Hiob nicht in Depression versinkt. Er fügt dem Übermaß seines Leidens nicht auch noch die Last des unbegründeten Selbstvorwurfs hinzu.

Das Gewicht des Leidens, das uns zugemessen wird, scheint auf zwei Waagschalen zu liegen: Der Waagschale der äußeren Belastung und der Waagschale des eigenen Scheiterns und Versagens. Am schwersten wird das Leid, wenn beide Waagschalen gefüllt sind. Besonders die protestantische Theologie hat aber immer wieder aus der Not der Schuldbelastung eine Tugend gemacht. Je mehr man nämlich die Schuld gewichtet, desto geringer scheint das relative Gewicht auf der anderen Waagschale zu wer-

---

[204] M. Susman, a.a.O., 43.

den. Wenn das Gewicht der Schuld sich gegen unendlich neigt, verliert das Gewicht der äußeren Belastung im selben Maß seine Bedeutung: Was ist das alles schon gegen die Schwere meiner Schuld! So ist am Ende alles Leid, das wir erleben, nur gerecht. Eigentlich müsste es noch schlimmer sein, da wir ja eigentlich Höllenkandidaten sind. Wir haben ja „nichts als Zorn verdient". Also gibt es keinen Grund zur Klage. Gott ist immer im Recht, ganz gleich, was er uns zumutet. Auch die alttestamentliche Klage kennt diesen Gedanken, aber sie akzeptiert ihn nicht. Darum heißt es in dem Psalm „Aus tiefer Not": „Wenn du, Herr, Sünden anrechnen willst - Herr, wer wird bestehen?"[205] Und auch die Feststellung in Psalm 90 dürfen wir im Sinn einer Klage verstehen:

> „Das macht dein Zorn, dass wir so vergehen, und dein Grimm, dass wir so plötzlich dahin müssen. Denn unsre Missetaten stellst du vor dich, unsre unerkannte Sünde ins Licht vor deinem Angesicht. Darum fahren alle unsere Tage dahin durch deinen Zorn, wir bringen unsre Jahre zu wie ein Geschwätz".[206]

Gegen solche Konsequenzen aus der „unerkannten Sünde" ist der Mensch völlig machtlos. Gott straft ihn und er kann es nicht ändern. Auch Hiob weiß, dass unserer grundsätzlichen Schuldhaftigkeit wegen Gott mit uns tun kann, was er will, und doch immer im Recht bleibt. Aber Hiob protestiert entschieden dagegen - denn gerade das hält er für äußerst ungerecht!

> „Du hast mir Haut und Fleisch angezogen; mit Knochen und Sehnen hast du mich zusammengefügt; Leben und Wohltat hast du an mir getan, und deine Obhut hat

---

[205] Ps 130,3.
[206] Ps 90,7-9.

meinen Odem bewahrt. Aber du verbargst in deinem Herzen - ich weiß, du hattest das im Sinn -, dass du darauf achten wolltest, wenn ich sündigte, und mich von meiner Schuld nicht lossprechen."[207]

„Was ist der Mensch, dass du ihn groß achtest und dich um ihn bekümmerst? Jeden Morgen suchst du ihn heim und prüfst ihn alle Stunden. Warum blickst du nicht einmal von mir weg und lässt mir keinen Atemzug Ruhe? Hab ich gesündigt, was tue ich dir damit an, du Menschenhüter? Warum machst du mich zum Ziel deiner Anläufe, dass ich mir selbst eine Last bin? Und warum vergibst du mir meine Sünde nicht oder lässt meine Schuld hingehen?"[208]

3.4.3. Hiob und David

„Das Wasser geht mir bis an die Kehle.
Ich versinke in tiefem Schlamm,
wo kein Grund ist;
ich bin in tiefe Wasser geraten,
und die Flut will mich ersäufen.
Ich habe mich müde geschrien,
mein Hals ist heiser.
Meine Augen sind trübe geworden,
weil ich so lange harren muss auf meinen Gott."
Ps 69,2-4

Dieser Klagepsalm Davids bringt recht präzise eine Hioberfahrung zum Ausdruck. David klagt ähnlich leidenschaftlich wie Hiob. Aber seine Klage unterscheidet sich von der Klage Hiobs darin, dass sie konkrete schwere Schuld mit einbezieht. „Gott, du kennst meine Torheit, und meine Schuld ist dir nicht verborgen", steht scheinbar zusammenhangslos mitten in Psalm 69,[209] dem Tenor

---

[207] Hiob 10,11-14.

[208] Hiob 7,17-21.

[209] Ps 69,6.

dieses Psalms auffallend widersprechend, denn der redet von seinem Eifer für Gott und nicht von seiner Schuld. Offenbar spielt für Davids Trauerarbeit die persönliche Schuld im Unterschied zu Hiob eine wesentliche Rolle. Bei ihm ist sie wesentlicher Teil des Leidens. Auch sein berühmter Psalm 51, „als der Prophet Nathan zu ihm kam, nachdem er zu Batseba eingegangen war",[210] trägt den Charakter der Klage. David hat in geradezu paulinischer Nüchternheit erkannt, dass aus dem Mehr oder Weniger des Schuldigwerdens weder besondere Vorrechte noch besondere Nachteile für die Gottesbeziehung zu folgern sind: Die Menschen „sind allesamt Sünder und ermangeln des Ruhmes, den sie bei Gott haben sollten, und werden ohne Verdienst gerecht".[211] Das nimmt der Schuld nicht den Ernst, aber es löst die Erwartung der Belohnung für weniger und der Bestrafung für mehr Schuld auf. Darum stellt sich David zwar zu den Konsequenzen seiner Fehler, aber er klagt, Hiob durchaus ähnlich, gegen das empfundene Unmaß einer Strafe, die ja doch nur den Tatbestand zur Ursache hat, dass David ein Mensch ist wie jeder andere auch: „Siehe, ich bin als Sünder geboren, und meine Mutter hat mich in Sünden empfangen."[212] Damit rechtfertigt David seine Schuld nicht, aber er stellt sie in den logischen Zusammenhang und kennzeichnet sie als *Not*.[213] Unter dieser Voraussetzung kann David keinen Sinn darin erkennen, weitere Demütigungen und Todesnöte als Folge seiner Schuld erleiden zu müssen. „Geh nicht ins Gericht mit deinem Knecht; denn vor dir ist kein Lebendiger gerecht", betet er in Psalm

---

[210] Ps 51,2.

[211] Rö 3,23.

[212] Ps 51,9.

[213] Vgl. zum Verständnis von Sünde als Not Hans-Arved Willberg, *Unwort Sünde: Betrachtungen zum Neuverständnis*, Lebenshilfen aus dem Institut für Seelsorgeausbildung (ISA), Bd. 1 (Books on Demand: Norderstedt, 2010).

143. „Denn der Feind verfolgt meine Seele und schlägt mein Leben zu Boden, er legt mich ins Finstere wie die, die lange schon tot sind."[214]

Er hat seinen Fehler eingesehen, er hat gelernt aus ihm. Daraus folgt die Klage: „Wasche mich rein von meiner Missetat, und reinige mich von meiner Sünde; denn ich erkenne meine Missetat, und meine Sünde ist immer vor mir."[215] Gleich wie Hiob ist er angewiesen darauf, dass Gott ihm entgegenkommt, weil ihm sonst alle Hoffnung und Lebenskraft entzogen würde:

> „Lass mich hören Freude und Wonne, dass die Gebeine fröhlich werden, die du zerschlagen hast. Verbirg dein Antlitz vor meinen Sünden, und tilge alle meine Missetat. Schaffe in mir, Gott, ein reines Herz, und gib mir einen neuen, beständigen Geist. Verwirf mich nicht von deinem Angesicht, und nimm deinen Heiligen Geist nicht von mir."[216] „Errette mich von Blutschuld, Gott, der du mein Gott und Heiland bist, dass meine Zunge deine Gerechtigkeit rühme."[217]

„Ja", klagt David, „ich bin schuldig geworden, weil ich bereits in den Kontext der Schuld hineingeboren wurde. Ist es da ein Wunder, wenn sich die Schuld, die mir sozusagen in die Wiege gelegt wurde, konkretisiert und realisiert, insbesondere durch die Versuchungen der Macht? Aber musste es auf diese Weise geschehen? Hättest du mich nicht bewahren können?"

Auch das verbindet David mit Hiob: Er meint es ernst. Er fragt gewissenhaft nach Gottes Willen. Und trotzdem fällt er, anders als Hiob, in schwere Schuld. Vielleicht ist Davids Leid dadurch sogar noch schwerer. Denn Hiobs

---

[214] Ps 143,2f.

[215] Ps 51,4.f.

[216] Ps 51,10-13.

[217] Ps 51,16.

Trumpf bleibt David vorenthalten. Davids Klage hat einen Doppelklang: „Warum muss ich diese Anfeindungen erleben?" Und zugleich: „Warum musste ich fallen, warum mein Gesicht verlieren und damit denen, die mich verachten, auch noch den Grund dafür geben?" Hiob kann die Scheidelinie zwischen der äußeren Leidenserfahrung und seiner inneren Integrität wahren. Darum wird er nicht depressiv und bleibt selbstbewusst. Hiob hat kein größeres Selbstwertproblem.

Wenn Hiob auch noch in Schuld gefallen wäre... Aber der satanischen Strategie ist die Grenze gesetzt. Die tödliche Grenzüberschreitung hätte in der Zerstörung des Selbstwertgefühls in Hiob durch das zersetzende Gift des Selbstzweifels gelegen. In Davids Herz hat das Gift allerdings Eingang gefunden.

4. Hiobs Seelsorger

Theaitetos: Gibt es denn eine Jagd auf zahme Tiere?
Fremder: Wenn anders der Mensch ein zahmes Tier ist [...].
Theaitetos: So halte ich denn uns für ein zahmes Tier, o Fremder, und sage auch, daß es eine Nachstellung auf Menschen gebe.
Platon[218]

4.1. Karikaturen angemaßter Weisheit

Das Buch Hiob ist womöglich zu Platons Lebzeiten entstanden. Platon und zuvor sein Lehrer Sokrates erlebten mit den Gelehrten Athens etwas Ähnliches wie Hiob mit seinen belehrenden Freunden. Vielen ging es nur dem Schein nach um die Wahrheitsfrage, in Wirklichkeit wol-

---

[218] Platon, *Sophistes*, griechisch-deutsch, aus dem Griech. v. F. Schleiermacher, auf der Grundlage der Bearbeitung v. W.F. Otto, E. Grassi u. G. Plamböck neu hg. v. U. Wolf, Kommentar v. Christian Iber (Suhrkamp: Frankfurt a.M., 2007), 31, 33.

ten sie sich wichtig tun, Eindruck bei den Menschen schinden und sich bereichern. Platon ordnete diese logisch inkonsequente und moralisch unlautere Art des Philosophierens pauschal den damals die Bildung domierenden „Sophisten" zu.[219] Daraus entstand das abwertende Adjektiv „sophistisch" für derartiges Verhalten.

Wahrscheinlich ist es ratsam, den großen Aufbruch der Philosophie zur Zeit Platons nicht allzu einseitig mit Athen in Verbindung zu bringen. Schon die sogenannten Vorsokratiker, die der platonischen Lehre den Weg bereitet hatten, waren zwar Griechen, aber sie entstammten zum Teil weit von Athen entfernten Kolonien und Inseln im Mittelmeerraum. Bemerkenswert ist, dass wahrscheinlich auch ein Großteil der biblischen Weisheitsschriften, die Sprüche Salomos, das Buch Prediger, aber das lyrische Hohelied, etwa zeitgleich mit der umwälzenden philosophischen Bewegung in Griechenland ihre Vollendung fanden.[220] Es fand eine geistige Aufklärung statt, die wohl große Teile des Mittelmeerraums erfasste. Auch in der platonischen Philosophie spielte dabei, ganz ähnlich wie in der neuzeitlichen Aufklärungszeit im 17. und 18. Jahrhundert, die kritische Auseinandersetzung mit erstarten religiösen Dogmen, stets in Verbindung mit autoritäter politischer Macht, eine ganz wesentliche Rolle.

Die Freunde Hiobs repräsentieren also gewisserma-

---

[219] Platon (428-348 v.Chr.) richtete sich polemisch gegen den Mainstream der Sophistik, der mit der politischen Führung Athens eine machtvolle Einheit bildete, die Platon für den Niedergang des zuvor sehr bedeutenden Stadtstaats verantwortlich machte. Die Polemik wurde der Gesamtrealität der Sophistik nicht gerecht; es waren auch große, innovative Denker darunter. Aber das wusste auch Platon. Darum spielen auch Sophisten wie z.B. Gorgias in seinen philosophischen Schriften wichtige und achtbare Rollen.

[220] Es darf angenommen werden, dass es, ähnlich wie beim Hiobbuch, Überlieferungstraditionen dieser Texte gab, die zum Teil bis in die salomonische Zeit (10. Jahrhundert v.Chr.) zurückreichten.

ßen die jüdische Sophistik und Hiob den jüdischen Refor-
mer, der weiter denkt als bis dato erlaubt. Ohne die Rede
Gottes aus dem Unwetter würde folgerichtig seine Verurteilung als Ketzer am Ende der Geschichte stehen und
man könnte sich gut vorstellen, dass die supergerechten
Freunde in einer gedachten Hiobstragödie ihn letztendlich steinigen, so wie ja auch Sokrates seines beharrlichen
Fragens nach der Wahrheit wegen mit der Begründung,
ein Gotteslästerer zu sein, zum Tod verurteilt wurde.

Die „zahme Jagd", lässt Platon jenen Fremden definieren, geschehe auf zwei Weisen: gewaltsam oder überre-
dend. Die überredende Variante sei die sophistische.[221]
So erlebt Hiob seine Freunde: Sie stellen ihm nach, sie
kreisen ihn ein, sie wollen ihn treffen:

> *„Wie lange plagt ihr doch meine Seele und peinigt mich*
> *mit Worten! [...] Ihr habt mich nun zehnmal verhöhnt*
> *und schämt euch nicht, mir so zuzusetzen. [...] Warum*
> *verfolgt ihr mich wie Gott und könnt nicht satt werden*
> *von meinem Fleisch? [...] Wenn ihr sprecht: Wie wollen*
> *wir ihn verfolgen und eine Sache gegen ihn finden!, so*
> *fürchtet euch selbst vor dem Schwert; denn das sind*
> *Missetaten, die das Schwert straft, damit ihr wisst, dass*
> *es ein Gericht gibt."[222]*

Ähnlich wie Platon das Bild der Sophisten ironisch überzeichnet, stellt der Text auch Hiobs Seelsorger dar. Sie
werden geradezu als Karikaturen „bestimmter Ideen und
Geisteshaltungen"[223] präsentiert. Wenn auch nicht klar
erkennbar ist, was genau ihre Namen bedeuten sollen
und welche Traditionen sie jeweils verkörpern sollen,
lässt sich doch immerhin feststellen, dass es sich jeden-

---

[221] Platon, a.a.O., 34f.

[222] Hiob 19,1.3.22.28f.

[223] G. Langenhorst, a.a.O., 81.

falls um Erscheinungsformen einer Weisheit handelt, die keine ist.

Differenzierte Charakterzüge der Seelsorger Hiobs zu zeichnen würde dem Text Gewalt antun; das gibt er nicht her. Aber man kann doch vorsichtig den Andeutungen folgen und dadurch etwa zu folgenden Unterscheidungen gelangen:

	Kapitel	Charakterisierung	Behauptungen
Eliphas	4-5; 15; 22	*Der fromme Moralist* Er argumentiert „rein von der Bibel her", wie man heute sagen würde.	Leiden ist Folge jedenfalls konkreter Sünde. Wenn Hiob die Sünde bekennt, wird Gott sich erbarmen.
Bildad	8; 18; 25	*Der „Philosoph"* Er gibt allgemeine Lebensweisheiten von sich, die mit der wirklichen Lage Hiobs nichts zu tun haben.	Gott ist jedenfalls gerecht - also liegt ganz sicher der gute Grund für Hiobs Leiden in dessen Ungerechtigkeit.
Zofar	11; 20	*Der Besserwisser* Er verschärft die Behauptungen der Vorredner nur noch.	„Ich habe auf alles eine Antwort". Hiob müsste eigentlich noch härter bestraft werden.
Elihu	32-37	*Der Ausgewogene* Er grenzt sich von den anderen ab, möchte Hiob verstehen, sagt manches, was stimmt, und wird Hiob doch überhaupt nicht gerecht.	Nicht Hiobs Sünde ist das Problem, aber sein Beharren darauf, dass er Gott gegenüber im Recht ist. Hiob soll nicht durch dieses Leiden bestraft, aber doch erzogen werden.

Die drei Freunde scheinen aus drei verschiedenen Himmelsrichtungen zu kommen, was wieder, wie schon Hiobs nichtjüdische Herkunft, ein Ausdruck für die transkulturelle Bedeutung des Hiobdramas sein könnte.

Interessant ist ferner der Hinweis, dass in der Septuaginta, der autoritativen griechischen Übersetzung des Alten Testaments in biblischer Zeit, die drei Freunde Hiobs als „Könige" bezeichnet werden. Natürlich denkt man dabei unwillkürlich an die heiligen drei Könige, die „Weisen aus dem Morgenland". Sie bilden gleichsam das Gegenstück zur Pseudoweisheit der Freunde Hiobs.[224] Die Parallelität lädt immerhin dazu ein, dem Kontrast nachzudenken, etwa im Rahmen einer gegenüberstellenden Predigt über falsche und wahre Weisheit. Jedenfalls repräsentieren die „Weisen aus dem Morgenland" den wahren, demütigen Gottsucher, der gut zu unterscheiden weiß zwischen dem noch Gesuchten und dem bereits Gefundenen. Vorsichtig tastend geht er den Zeichen nach. Hiobs Freunde hingegen müssen nichts mehr lernen. Sie wissen ja schon alles.

4.2. Die scheinbare Vorbildlichkeit

> „[W]enn ihre Gegenwart nach einer Woche Hiob die Zunge lösen und er gegen Gott aufschreien wird, werden sie wie befreit in diese Bresche dringen und ihn mit frommen Worten überfallen."
>
> Werner Reiser[225]

4.2.1. Alles richtig, oder nicht?[226]

> „Nicht nur ein Kind, sondern auch ein Erwachsener braucht, so glauben wir, den Beistand einer anderen vertrauenswürdigen Person, wenn der Verlust überwunden werden soll."
>
> John Bowlby[227]

Zunächst sieht das Verhalten der Freunde Hiobs ganz vorbildlich aus:

---

[224] Die Legende erzählt sogar auch noch, es habe einen vierten gegeben, der zu spät gekommen, dafür aber Zeuge der Kreuzigung Jesu geworden sei.

[225] W. Reiser, a.a.O., 32.

[226] Kap. 2,11-13.

[227] J. Bowlby, a.a.O., 118.

▸ Sie kommen zu Hiob
▸ Sie sehen Hiob an
▸ Sie lassen Hiob reden

Sie kommen zu Hiob

Sie suchen diesen schwerkranken, erschreckend aussehenden, vielleicht auch übel riechenden[228] Menschen auf. Sie scheuen nicht den weiten Weg dorthin.[229] Allein die Tatsache, Menschen im Leiden zu besuchen, hat in sich hohen Wert.[230] Überall dort, wo zu spüren ist, dass die Anwesenheit an sich schon dem andern gut tut (und das ist sehr oft der Fall), dürfen wir uns bewusst sein, dass darin allein schon ein wesentlicher und typisch christlicher Dienst liegt. Wir kommen nicht, weil wir etwas an diesem Patienten zu bewerkstelligen hätten, sondern um ihm zu begegnen. Wir besuchen ihn. Uns interessiert jetzt nichts weiter als dieser eine Mensch.

Sie sehen Hiob an

Sie lassen sich ein Stückweit auf den erschreckenden Anblick dieses Leidens ein.[231] Man kann auf viele Weisen das wirkliche Hinsehen umgehen: Durch Geschäftigkeit, durch unangebrachten Optimismus, durch Sentimentalität, durch Aufbauschen von Nebensächlichkeiten (wozu auch das Schimpfen über Unvollkommenheiten der Behandlung gehören kann), durch Einreden auf den andern, Erzählen von Belanglosigkeiten und vieles mehr. So reagieren die Freunde Hiobs nicht.

Sie lassen sich erschrecken. Sie sehen den Schmerz, der „sehr groß" ist.[232] Sie lassen sich erschüttern. Sie lassen es zu, sprach- und hilflos zu werden. Und sie wagen

---

[228] Hiob 2,7.

[229] Hiob 2,11.

[230] Vgl. Mt 25,35ff.

[231] Hiob 2,13b.

[232] Hiob 2,13.

es, nun nicht das Weite zu suchen, sondern auszuhalten und zu bleiben.[233]

Sie lassen Hiob reden

Es dauert lang, bis Hiob sprechen kann. Er hat Vertrauen gefasst, ungeschminkt seinem Herzen Luft machen zu dürfen: Er vertraut sich an!

Indem er redet, streckt er den Freunden die Hand hin, und er braucht nur dies eine: dass sie einschlagen. Dass sie ein-*gehen* auf das, was er sagt. Dass sie ihn annehmen in dem, was er sagt. Dass sie ganz aufmerksam hinhören, um die Botschaft seines Herzens zu verstehen und dass sie, verstehend, vorsichtig Antwort geben - eine Antwort, die Hiob erkennen lässt: Du bist verstanden, und wenn nicht verstanden, noch nicht, so doch ganz ernst genommen in deinem Versuch, dich verständlich zu machen.

Angenommen, ernstgenommen und verstanden zu werden - das ist Trost. Die Freunde sind weit gegangen. Hiob redet - und sie haben die große Chance, jetzt wirklich trösten zu können. Aber genau an dieser Stelle versagen sie.

---

[233] „Die Freunde können abwarten, was der Leidende von sich aus sagt - sieben Tage lang." M. Oeming, a.a.O., 215. Dass Oeming aber daraus ableitet, die Freunde hätten „die Gabe des Zuhörens", erscheint in Anbetracht ihres tatsächlichen Gesprächsverhaltens doch sehr merkwürdig. Ebd. Tatsächlich kommt Oeming zu dem Schluss, dass die Freunde Hiobs „viel besser als ihr Ruf" seien. Ebd., 220. Das ist allerdings eine sehr gewagte Behauptung. Der Ausleger Hertzberg meint: „[D]as alles ist hier nicht hergebrachte Sitte, sondern Zeichen echten Mitschmerzes." H.W. Hertzberg, a.a.O., 20. Der Gesamtzusammenhang bestätigt das nicht.

4.2.2. Hiob, der Spielverderber

„Seine Majestät, der Schmerz,
dachte der Doktor,
ist in den alten Juden gefahren."
Joseph Roth[234]

Auch wenn das Eingangsverhalten der Freunde Hiobs für
sich genommen vorbildliche Züge besitzt: Durch den
Fortgang der Geschichte wird es hinterfragt. Und hat
nicht bereits die Geschlossenheit ihres Auftretens etwas
holzschnittartig Vorgefasstes? Sie gehen hin, um Mitleid
zu haben. Sie meinen zu wissen, wie man so etwas
macht. „Sie erkannten ihn nicht und erhoben ihre Stimmen und weinten"[235] - wohl nicht von ungefähr wird beides in einem Atemzug genannt: Bevor sie noch richtig
hingeschaut haben, verhalten sie sich schon „mustergül-
tig", weinen sie mit dem Weinenden. Trösten sie ihn
nicht wirklich gekonnt? Das kann sich doch sehen lassen,
wie auch ihre große Geduld. Sind sie nicht rechte, ergrif-
fene Helfer? Einfach vorbildlich - *äußerlich* betrachtet.

Der Verdacht liegt nahe, dass Hiobs Freunde ihn so
enttäuschen, weil sie die Phase des langen Aushaltens
doch nur, mit einer gewissen Ungeduld, als unumgängli-
chen Vorspann zum „Eigentlichen" ansahen, als „Vorpro-
gramm" der expliziten Seelsorge also. „Sie waren eins geworden, hinzugehen, um ihn zu beklagen und zu trösten."[236] Sie verabredeten sich, kann man Ebach zufolge
übersetzen, „ihm gegenüber den Kopf zu schütteln":„Es
handelt sich um einen Gestus der Teilnahme [...], vermut-
lich um eine [...] Böses abwehrende Handlung, in der Mitleid, Verwunderung und Abwehr zusammengeschlossen

---

[234] J. Roth, a.a.O., 160.

[235] Hiob 2,12a.

[236] Hiob 2,11.

sind."[237] Sie suchten Hiob dem hebräischen Text nach auf, damit sie ihn „zum Aufatmen bringen".[238] Dazu bedienten sie sich damals üblicher ritueller Formen.[239]

Sie traten also mit einer bestimmten Absicht an: Sie wollten trösten. Sie maßen darum den Erfolg ihrer Mission am Gelingen dieser Absicht.

Ihr Vorhaben war leistungsorientiert. Wann endlich kommen wir zur Sache? Die Hoffnung, dass Hiob selbst, als Lohn für ihr vorbildliches Warten, „zur Sache" kommen würde, erfüllte sich nicht. Von dem, was Hiob zur Sprache brachte, wollten sie jetzt nicht reden. Es schien ihnen egozentrisches, dummes negatives Zeug zu sein.

Hiob, der Spielverderber: Sie sind entrüstet: Wie kann er denn, nach so viel mustergültiger Zuwendung, nach diesem schönen Trost, noch so schrecklich negativ daherreden? Der enttäuschte Helferstolz wird aggressiv. Sie teilten seine Hilflosigkeit nicht. Sie waren nicht alles Hilfreichen entblößt wie er.[240] Sie hatten noch etwas zu bieten. Sie nahmen eine äußerlich empathische Haltung ein, ohne die Schwere des Leidens wirklich mitzufühlen. Sie ließen sich nicht wirklich auf sein Elend ein. Sie sahen sich in allem als die Macher, die Behandler. Ihre Therapie würde schon Erfolg haben, sie würden Hiob schon hinbekommen.

---

[237] J. Ebach, Streiten mit Gott 1, 42.
[238] Ebd.
[239] Ebd., 44.
[240] Hiob 1,21.

4.3. Die Konfrontationsspirale

Hört doch meiner Rede zu
und lasst mir das eure Tröstung sein!
Hiob 21,2

Der weise Redakteuer der Heiligen Schriften über die
Jahrtausende hinweg hat beschlossen, mitten ins Alte Testament hinein 34 teilweise lange Kapitel hindurch das detaillierte Gesprächsprotokoll einer Seelsorge zu fügen,
die nicht nur völlig misslingt, sondern auch - was noch
viel ernster ist - den höchsten Trumpf im Blatt des satanischen Zerstörungsspiel darstellt, den Hiobs Erzfeind bis
zuletzt in der Hand behält, um schließlich allen Widerstand damit zu zerbrechen. Was will uns das sagen? Was
bedeutet es für die Lehre von der Seelsorge? Jedenfalls
sollte jeder, der sich zur Seelsorge berufen fühlt, sich dieses Lehrstück sehr zu Herzen nehmen.

4.3.1. Der seelsorgerliche Teufelskreis

„[S]ie haben den, den er verloren hat;
aber sie haben ihn als festen Besitz".
Margarete Susman[241]

Hiobs vier Seelsorger verstehen ihn nicht. Sie sind taub
und blind für die Höllenqual der Gottverlassenheit. Sie
haben Angst, sich selbst dort wiederfinden zu müssen,
wenn sie der Gottverlassenheit Hiobs das Herz öffnen.
Die Angst verschließt ihnen Augen und Ohren. Es darf
nicht wahr sein, was Hiob sagt. Ihre heile Welt könnte
aus den Fugen geraten. Darum reden sie auf Hiob ein.
Darum belehren sie ihn. Und so muss Hiob an zwei Fronten kämpfen: Weil er von Gott nicht lassen kann, muss
seine Klage heraus. Und weil er ein aufrichtiger, durch
und durch rechtschaffener, selbstbewusster Glaubender

[241] M. Susman, a.a.O., 46.

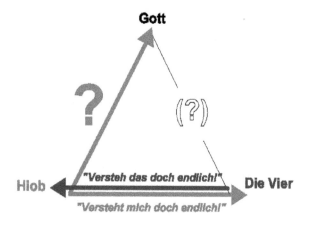

Abbildung 03: Hiob hat ein Problem mit seiner *Gottesbeziehung* und möchte darin von seinen Seelsorgern verstanden werden. Aber die sind ganz auf *ihn* fixiert und wollen ihn belehren und therapieren.

ist, darum gibt er den falschen Reden seiner falschen Freunde keinen Millimeter nach. Weil sie nicht verstehen, was ihn wirklich bewegt, helfen sie ihm nicht. Alles, was sie sagen, vergrößert nur noch seine Last. Hiob interessiert nur dieses eine: Dass Gott ihn verlassen hat. Allein darin will er verstanden und ernstgenommen sein; er kann auf ihr Mitleid so gut verzichten wie auf ihre Erklärungen. Hiob ist ganz zu *Gott* hin ausgerichtet, die Freunde sind ganz auf *ihn* fixiert. Hiob ist ganz vom Warum der Gottverlassenheit ergriffen, die Freunde leugnen ihr eigenes Warum und wollen Hiobs Warum zum Schweigen bringen. Er will verstanden werden, sie wollen, dass er *etwas* versteht, das nicht verständlich *ist* (Abbildung 03). Er hat kein Interesse daran, ein erbaulich-helfendes Gespräch mit sich führen zu lassen. Sie sollen entweder schweigen oder mit ihm klagen. Er verweigert sich der Schubladisierung, ein ernster „Seelsorgefall" zu sein, einer, um den man sich kümmern muss, um ihm wieder aufzurichten, als edler Samariter, der auf sicherem Boden stehend dem armen durcheinander Geratenen wieder auf die Beine hilft. Sie verkennen ihn. Er braucht das nicht.

Hiob kann erst wieder zur Ruhe finden, wenn er Gottes Antwort erfahren hat, so wie das verlassene Kind erst getröstet ist, wenn die Mutter wieder da ist. Er braucht keine Erklärungen, er braucht eine überzeugende Gottesbegegnung. Er braucht keine guten Argumente, sondern die Wiederherstellung der unterbrochenen Gottesbeziehung. Er braucht keinen therapeutischen Rat, sondern wahrhaftige geistliche Gemeinschaft.

Kennzeichnend für Hiobs Antworten in diesem misslingenden konfrontativ geführten Seelsorgegespräch seiner Freunde mit ihm ist, dass er sich jeweils zunächst gegen ihre Argumente wehrt, um sich danach immer neu klagend an Gott zu wenden. Davon ist der Aufbau des Buches im ersten Hauptteil durchweg geprägt: Hiob klagt; die Freunde berichtigen, beschwichtigen, bezichtigen; Hiob widerspricht, um gleich darauf zur Klage zurückzukehren - und wieder neu reden die Freunde auf ihn ein (Abbildung 04). Der seelsorgerliche Teufelskreis wird zur Spirale: Die Bemühungen der Freunde nehmen an Lieblosigkeit und Anmaßung zu, bis sie ihr Pulver verschossen

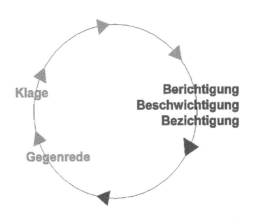

Abbildung 04: Die Konfrontationsspirale.

haben und wieder schweigen, jetzt aber nicht betroffen wie am Anfang, sondern resigniert. Nun werden sie zueinander sagen: „Wir haben alles versucht, aber der verstockte Hiob will einfach nicht hören."

Je weniger Hiob auf ihre Versuche, den „Trost" ihrer Vorstellung dennoch an den Mann zu bringen, eingeht, je mehr er sie durchschaut und verletzt-schonungslos ihre Unbarmherzigkeit und ihr Unverständnis spiegelt, desto ungeduldiger und aggressiver werden seine Freunde. Mehr und mehr kommen sie zur Überzeugung, keinen Trostbedürftigen vor sich zu haben, sondern einen hartnäckigen Unbelehrbaren, der sich in Selbstmitleid und Selbstgerechtigkeit verfangen hat. Daraus folgern sie das Recht für sich, ihm massiven Widerstand zu leisten. Aggressive Zurechtweisung aus Ungeduld heraus ist aber sicheres Indiz für eine schon im Ansatz fragwürdige seelsorgerliche Haltung.

4.3.2. Warum macht Hiob mit?

> „Ijobs Reden ist überaus engagiert und versucht auf vielerlei Art und Weise, festgefahrene Positionen und verhärtete Menschen aufzubrechen bzw. zu bewegen."
> Klaudia Engljähringer[242]

Man kann sich fragen, warum Hiob sich eigentlich gleich vier Seelsorger dieser Art in mehreren Durchläufen antun muss. Vielleicht kann er seiner Krankheit wegen nicht davonlaufen, aber er müsste ihnen doch Einhalt gebieten können. Doch er lässt sie immer neu gewähren.

Es mag an Hiobs eigener Ambivalenz liegen. Er ist ja von derselben Theologie wie seine Freunde geprägt, er kennt sie „in- und auswendig", er hat sie verinnerlicht. So etwas legt man nicht einfach ab wie ein unbrauchbar gewordenes Kleidungsstück. Auch Hiob selbst sucht nach dem Reim. Auch in ihm kommt immer wieder der

---

[242] K. Engljähringer, a.a.O., 97.

Gedanke hoch, ob da nicht doch vielleicht irgendwo die verborgene Sünde und, wie man heute sagen würde, die „okkulte Bindung" versteckt ist, die das alles erklärt. Verfolgt Gott ihn doch einer unerkannten und unbekannten Sünde wegen?

> *„Wie groß ist meine Schuld und Sünde? Lass mich wissen meine Übertretung und Sünde. Warum verbirgst du dein Antlitz und hältst mich für deinen Feind? Willst du ein verwehendes Blatt schrecken und einen dürren Halm verfolgen, dass du so Bitteres über mich verhängst und über mich bringst die Sünden meiner Jugend? Du hast meinen Fuß in den Block gelegt und hast Acht auf alle meine Pfade und siehst auf die Fußtapfen meiner Füße, der ich doch wie Moder vergehe und wie ein Kleid, das die Motten fressen."*[243]

Insofern lassen sich die immer neuen Erklärungsversuche der Seelsorger, die Hiob doch teilweise aufnimmt, indem er sie zumindest diskutiert, dem Teil des Trauerprozesses zuordnen, der von Kübler-Ross als „Verhandlungsphase" bezeichnet wurde. Die Bezeichnung ist nicht ganz glücklich, weil sie nicht präzise genug beschreibt, worum es dabei geht: Es ist der Versuch des Trauernden, den Bruch irgendwie zu kitten, wofür er unterschiedliche Wege wählt. Nur einer davon ist das „Verhandeln", um etwa Gott dazu zu bewegen, den Schaden wiedergutzumachen. Aber auch die auf Erklärung ausgerichteten Warum-Fragen haben diesen Sinn. Die von Hiobs Trauer mitbetroffenen Freunde scheinen sehr schnell ihre Zuflucht in dieser Form des Noch-nicht-wahrhaben-könnens zu nehmen und es sieht so aus, als könnte ihr eigener Krisenbewältigungsprozess darin steckenbleiben. Hier begegnen sich die Bewältigungsversuche Hiobs und

---

[243] Hiob 13,23-28.

der Freunde ein Stück weit. Aber Hiob erkennt im Gegensatz zu den Freunden, dass sie nicht fruchten, weil sie nichts als Abwehrmaßnahmen gegen die Tatsache des Verlusts sind. Hiob stellt sich der Realität.

Insofern spielt Hiobs eigene Ambivalenz für die Begründung seines auffallend ausgiebigen Eingehens auf die Freunde vielleicht nur eine geringe Rolle. Näher mag der Gedanke liegen, dass Hiob sich aus *Verantwortung* so verhält. Er sieht, dass seine Freunde auf einem falschen Weg sind und möchte sie zur Umkehr bewegen. So wird der Leidende selbst zum Seelsorger der hilflosen Helfer. Der Text beinhaltet einige Indizien dafür:

- Am Ende des Dramas tritt Hiob für die Freunde vor Gott ein.[244] Die Vermutung liegt nah, dass dies auf einer Linie mit der Grundeinstellung liegt, mit der Hiob das ganze Buch über den Freunden begegnet. Hiob *bleibt* ihnen Freund, obwohl sie ihn so furchtbar anfeinden.

- Hiob erkennt das gestörte*System*, das die Freunde miteinander und im Bezug zu ihm selbst bilden. Das System offenbart sich in der Teufelskreisdynamik. Weil Hiob das erkennt, verliert er sich nicht in argumentative Einzelgefechte mit ihnen, sondern er spiegelt ihnen, dass sie sich miteinander in diesem destruktiven System verfangen haben. Darin könnte der Grund dafür liegen, dass Hiob „keinen seiner drei Freunde je mit Namen an[spricht]. Von Anfang an bezeichnet er sie kollektiv und im Gegenüber zu sich als 'ihr'."[245]

- „Mit allen Mitteln versucht Ijob, die Drei aufzurütteln und zu bewegen."[246] Immer wieder macht er sie eindringlich darauf aufmerksam, dass sie ihm mit ih-

---

[244] Hiob 42,7-10.

[245] K. Engljähringer, a.a.O., 94.

[246] Ebd., 95.

ren Belehrungen keineswegs helfen, sondern „daß sie mit ihren Worten verletzen und Gewalt ausüben."[247] Sie haben gut reden; würden sie sich in seine Situation versetzen, so kämem sie zu anderen Schlüssen.

▸ Hiob konfrontiert die Freunde mit ihrer Selbsttäuschung. Er entlarvt ihre hochtrabenden Belehrungen als leeres Geschwätz, weil sie den Freunden nur dazu dienen, dahinter ihre eigene Betroffenheit und Verunsicherung zu verstecken.

▸ Hiob warnt die Freunde vor der Überheblichkeit anmaßender theologischer Behauptungen.

4.3.3. Erklärungszentrierte Seelsorge

> Die „Zuschauerrolle ist das Fatale. Denn sie deckt sich genau mit der Tätigkeit des Widersachers. Der treibt sich nämlich unbeteiligt, distanziert und argwöhnisch auf der Erde herum".
> Werner Reiser[248]

Seelsorge ist häufig darauf ausgerichtet, Erklärungen zu finden. Wir tragen alle ein tiefes Bedürfnis nach erklärbaren Sinnzusammenhängen in uns. Darum können Erklärungen immer dort, wo sich tatsächlich etwas sinnvoll zusammenfügt, sehr hilfreich sein. Der Fehler vieler Seelsorge besteht aber darin, in den Erklärungen das Hauptziel zu sehen. Wie sich ein Automechaniker über den Motor beugt, um den Defekt herauszufinden, stellen Seelsorger oft unendlich viele Fragen, in der Hoffnung, dadurch dem Kernpunkt des Problems auf die Spur zu kommen. Aber die Seele des Menschen lässt sich nur sehr eingeschränkt mit einem Automotor vergleichen. Selbst wenn die Diagnose „rein sachlich" korrekt zutreffen mag, kann das wahre Problem des Betroffenen dabei völlig verborgen bleiben und damit auch die wahre Hilfe, weil kein Unterschied zwischen seinem Selbst und dem Mechanis-

---

[247] Ebd., 96.
[248] W. Reiser, a.a.O., 12.

mus seines augenscheinlichen Problems gemacht wird. Das evidente Problem ist das eine, man kann es analysieren und behandeln. Der Mensch, der das Problem *hat*, ist das andere. Viel wesentlicher für die Seelsorge als die Erklärung und Behandlung des Problems sind Fragen wie diese: „Was bedeutet es für *dich*?" „Wie erfährst du dich in deinem Problem?" „Wie fühlt es sich an für dich?" Wie geht es dir damit?" „Was bewegt dich angesichts deines Problems?" „Wie gehst du um mit deinem Problem?" Mit solchen Fragen verlässt der Seelsorger den Bereich des Erklärens und tritt in den Bereich des *Verstehens* ein. Er wendet sich vom Objekt des Behandelns zum Subjekt der Betroffenheit. Er gibt die unpersönliche „rein sachliche" Haltung auf und wird zum Mitbetroffenen. Der Bereich des Verstehens ist der Bereich der persönlichen Beziehung.

Die Erklärungszentrierung kennzeichnet auch viele Auslegungen des Hiobbuchs. All solchen Ansätzen haftet der Makel an, dass sie sich nicht vor allem um die Perspektive des leidenen Hiob bemühen, sondern ihn als rein sachlichen Untersuchungsgegenstand bearbeiten. Sie nehmen ihren Standpunkt für die Interpretation nicht beim extrem durchgeschüttelten Hiob, sondern auf dem scheinbar sicheren Argumentationsboden bei seinen Freunden ein und können darum kaum weiter kommen, als deren Weisheiten neue Varianten hinzuzufügen. Dem entzieht man sich auch nicht durch die Behauptung, der Sinn des Hiobbuchs sei eine Lehre von der Sinn*losigkeit*. Hiob selbst ist damit keineswegs verstanden. Er will und muss vielmehr Sinn in der Krise finden, anders lässt sie sich gar nicht bewältigen. Und dieses Ziel erreicht er auch. Aber es wird ein Sinn sein, der sich Hiob nur in der mystischen Tiefe seines Selbst erschließt und der bei allen, die seine Freunde sein wollen, auch nur dort nachvollzogen kann. Ein Sinn, der die Grenze des Sagbaren transzendiert.

Die Seelsorger Hiobs wenden sich ihm fast ausschließlich von der Ebene des *Erklärens* zu. Sie nehmen eine geradezu grausam distanzierte Haltung ein. Die Distanz
wird im Lauf der Auseinandersetzung immer größer. Es
ist beeindruckend, wie der Text das bis in die Nuancen
hinein aufzeigt:

> *„Elifas redet Ijob am häufigsten direkt an. Die beiden*
> *anderen Freunde wenden sich in ihrer zweiten Rede je-*
> *weils nur in einem einzigen Vers an Ijob; Bildad hält sei-*
> *ne dritte und letzte Rede, ohne Ijob überhaupt direkt an-*
> *zusprechen, von Zofar fehlt eine dritte Rede ganz."*[249]

Da sie aber tatsächlich die Wucht des Leids stark ins
Schwanken bringt und sehr verunsichert, können sie bei
aller Distanz nicht so ruhig bleiben wie sie gern wollten.
Die geleugnete persönliche Betroffenheit äußert sich in
Aggression. Sie sind nicht ehrlich. Sie interpretieren ihre
empfundene Wut zu ihren eigenen Gunsten als deutliches Zeichen der Unannehmbarkeit Hiobs und der eigenen Gerechtigkeit. Sie ist ihnen heiliger Zorn.

Nicht Erklärung gibt dem Leiden Sinn, sondern wahrer Trost. Nicht auf der Sachebene wird der Sinn gefunden sondern auf der Beziehungsebene. Dort spielt sich alles Wesentliche der Hiobgeschichte ab, das Schlimme
und das Hilfreiche: Die Beziehung der Freunde zu Hiob
könnte Trost für ihn bedeuten. Das Gegenteil geschieht.
Die alles umfassende Beziehung Gottes zu Hiob hält ihn.
Der Durchbruch zur Wende im Geschick Hiobs wird als
Beziehungsgeschehen geschildert: Ein neuer Dialog beginnt - Gott redet, Hiob hört. Schließlich gewinnt Hiob
wieder eine neue Beziehung zu sich selbst, zu seinem Leben. Er kommt wieder zu sich. Er erfährt sein Leben wieder neu als Gabe und Gestaltungsraum.

Hiob ist mit all den schlauen und weniger schlauen

---

[249] K . Engljähringer, a.a.O., 42f.

Erklärungen seiner Freunde, die eine arrogante Theodizeevorlesung aus der Seelsorge machen, kein bisschen geholfen. Erklärungen sind nicht gänzlich unbedeutend, aber sie bilden nur den Hintergrund für den real erlebten Trost, sie dienen seiner Bewahrung im Herzen als Deutungsrahmen und Erinnerungshilfe. Nur im Licht des hellen Vordergrunds des erfahrenen Trostes wird das Hintergrundbild der Sinnerklärung selbst hell und tröstlich sprechend. Trost ist ein dialogisches Phänomen des Zwischen. Wahrer Trost ist immer Offenbarung in unmittelbarer Begegnung. Genau das erlebt Hiob: Gott offenbart sich ihm tröstend. Er zieht seinen Blick weg von der Unsinnigkeit sachlicher Erklärungsversuche in die neue Faszination des von Ewigkeit zu Ewigkeit pulsierenden Stroms des Lebens, vor dem selbst Hiobs Leid zum kurzen Schatten wird. Je größer das Leid, desto größer muss die Überzeugungskraft des Lebens sein - sonst ist der Trost kein Trost, sondern Vertröstung und darin Lästerung des Schöpfers und unsagbar leidenschaftlichen Bejahers allen Lebens.

4.4. Die Ohnmacht der Helfer

„Die Unfähigkeit, uns ganz in ihn hineinzuversetzen, macht uns hilflos und beschämt uns."
Werner Reiser[250]

Hiob ist ein von schwerer Krankheit und schwerstem Leid Gezeichneter. Als die Freunde ihn sehen, verflüchtigen sich zunächst einmal alle mitgebrachten Vorstellungen von ihrer Hilfsaktion. Es ist gut so! Es verschlägt ihnen die Sprache und eine Woche lang bleiben sie buchstäblich sprachlos. Dieses Leid ist ganz einfach zu viel für sie. Ihr Fehler wird darin bestehen, dass sie ungeduldig werden. Nach diesen sieben Tagen geben sie ihre Hilflo-

[250] W. Reiser, a.a.O., 31.

sigkeit preis, weil sie meinen, jetzt müsste doch endlich
einmal etwas geschehen. Hinfort sind sie Hiob nur noch
eine Last.

4.4.1. Die Furcht vor den Schrecknissen

„Die Erinnerung [...] verläuft nach einem Muster, dem keiner
der seelisch Verletzten entkommt. Solange sie noch frisch ist,
müssen die Traumatisierten sie zu einer Geschichte gestalten,
weil sie so ihre Emotionen verarbeiten und ihr Unglück gesell-
schaftsfähig machen können Erst danach können sie sich wieder so fühlen wie die anderen."
Boris Cyrulnik[251]

Hiob beschreitet den Königsweg der Traumabewälti-
gung: Er redet. Seelsorgerliche Krisenintervention gibt
dazu Raum und Gelegenheit. Dazu werden Helfer gebraucht, die sich darauf einlassen, jetzt nichts zu *machen*,
also ohne Machen, *ohn*-mächtig zu bleiben, dafür aber
den Betroffenen Raum und Gelegenheit zu geben, die Geschichte ihres Traumas erzählen und ungehindert beklagen zu können. In Ohnmacht angesichts der Mitbetroffen-
heit von furchtbaren Ereignissen zu sein, ist aber schwer
auszuhalten. Man fühlt sich als Helfer wohler, wenn man
nicht einfach nur aushalten muss. Wenn dem schwer er-
schütterten Mitmenschen aber der Raum des Erzählens
und Klagens genommen wird, kann das schwerwiegende
Folgen haben. Dem Psychiater und Resilienzforscher Cyrulnik zufolge, der selbst unter dem Nationalsozialismus
schwerste traumatische Erfahrungen durchlitten hatte,
löst das „häufig ein Zurückweichen der Erinnerung aus,
was bei den Opfern eine Art Gefühlsstau verursacht. Das
erklärt zum Teil auch die Persönlichkeitsspaltung und
zwingt die Verletzten, ihre Geschichte zu verändern,
wenn sie sie trotz allem loswerden wollen."[252]
  Im Unterschied zu frischen Traumaerfahrungen sind

---

[251] B. Cyrulnik, a.a.O., 175f.
[252] Ebd., 176

solche verdeckten, versteckten, weggedrängten, uminter-
pretierten und abgespaltenen Traumata natürlich kom-
plexer und für die Behandlung gefählicher, Blindgänger-
Bomben nicht unähnlich, deren Zünder mit größter Sorgfalt entfernt werden müssen, damit sie nicht nach langer
Zeit noch verheerend explodieren. Dennoch bleibt auch
bei solchen Leidensgeschichten, die anscheinend ziemlich
häufig vorkommen, das Erzählen der Königsweg, wie
überhaupt Seelsorge, Beratung und Psychotherapie nur
in Ausnahmefällen erfolgreich sein kann, wenn nicht das
zentral empfundene Problem, der „wunde Punkt", realistisch wahrgenommen und zur Sprache kommen darf.
Einhergehend mit der berechtigten Fokussierung von
Traumatisierungen in den letzten Jahrzehnten hat sich allerdings ein Mythos von der Unantastbarkeit traumati-
scher Erfahrungen ausgebreitet, der wahrscheinlich in
vielen Fällen dazu führt, um das Problem herum zu gehen „wie die Katze um den heißen Brei". Vor lauter Über-
vorsicht wird der Betroffene dadurch aber gerade mit seinem Problem isoliert, statt die nötige Ermutigung zu erfahren, sich ihm behutsam und behütet anzunähern.
Selbst bei Borderlinern liegt die Explosionsgefahr aber
nicht in den Inhalten ihrer verschwiegenen Traumage-
schichten selbst, sondern im erlernten ungünstigen Umgang damit. Grundsätzlich wird es für solche Patienten
am hilfreichsten sein, wenn die therapeutischen Maßnahmen immer wieder in den Hintergrund treten dürfen und
die Bühne für rein zwischenmenschliche Begegnungen
auf Augenhöhe freigegeben wird, in denen die helfende
Person weder etwas richtig noch falsch *macht*, sondern
einfach nur da ist und zur Verfügung steht, ungestört
und ungeteilt in einem begrenzten Zeitrahmen, um ohne
Wertung und klugen Rat nur einfach aktiv zuzuhören
und Anteil zu nehmen an dem, was das Gegenüber *wirklich* bewegt, ohne vorgebenes Ziel, ohne Hintergedanken
- genuin seelsorgerlich!

Es hat noch keinem Menschen geschadet, von einem Menschen aufgesucht zu werden, der ehrlich und unvoreingenommen bereit ist, ihm empathisch zuzuhören und konsequent darauf verzichtet, an ihm herumzudoktern. Es bedarf dazu auch keiner therapeutischen Qualifikation, nur echten seelsorgerlichen Taktgefühls und wahrhaftigen Einfühlungsvermögens. Doch ein Stichwort wie „Trauma" löst regelmäßig Reaktionen wie die der Freunde Hiobs aus: „Ihr seht Schrecknisse, darum fürchtet ihr euch."[253] In Therapeuten und Seelsorgern entstehen Horrorfantasien, über die „Leichen im Keller" der traumatisierten Person, über die bösen Geister, die dem Verlies entweichen, in das die Traumaerlebnisse gesperrt sind, wenn der Deckel darauf sacht beiseite geschoben wird.[254] Man lässt ihn besser darauf und meint, den Patienten, die Umgebung und sich selbst auf diese Weise zu schützen. Aber man verriegelt sich dadurch auch selbst seinem Leid gegenüber, man nimmt nicht Anteil, man behandelt äußerlich. Der innere Mensch wird alleingelassen. Das heißt jedoch, nicht vom Patienten her zu denken und ihn darum zu entmündigen. Wer sagt denn, dass er nicht *selbst* regulieren kann, wovor er den Blick nicht mehr verbergen möchte und was er zur Sprache bringen will? Die zuhörende Person kann ihn dabei einfühlsam unterstützen: „Reden Sie bitte jetzt nur, wovon sie jetzt reden *wollen*! Sie werden vielleicht gute Gründe haben, mir auch manches *nicht* zu sagen und manches nicht einmal in den Blick zu nehmen. Das ist völlig in Ordnung so."

---

[253] Hiob 6,21.

[254] In vielen christlichen Kreisen ist das die Furcht vor konkreten bösen Geistern, die unkontrolliert hervorbrechen könnten.

4.4.2. Meister des Leidens

Wie sehr stehst du dem bei, der keine Kraft hat,
hilfst du dem, der keine Stärke in den Armen hat!
Wie gibst du Rat dem, der keine Weisheit hat,
und lehrst ihn Einsicht in Fülle!
Mit wessen Hilfe redest du?
Und wessen Geist geht von dir aus?
Hiob 26,2-4

Hiobs Freunde sind nicht nur unverständige Seelsorger,
sondern sie sind auch aktivistische Behandler. Der Aktivismus entfaltet seine versucherische Attraktivität vor allem dort, wo das aushaltende Ansehen und Hören den
Helfer in hohem Maß zum Mitbetroffenen macht, ihm die
Grenzen der Machbarkeit offenbart und ihm sein eigenes
Unsicheres, Angstbesetztes und Unbewältigtes spiegelnd
vor Augen führt. Darum dürfte die Reaktion der Freunde
Hiobs auf dessen erste Klagerede trotz aller modernen
Ausbildung und Einsicht in die Grundprinzipien verste-
henden Zuhörens gar nicht so untypisch sein. Man möchte es besser machen, aber man fällt doch immer wieder in
dieselben Verhaltensmuster, weil sie bequemer sind.

Nicht nur traumatisch bedingte Störungen lösen solche Mechanismen bei den Helfern aus, sondern generell
sind auch alle Probleme dazu geeignet, zu deren Wesen
es gehört, nicht einfach nur medizinisch wegtherapiert
oder reguliert werden zu können. Es sind die Probleme,
bei denen der Einzelne nur *unterstützt* werden kann, während die entscheidende Bewältigungskompetenz bei ihm
selbst verbleibt. Die meisten psychischen Probleme sind
dieser Art! Darum tragen sie alle die „Gefahr" in sich,
dass die Bewältigungskompetenz des Patienten Wege
geht, die dem Therapeuten nicht gefallen, weil sie ihn in
seinem Helferanspruch nicht bestätigen. Der ungehorsa-
me Patient! Der Konflikt kann sich noch verschärfen,
wenn wie bei vielen Depressionen die Verweigerung des
therapeutischen Optimismus sogar zur Kernsymptomatik

gehört. Dann wird der Therapeut entweder einen Weg nach dem Muster der Freunde Hiobs einschlagen oder er wird sich darauf besinnen, dass er nicht der Retter des Patienten ist, dass der Patient ein Recht und einen guten Grund für seinen Pessimismus hat, dass aber auch das Ja zum Leben in ihm ist, wenn auch augenblicklich sehr verdeckt, und dass es sich wieder durchsetzen kann und wird, wenn die Zeit dazu reif geworden ist. Dann kann er aushalten und ausharren und auch die düstersten Äußerungen einfühlsam mitbewegen, ohne sich selbst darin zu verlieren.

Hiobs Freunde treten gewaltig als Behandler und Belehrer in Aktion, weil sie die Fassungslosigkeit des realen Leidens nicht ertragen. Sie gebärden sich als die Meister des Leidens. Sie weichen vor der Übermacht und Uneinsehbarkeit des Bösen zurück. Sie benehmen sich wie einer, der verkehrt herum durch ein Fernglas schaut, um ein schreckliches Ungeheuer danach in die Streichholzschachtel stecken zu können: Angst vor der Übermacht des Bösen veranlasst zur Verkleinerung des Bösen auf *einen* Punkt, um es so in den Griff zu bekommen. Sie bohren nach Gründen und erzwingen eine Lösung. Sie bietet sich an - Erleuchtung dämmert ihnen: Hiob ist selbst an allem schuld. Sie fühlen sich von Gottes Geist zu dieser Einsicht inspiriert, wittern Vollmacht. Und nun dringen sie darauf, dass er sich bekehrt. Dann wird er endlich wieder unter den Segen Gottes gelangen. Das ist eine Logik der Flucht. Denn in Wahrheit nötigt nichts zu der Annahme, er sei an seinem Elend selber schuld. Es ist möglich, mehr nicht. Es ist ein schwaches Indiz. Doch weil sich die Überlegung so verlockend anbietet, wird sie bereitwillig aufgenommen und sogleich als Wahrheit absolut gesetzt. Im gleichen Maß wie diese Verabsolutierung stattfindet, kommt es zu einer Ausgrenzung aller anderen Möglichkeiten. So geraten sie in einen extremen seelsorgerlichen Rigorismus.

Hiobs Freunde werden selbst nicht mit der Frage nach der Gerechtigkeit Gottes fertig. Aber sie können das nicht zugeben. Darum verlagern sie das Problem zurück auf Hiob. So können sie ihr Selbstbild der Glaubensstärke aufrechterhalten. So bleibt ihr theologisches System intakt. Darum greifen sie Hiob am heftigsten dort an, wo sie eigentlich selbst am meisten mit Gott hadern würden, wenn sie ehrlich wären. Aber sie müssen die immer Souveränen spielen. Für sie selbst scheint es keinen Grund zur Klage zu geben, weil ja alles so schön erklärbar ist. Ihr dogmatisches System kennt keine Lücken.

Die Logik der Flucht gründet sich auf Unbeweisbarkeiten. Ihr geht es nicht um Wahrheit, sondern um Bannung des Bösen. Aus Indizien werden Gedankensysteme und ganze Ideologien. Dafür bieten sich übrigens auch sehr gut die vielen psychopathologischen Schubladen an: Wenn wir wissen, was Hiob hat, dann haben wir *ihn*!

Das Indiz ist ein Zipfel des Teufelsgewands. Darum halten die Freunde so stur an dem Vorurteil fest: Weil sie meinen, damit den Teufel gefasst zu haben. Aber längst hat er sich still herausgestohlen und treibt sein Unwesen ungestört anderswo: In der Qual, die Hiob ihrer Blindheit wegen leiden muss. So wird der Zipfel selbst zur Lüge: Ein hohles Argument, eine Lokalisierung des Bösen am falschen Ort. Jesus nennt auch Petrus einen „Satan", als dieser ihn aus der eigenen Angst vor dem Leiden heraus zu beseelsorgen beginnt.[255] Natürlich sind weder Petrus noch die Freunde Hiobs vom Teufel besessen. Dennoch dienen sie dem Bösen. Denn sie haben sich irreführen lassen. Das Böse wollten sie bannen, doch nun sind sie selbst vom Bösen gebannt: Ein hohles Argument beschlagnahmt ihre Aufmerksamkeit. Die Liebe erstirbt. Es geht ihnen nur noch darum, recht zu behalten.

---

[255] Mt 16,21-23.

4.4.3. Ohnmacht und Gebet

„'Ich bete nicht!' sagte sich Mendel.
Aber es tat ihm weh, daß er nicht betete.
Sein Zorn schmerzte ihn und die Machtlosigkeit dieses Zorns."
Joseph Roth[256]

Das seelsorgerliche Verhalten aller vier Seelsorger ist doppelt problematisch: Sie argumentieren nur auf der zwischenmenschlichen Ebene, ohne sich wirklich um Verstehen und Verständigung zu bemühen, und sie meinen alle, Gottes Advokaten zu sein, die Gott rechtfertigen müssen: Die drei ersten tun dies fast völlig ohne Empathie, der letzte zeigt immerhin ein wenig Mitgefühl, aber durchaus nicht genug. Sie reden mit Hiob *über* Gott, aber sie schreien nicht als grausam Mitbetroffene gemeinsam mit Hiob *zu* Gott. Sie bleiben Behandelnde. Sie werden nicht eins mit Hiob in seinem Leid. Weder ermutigen sie ihn zur Klage noch schließen sie sich seiner Klage an. Hiobs einziges Thema und seine einzige Hoffnung *ist* aber die Klage!

Tatsächlich richten sich die vier Seelsorger, im krassen Gegensatz zu Hiob, kein einziges Mal selbst an Gott. „Wer Trost spenden will, sollte aber keine Predigten halten, sondern als stiller Kamerad dem Trauernden zur Seite stehen und die ganze traurige Angelegenheit fürbittend vor Gott bringen", findet Chambers.[257] Das werden sie wohl auch vorgehabt haben. Aber sie brauchten dafür einen anständigen Patienten. Hiobs erste Klagerede schien ihnen jedoch zu offenbaren, dass Methoden der Trauerbegleitung anzuwenden in seinem Fall ein Kunstfehler wäre.

Es wäre in der Tat viel besser gewesen, wenn die Freunde gesagt hätten: „Ich weiß die Antwort auf deine

---

[256] J. Roth, a.a.O., 172.

[257] O. Chambers, a.a.O., 34.

Probleme nicht. Gott allein kennt sie. Laß sie uns im Gebet vor Gott bringen."[258] Aber vielleicht wäre es am allerbesten gewesen, wenn sie das ganz still und unauffällig für sich getan hätten, um daraus auch wieder neue Kraft zu schöpfen für die aufrichtige und ungeteilte Begegnung mit Hiob. Möglicherweise hätten sie sich auch auf diesem Weg in Hiob einfühlen können. Sie hätten selbst *ihre* Not mit Hiobs Not vor Gott gebracht und es hätte ein Gleichklang ihres Gebets mit Hiobs Klage daraus entstehen können.

Dennoch kann auch die vereinseitigende Methodisierung des Betens an Hiobs Lage völlig vorbeigehen und seine Einsamkeit verschlimmern. Es kommt darauf an, wie das Gebet verstanden wird. Wenn etwa Chambers schreibt, dass der „einzige Ruheort [...] nur Gott und der einzige Weg dahin das Gebet" sei, so wird Hiob dem wohl noch zustimmen, wenn er aber fortfährt: „Aber wir bitten nicht, wir quengeln nur, obwohl eine Minute wirkliches Bitten Gottes Arm in Bewegung setzen würde", dann würde er wohl auch das für Geschwätz halten.

Es ist ja nicht so, dass Hiobs Seelsorger *keine* Beter wären: Elifas weist Hiob gleich in der ersten Gegenrede darauf hin, dass sich uns Gottes Weisheit im stillen Gebet offenbart.[259] Und klipp und klar folgert er aus seiner Meditationserfahrung: „Ich aber würde mich zu Gott wenden und meine Sache vor ihn bringen, der große Dinge tut, die nicht zu erforschen sind, und Wunder, die nicht zu zählen sind".[260] Es ist anzunehmen, dass er sich wirklich so verhalten würde. Man muss ihm auch nicht unterstellen, dass er jetzt das Beten aufgegeben habe. Er wird wohl auch für Hiob beten, Gott möge sein verstocktes Herz erweichen, ihm Umkehr schenken. Aber er sieht,

---

[258] Ebd.

[259] Hiob 4,12-21.

[260] Hiob 5,8f.

dass in den Seelsorgegesprächen Hiob jetzt etwas anderes braucht: Zurechtweisung.

Auch für Bildad hat das Beten höchste Priorität:

> *„Wenn du aber dich beizeiten zu Gott wendest und zu dem Allmächtigen flehst, wenn du rein und fromm bist, so wird er deinetwegen aufwachen und wird wieder aufrichten deine Wohnung, wie es dir zusteht. Und was du zuerst wenig gehabt hast, wird hernach sehr zunehmen."* [261]

Und selbst Zofar, dem schon im ersten Rededurchgang völlig klar ist, dass Hiobs Problem nur in einer schweren Sünde liegen kann, die er nicht zugeben möchte, stimmt in die Empfehlung der beiden anderen Freunde ein:

> *„Wenn aber du dein Herz auf ihn richtest und deine Hände zu ihm ausbreitest, wenn du den Frevel in deiner Hand von dir wegtust, dass in deiner Hütte kein Unrecht bliebe: so könntest du dein Antlitz aufheben ohne Tadel und würdest fest sein und dich nicht fürchten."* [262]

Das sind durchaus stringente seelsorgerliche Prinzipien, wohl vertraut aus einem breiten Spektrum neuzeitlicher Seelsorgeansätze von der Dialektischen Theologie über die Gruppen- und Hauskreisbewegung, Pietismus und Evangelikalismus verschiedener Coleur bis hin zur charismatischen und pfingstlerischen Seelsorge. Das gemeinsame Schema dieser Ansätze sieht so aus:

▸ Wenn du ein (seelisches) Problem hast, dann reinige dich zuerst. Das heißt: Werde ganz ehrlich vor Gott, räume aus, was zwischen dir und Gott steht. Der klassische Weg dorthin ist die *Beichte*.

---

[261] Hiob 8,5-7.
[262] Hiob 11,13-15.

‣ Dieses Rein-und-ehrlich-sein vor Gott ist die Bedingung für „erhörliches" Gebet. Im Umkehrschluss: Wenn dein Gebet nicht erhört wird, dann liegt es daran, dass du nicht rein und ehrlich genug bist.

‣ „Rein" und „ehrlich" bedeutet, dass zwischen dem Beter und Gott eine ungetrübte dialogische Beziehung besteht. Darum kann Gott ihm, wie Elifas in seiner mystischen Erfahrung, nun auch Einsichten besonderer Art offenbaren: Zum Beispiel welchen Sinn es hat, wenn ein Gebet *nicht* erhört wird, oder die Erkenntnis dafür, dass Gott es sehr wohl erhört hat, aber anders, als er dachte.

‣ Ein dergestalt gereinigtes Gebetsleben ist das A und O der Seelsorge. Alles andere flankiert nur oder es bereitet den Weg. Der Mensch kann gar nichts tun, Gott muss alles tun. Gottes Geist führt den Menschen, der sich reinigt, zu der Einsicht, dass alle ernsthaften Lebensprobleme allein durch die Macht des Gebets gelöst werden können.

Wir müssen uns nur klar machen, dass genau so die Seelsorger Hiobs argumentieren und dass sie damit Hiob in gar keiner Weise gerecht werden. Es mag an der Vorstellung von der „Macht des Gebets" liegen. Chambers forsche Aussage, dass „eine Minute wirkliches Bitten Gottes Arm in Bewegung setzen würde", markiert das Problem recht genau, da er zum einen zum Ausdruck bringt, dass mangelnde Gebetserhörung grundsätzlich darauf zurückzuführen sei, dass es sich nicht um ein „wirkliches Bitten" handle. Was den Unterschied ausmacht, haben wir gesehen. Zum andern glaubt Chambers, durch das Gebet würde „Gottes Arm in Bewegung" gesetzt - eine häufige Formulierung bis heute. Soll das heißen, das Gottes Arm sich nur bewegt, wenn er durch Gebetsmacht in Bewegung *gesetzt* wird? Das wäre schon eine eigentümlich mechanistische Vorstellung von Ursache und Wirkung. Oder bewegt er sich auch anders, dann aber leider unkontrollierbar, unberechenbar. Ist also das Gebet die magische Kraft, durch welche allein Gottes Arm so bewegt wird, dass es uns *gut tut*? Es fällt jedenfalls schwer, die Metapher anders zu deuten.

Beten oder nicht - das ist nicht Hiobs Problem, denn er betet ohne Unterlass. Aber *wie* beten und *wozu*, das ist die Frage. Und da unterscheidet sich Hiob von seinen Seelsorgern beträchtlich. Jesus sage nicht: „'Bittet um alles, worauf ihr Lust habt, und ihr werdet es bekommen'", bemerkt Chambers, um das wirkliche Beten von der Vorstellung eines Automatengebets abzugrenzen, bei dem man nur das richtige Gebet hineinwerfen muss, um das gewünschte Resultat zu erhalten. „Nein, er sagte: 'Bittet, wenn es euch ein ernstes Anliegen ist.' Und Gott hat sein Ehrenwort gegeben, daß wir dann immer eine Antwort bekommen."[263] Da Chambers denkt, wie wir sahen, dass Hiob noch nicht so recht bekehrt ist, würde er wohl auch versuchen, ihn mit solchen Worten zu ermutigen und als fünfter Seelsorger Hiobs nichts anderes damit sagen als alle übrigen auch: „Dein Gebet ist noch nicht ernst genug. Geh in dich! Du musst dir deiner vollkommenen Angewiesenheit auf Gott erst noch bewusst werden."

Weit an Hiob vorbei. Denn Hiob betet ohne Unterlass und er leidet darunter, dass er nicht anders kann. Und weil er ohne Unterlass mit ganzem Ernst betet und weil ihm das zur allertiefsten Herzensgewohnheit wurde, kann er nicht anders. Sein untentwegtes Beten ist zur unentwegten Klage geworden, weil es aller Stimmigkeit beraubt ist. Immer lebte im Gebet die Hoffnung, jetzt ist sie erloschen und doch nicht tot zu kriegen - schmerzend glühender glimmender Docht. Joseph Roth hat das eindrücklich nicht nur in den Sätzen in Worte gefasst, die wir an den Beginn des Kapitels setzten. Hören wir noch auf einige weitere Zitate aus Roths Hiobroman. Stärker

---

[263] O. Chambers, a.a.O., 78.

und eindringlicher als unser theologisches Argumentieren bringen sie uns den Beter Hiob nahe, der Gott so böse ist, dass er nicht mehr beten will und der es doch nicht lassen kann. Einem solchen vorzuhalten, wie sanft und scheinbar einfühlsam auch immer, er bete noch nicht ernst genug, ist töricht. Hiobs Antwort lautet. „Siehe, das hat alles mein Auge gesehen und mein Ohr gehört, und ich hab's verstanden. Was ihr wisst, das weiß ich auch, und ich bin nicht geringer als ihr."[264] Das Hiobsproblem liegt nicht darin, dass sich ihm das Gebet noch nicht in seiner vollen Wirkkraft erschlossen hat, sondern darin, dass ihm, der das alles in vorbildlicher Weise und hoher Gewissenhaftigkeit und Beharrlichkeit schon lang gelebt hat, mit sehr erschreckender Deutlichkeit aufgegangen ist, dass Gottes Antwort darin bestand, ihn wie einen Erzfeind zu behandeln und grausamst zu bestrafen. Hiobs Problem ist, das sein Gott ihn über alles Maß des Nachvollziehbaren hinaus gekränkt hat.

> „Auf der Ofenbank schlief ein obdachloser Jude. Seine Atemzüge begleiteten und unterstützen Mendel Singers monotonen Gesang, der wie ein heißer Gesang in der gelben Wüste war, verloren und vertraut mit dem Tode. Die eigene Stimme und der Atem des Schlafenden betäubten Mendel, vertrieben jeden Gedanken aus seinem Herzen, nichts mehr war er als ein Beter, die Worte gingen durch ihn den Weg zum Himmel, ein hohles Gefäß war er, ein Trichter. So betete er dem Morgen entgegen."[265]

> „Mendel Singer aber schloß die Tür hinter ihnen, schickte Deborah schlafen, entzündete eine Kerze und begann, einen Psalm nach dem andern zu singen. In gu-

---

[264] Hiob 13, 1f.

[265] J. Roth, a.a.o., 76.

ten Stunden sang er sie und in bösen. Er sang sie, wenn
er dem Himmel dankte und wenn er ihn fürchtete. Mendels schaukelnde Bewegungen waren immer die gleichen."[266]

„Sein Herz war böse auf Gott, aber in seinen Muskeln
wohnte noch die Furcht vor Gott. Fünfzig Jahre, Tag für
Tag, hatten diese Hände den Gebetmantel ausgebreitet
und wieder zusammengefaltet, die Gebetriemen aufge-
rollt und um den Kopf geschlungen und um den linken
Arm, dieses Gebetbuch aufgeschlagen, um und um ge-
blättert und wieder zugeklappt. Nun weigerten sich die
Hände, Mendels Zorn zu gehorchen. Nur der Mund,
der so oft gebetet hatte, weigerte sich nicht. Nur die Füße, die oft zu Ehren Gottes beim Halleluja gehüpft hatten, stampften den Takt zu Mendels Zorngesang."[267]

„Mendel Singers Lippen blieben verschlossen und sein
Herz ein Stein. Schwarz und stumm, in seinem Alltags-
gewand, hielt er sich im Hintergrund, in der Nähe der
Tür. Niemand beachtete ihn. Die Juden bemühten sich,
ihn nicht zu sehen. Ein Fremder war er unter ihnen.
Der und jener dachte an ihn und betete für ihn. Mendel
Singer aber stand aufrecht an der Tür und war böse auf
Gott. Sie beten alle, weil sie sich fürchten, dachte er. Ich
aber fürchte mich nicht. Ich fürchte mich nicht!"[268]

---

[266] Ebd., 144.

[267] Ebd., 163.

[268] Ebd., 175.

4.4.4. Hilfreiche Hilflosigkeit

„Der Schmerz bleibt zwar unteilbar,
aber die gemeinsame Ohnmacht
bildet ein Band der Gemeinschaft."
Werner Reiser[269]

Hilflosigkeit ist bei der seelsorgerlichen Begleitung schwer leidender Menschen nicht nur nicht schlimm, sondern notwendig. Denn Hilf-Losigkeit bedeutet hier: Ich nehme an der realen Hilflosigkeit des anderen teil. Und gerade so und nur so kann ich ihm zum Helfer werden.

In der geteilten Hilflosigkeit kann sich Seelsorge als Beschenktsein aller Beteiligten durch die gemeinsame Erfahrung von Liebe und Verstehen in der Gegenwart Gottes auf besonders dichte Weise verwirklichen. Voraussetzung dafür ist, dass der Seelsorger seine eigenen Gefühle der Hilflosigkeit, Ohnmacht und Angst zulässt und sich nicht pseudoprofessionell stark gibt.

Es ist ein Unterschied zwischen Hilflosigkeit und Unbeholfenheit. Der Unbeholfene hilft nicht, wo er könnte und sollte, weil er sich nicht zu helfen weiß. Der Hilflose hingegen würde sofort helfen, wenn er nur könnte. Hilflos sind zum Beispiel die Jünger nach der Aufforderung Jesu, der unüberschaubaren Menge von weit mehr als 5.000 Personen ein Abendbrot zu spendieren. Sie spielen alle in Frage kommenden Möglichkeiten der Hilfe durch, aber sie sind völlig überfordert. Hilflosigkeit bedeutet gerade nicht, die Hände in den Schoß zu legen, wo etwas zu tun wäre. Sie ist kein dumpfes, träges, mehr oder weniger immer gleich bleibendes Gefühl, sondern die Erfahrung des wachen, engagierten Menschen, der die tatsächliche Situation so aufmerksam wahrnimmt, dass er den Unsinn scheinbarer Hilfsmaßnahmen durchschaut. Der Hilflose sieht nicht weniger, sondern mehr: Er erkennt das Angemessene. Wenn es nichts zu sagen gibt, dann redet er

[269] W. Reiser, a.a.O., 32.

nicht. Wenn es nichts zu tun gibt, dann tut er nichts. Wenn etwas nur sehr schwer zu sagen ist, dann tut er sich schwer es zu sagen.

Hilflosigkeit wirkt oft zunächst beklemmend, aber sie muss es nicht bleiben. Wer hilflos ist, kann davon reden, dass er hilflos ist. Das kann auch immer wieder einem Betroffenen gegenüber lauten: „Ich bin jetzt ganz hilflos." Erschüttern, Sprachlosigkeit, Hilflosigkeit - das kann alles verbalisiert werden. Wenn ich nicht weiß, was ich sagen soll, dann kann ich *sagen*, dass ich es nicht weiß.

Würden Hiobs Freunde doch zugeben, dass ihnen sein Leid zu viel wird! Aber sie müssen die Rolle des Starken spielen und verlassen dadurch die Ehrlichkeit. Wären sie ehrlich, würde Hiob sich verstanden fühlen und verstehen: Ein bisschen ginge es ihnen wie ihm. Er würde mit *ihnen* fühlen. Er würde sie entlassen und doch keine Verlassenheit spüren. Er würde durch ihr hilfloses Beileidsstammeln getröstet sein: Ach ja, sprachlos seid ihr, betroffen, berührt, verlegen, weil ihr die billigen Phrasen scheut. Ich fühle, ihr seid mir nah.

Das kann so schwach und unbedeutend aussehen. Aber die Wirkung ist groß: Da war ein Mensch, der hat mir zugehört. Mit mir ausgehalten hat er. Ein wenig mitgelitten. Der wurde nicht ungeduldig. Der hatte Zeit. Der ließ sich wirklich auf mich ein. Der wartete nicht nur die ganze Zeit auf die Gelegenheit, mir das zu sagen, was er mir von Anfang an schon sagen wollte. Der war offen. Der hat mich nicht in eine Schublade gesteckt. Der hat mir seine Themen nicht aufgedrängt. Ich habe mich von ihm verstanden gefühlt. Ist es nicht das, wonach wir uns sehnen? Ist es nicht auch das, was wir uns von Gott wünschen? Es ist nichts anderes als Trost. Gott sagt, dass er der wahre Tröster ist.

Den ungeduldigen Seelsorgeaktivisten stört das bloße Anteilnehmen. Er ist nur zufrieden, wenn etwas *gemacht* wird. Lieber macht er halbe Sachen als gar nichts. Er ver-

sucht dies und jenes: stellt unnötige Fragen, gibt unausge-
gorene Ratschläge, stellt unklare Vermutungen an. Er
schilt den Hilflosen und wirft ihm Untätigkeit vor. Ein
sehr gutes Beispiel dafür sind Maria und Martha.[270] Maria tut das Angemessene - es besteht hier in einem Nicht-
Tun, es ist ein Un-Gemachtes. Martha verwechselt dieses
Nur-Dasein mit Unbeholfenheit. Jesus antwortet ihr, dass
die Schwester das *einzig* Richtige gewählt hat. Das einzig
Richtige ist nicht das Nichts-Tun, sondern die Wahrnehmung des Angemessenen. Aber sehr oft besteht das Angemessene im Nicht-Tun!

Vollmacht ist, insbesondere nach dem Neuen
Testament, vor allem eine Vollmacht zum Leiden, zum
Tragen, zur Geduld, zum Aushalten und Durchhalten
von Spannungen. Vollmacht ist wesentlich Ermächtigung
zum Handeln *ohne* Macht, so paradox das auch
erscheinen mag. Als Paulus die unangenehme
Eingrenzung seines Handlungsspielraums sehr zu
schaffen machte, lautete Gottes Antwort: „Meine Kraft
ist in den Schwachen mächtig."[271] Mit anderen Worten:
„In deiner Hilf-Losigkeit will ich gerade erst wirklich
zum Zug kommen. Stell du dich nur mit unter die Last
des anderen,[272] so weit du es tragen kannst - so hilf-los
wie du bist - und gerade darin will ich dich und den
andern meine Kraft erfahren lassen." Sich darunterstellen
macht hilflos: Was den *andern* belastet, belastet mich nun
auch. Was ihn nun sprachlos macht - mich auch. Was für
ihn un-erträglich wird - ich spüre auch etwas davon. Wer
sich nicht unter die Last stellt, sondern nur darum
bemüht ist, dass er sie los wird, der kann die starke
Position des Helfers bewahren - aber kann er so auch für
dessen Seele Sorge tragen?

---

[270] Lk 10,38-42.

[271] 2Kor 12,9.

[272] Vgl. Gal 6,2.

Ein besonders eindrückliches Beispiel für eine Helferambition mit dem Ziel, Leiden zu vermeiden, ist das seelsorgerliche Gespräch, das Petrus mit Jesus führt, als der seinen Tod am Kreuz angekündigt hat. Er versucht, Jesus diese depressiv pessimistischen Prophezeiungen auszureden. Er nimmt Jesus nicht ernst. Es darf uns betroffen machen, dass Jesus ihm ähnlich hart antwortet wie Hiob seinen Freunden. Petrus projiziert seine eigenen Ängste auf Jesus. Das weist Jesus zurück. Darum nennt er ihn in dieser Situation sogar einen „Satan".[273]

Jesus hat sich selbst freiwillig absolut hilflos und ohnmächtig gemacht, als er am Kreuz alle Last der Welt auf sich nahm. Darum muss auch das Lastentragen in seiner Nachfolge das Zeichen der Hilflosigkeit tragen.

Oft wird *missionstheologisch* für den seelsorgerlichen Aktivismus argumentiert, was auch Hiobs Freunde für sich in Anspruch nehmen mögen, da sie doch mit großer Sorge fürchten müssen (weil sie Hiob nicht verstehen), dass Hiobs Glaube verloren geht. Aber das Menschenfischen nach dem Vorbild Jesu geht anders als das Fischefischen. Das einzig legitime missionarische Fischernetz ist kein Fangnetz, sondern ein *Auffang*netz. Missionarische Kirche ist nicht hinter den Menschen her, sondern für die Menschen da. Sofern dieses Dasein eine Suchbewegung ist, bewahrt es doch seine dienende

---

[273] Mt 16,21-23. - Es mag sein, dass Petrus die hohe Wertschätzung, die er unmittelbar zuvor von Jesus erfahren hatte, zu Kopf gestiegen war: „Auf diesen Fels will ich meine Gemeinde bauen." „Ich will dir die Schlüssel des Himmelreichs geben. Wen du binden wirst, der wird gebunden sein, wen du lösen wirst, der wird gelöst sein." Das ist nicht mehr zu überbietende seelsorgerliche Vollmacht! Die anschließenden Lektionen der Demütigung werden bitter nötig für Petrus gewesen sein. Alle Qualifikationen, Titel, Ordinationen usw. haben, so wichtig sie für Kompetenz, Selbstbewusstsein und Seriosität des Seelsorgers und Beraters sind, doch auch ihre Schattenseite: Allzu leicht bilden wir uns etwas darauf ein und verlieren dadurch die unabdingbare Augenhöhe zum bedürftigen Mitmenschen.

Natur. Dementsprechend ist die Frage nicht: „Wie kann ich dich überzeugen?", sondern: „Was brauchst du von mir - wie kann ich dir dienen?" Das aber versäumt aktivistische Seelsorge nach Art der Freunde Hiobs.

4.5. Agitation
Bedrängung statt Mitgefühl

„Die Freunde Hiobs sterben nicht aus."
Dorothee Sölle[274]

→ **Lies Kapitel 4-11!**

Hiob sitzt, als Aussätziger völlig isoliert, Woche um Woche in senem Elend, bis endlich seine Freunde kommen. Die entsetzliche Krankheit zermürbt ihn. Er hofft nicht mehr auf Besserung. Er quält sich nur noch durch. Und dennoch hat er ausgehalten, weil er auf die Freunde hoffte, um wenigstens im Sterben ihre tröstliche Nähe spüren zu dürfen. Und wirklich, sie kommen. Nach den weiteren sieben Tagen des stillen Aushaltens ist er endlich so weit, dass der Schock sich lösen kann.

> *„Wie ein Knecht sich sehnt nach dem Schatten und ein Tagelöhner auf seinen Lohn wartet, so hab ich wohl ganze Monate vergeblich gearbeitet, und viele elende Nächte sind mir geworden. Wenn ich mich niederlegte, sprach ich: Wann werde ich aufstehen? Bin ich aufgestanden, so wird mir's lang bis zum Abend, und mich quälte die Unruhe bis zur Dämmerung. Mein Fleisch ist um und um eine Beute des Gewürms und faulig, meine Haut ist verschrumpft und voller Eiter. Meine Tage sind schneller dahingeflogen als ein Weberschiffchen und sind vergangen ohne Hoffnung. Bedenke, dass mein Leben ein Hauch ist und meine Augen nicht wieder Gutes sehen*

---

[274] D. Sölle, a.a.O., 143.

werden. Und kein lebendiges Auge wird mich mehr schauen; sehen deine Augen nach mir, so bin ich nicht mehr. Eine Wolke vergeht und fährt dahin: so kommt nicht wieder herauf, wer zu den Toten hinunterfährt; er kommt nicht zurück, und seine Stätte kennt ihn nicht mehr."[275]

Vergessen wir es nicht bei aller Auseinandersetzung um die Gesprächsführung der Freunde und ihre Inhalte: Das ist der Hiob, der in Kapitel 3 seinem Herzen Luft macht.

„Darum will auch ich meinem Munde nicht wehren. Ich will reden in der Angst meines Herzens und will klagen in der Betrübnis meiner Seele."[276]

Nur wenn wir uns vor Augen halten, aus welcher Not und Verzweiflung heraus Hiob spricht, können wir recht ermessen, was seine Freunde ihm mit ihren Seelsorgeversuchen antun.

4.5.1. Das Seelsorgerezept

„Dieser Entwurf einer heilen zukünftigen Welt als Gegenstück zu seiner realen gegenwärtigen Lage muß an Ijobs noch frischen Wunden rühren. [...] Der Widerspruch zwischen Entwurf und Erlittenem könnte kaum größer sein."
Klaudia Engljähringer[277]

➔ **Kapitel 4-5**

Am Ende seiner ersten Rede an Hiob bekennt sich Elifas dazu, auch im Namen seiner Kollegen gesprochen zu haben: „Siehe, das haben wir erforscht, so ist es; darauf höre und merke du dir's."[278] Man könnte sie geradezu für ein

---

[275] Hiob 7,2-10.

[276] Hiob 7,11.

[277] K. Engljähringer, a.a.O., 46.

[278] Hiob 5,27.

therapeutisches Team halten, das sich erst einmal zur Beratung zurückgezogen hat, um sich miteinander ein Bild vom Patienten zu machen und nun, an einem Strang ziehend, gemeinsam vorgeht, um das gemeinsam definierte Ziel zu erreichen. Das ist wieder vorbildlich, wenn es von unten herauf geschieht, aus der Haltung unvoreingenommenen Dienens, aus unbedingter Wertschätzung und aus echtem Verstehen. Aber die formelle Vorbildlichkeit füllt sich inhaltlich mit Psychoterror, wenn Hiob von oben herab behandelt wird, einsortiert, ohne Achtung und Verständnis.

Als die drei miteinander beraten haben, wie Hiob wohl am besten beizustehen sei, da scheinen sie ihr seelsorgerliches Basiswissen reaktiviert zu haben, um jedenfalls auch alles richtig zu machen. Wenn man die drei in die heutige Zeit versetzt, dann können wir uns darunter das vorstellen, was sie in einschlägigen Seelsorgeschulungen und aus der christlichen Ratgeberliteratur gelernt haben. Und daraus haben sie sich ein Rezept erstellt. Allerdings ohne Beisein und Mitsprache des Klienten.

Elifas ist der Älteste, gilt wohl als der Weiseste und scheint auch der Frömmste zu sein. Er ist prädestiniert für den ersten Anlauf und die beiden andern mögen hoffen, nicht auch noch an die Reihe kommen zu müssen. Elifas hält sich zunächst genau an das vereinbarte Seelsorgerezept: Zunächst etwas einfühlsame Süße, damit Vertrauen entsteht, und dann ein gerüttelt Maß Ermutigung. Dabei aber nie unwahrhaftig werden! Eine Salzprise der Ermahnung, sich nicht hängen zu lassen, nicht dummen Gedanken zu folgen, sich an Gottes große Güte zu erinnern, gehört natürlich auch dazu. Aber es sieht so aus, als entgleite Elifas die Konzeption. Je mehr er redet, desto strenger und belehrender wird die Predigt.

Erste Zutat: Empathie-Rosinen, aber nicht zuviel

Gesprächstechnisch ist Elifas nicht unbedarft. Er stellt es nicht ungeschickt an.[279] Man kann nicht sagen, dass es falsch ist, was er sagt.[280] Es ist gewiss auch aufrichtig fromm und gut gemeint. Er will Hiob ja noch gar nicht abfertigen und verurteilen. Er bleibt auch nach Hiobs schwer verdaulichen Worten dabei, Tröster, Ermutiger sein zu wollen. Er versucht, Wertschätzung zu vermitteln: "Ich kenne deine Vorbildlichkeit. Sie hat mich sehr beeindruckt".[281] Doch dies alles ist nur Vorspann zum folgenden „Aber". Es ist nicht mehr als „Anknüpfungspunkt" für ihn. Elifas ist gesprächstechnisch vielleicht sogar versiert, aber er liegt in seiner *Haltung* daneben. Er hört wohl, was Hiobs Mund sagt. Doch sogleich ordnet er es als dogmatisch falsch ein und sieht sich genötigt, es zu korrigieren. Und so versteht er überhaupt nicht, was Hiobs *Herz* mit diesen Worten eigentlich sagen wollte. Dies allein kann jetzt aber das sinnvolle Thema des Gesprächs sein.

Hiob beschäftigt nichts weiter als sein gegenwärtiges Leiden! Es ist so massiv, dass ihn gerade gar nichts anderes beschäftigen *kann*! Die Versuche der Freunde, ihn davon loszubekommen, zeugen von blankem Unverständnis. Sie versetzen sich nicht mehr in seine Lage. Sie schütteln den Kopf über ihn, weil sie sein tatsächliches Leid von sich fern halten wollen.

---

[279] Sehr weit hergeholt erscheint es jedoch, den Freunden pauschal „die Gabe des Zuhörens" zu attestieren, nur weil sie Hiob das eine Kapitel lang nicht unterbrachen und Elifas Gesprächsverhalten in den ersten Versen von Kap. 4 „ sehr einfühlsam und zurückhaltend" zu nennen. M. Oeming, a.a.o., 215. Größere Gewalt kann man dem Text wohl kaum antun.

[280] „Elifas sagt Richtiges. Doch die Richtigkeiten des Freundes können für Hiob jetzt nicht zur Wahrheit werden." J. Ebach, Streiten mit Gott 1, 66.

[281] Hiob 4,3ff.

Die Elifas-Methode der Anknüpfung hat auch in der neuzeitlichen Seelsorge Schule gemacht. Aus der kerygmatischen Seelsorge der Dialektischen Theologie her kommend, deren Blütezeit in der Phase des Widerstands gegen den Nationalsozialismus und den ersten Nachkriegsjahrzehnten lag, fand sie auch in pietistischen und evangelikalen Seelsorgelehren Eingang und wird bis heute dementsprechend gelehrt und praktiziert.

Es wird darunter ein vertrauensbildes „Warming up" im Gespräch verstanden, das den Weg dafür bereiten soll, bald zum „Eigentlichen" zu kommen. Dafür sucht man, ganz ähnlich wie mit der Einleitung in der Predigt, nach einem Anknüpfungspunkt. Das „Eigentliche" sind aber die Probleme, die der Klient lieber nicht ans Licht bringen möchte, und die er wohl auch verbergen wird, wenn der Heilige Geist sie ihm nicht zwingend offenbart und ihn zugleich ermutigt, sie zuzugeben. Das „Eigentliche" ist die vermiedene, vertuschte, verdrängte Sünde. Das Prinzip entspricht ganz dem „Rapport", der in manchen modernen Kommunikationstrainings gelehrt wird: Durch bewusst eingesetzte, als Technik verstandene und gezielt durch Körpersprache unterstützte „Wertschätzung" und „Einfühlung" öffnet sich etwa ein Kunde im Verkaufsgespräch.

Um des „Eigentlichen" willen legen Seelsorgelehren dieser Art Wert darauf, dass die Einfühlung nicht überhand nimmt. Vor lauter Einfühlung verliere man sich sonst in den Gefühlen des Gegenübers. Dann findet man den Anknüpfungspunkt nicht und bestätigt den Klienten dort, wo man ihn konfrontieren müsste. Was aber daraus wird, wenn Wertschätzung und Empathie nur Mittel zu einem zunächst unausgesprochenen Zweck sind, dafür gibt der weitere Gesprächsverlauf zwischen Hiob und seinen Freunden das allerdeutlichste Zeugnis.

Zweite Zutat: Ganz, ganz viel Ermutigung!

Eine Seelsorge wie die soeben beschriebene kann durchaus zwischen den Problemen ihrer Schützlinge unterscheiden und daraus modifizierte Vorgehensweisen ableiten. Natürlich sehen die Drei, dass Hiobs Problem zunächst einmal vor allem in schwerster Trauer liegt. Darum ist ihnen zunächst klar: Ein Trauernder braucht wenig Ermahnung, wohl aber viel Trost! Insofern wählen sie ein Seelsorgerezept der eher untypischen Art: Wenn auch das Postulat der Ermutigung zum Glaubensgehorsam alle Seelsorgerichtungen dieser Art verbindet, so wird doch meist die Reihenfolge anders praktiziert: Erst das Warming Up, dann die Sündenerkenntnis und drittens, aus Bekenntnis und Absolution oder Lösung von Bindungen heraus, die ermutigende Erfahrung des Befreitseins in Verbindung mit ermutigendem Segen. Aber die drei Freunde haben guten Grund, in diesem Ausnahmefall auf den Zentralpunkt der Beichte zu verzichten. Sie gehen davon aus, dass Hiobs Statement „Der Herr hat's gegeben, der Herr hat's genommen" alles ist, was er dazu zu sagen hat, und dass er sich nicht „versündigen wird mit seinen Lippen". Aber als Hiob dann seiner Klage Worte gibt, gerät Elifas in einen Konflikt: Hiob hat sich nun eben *doch* versündigt. Das kann man doch nicht einfach so stehen lassen! Darum folgt zwar die Ermutigung der anfänglichen Wertschätzung und Empathie, aber sie vermischt sich so stark mit besserwisserischer Zurechtweisung, dass sie am Ende ganz auf der Strecke bleibt.

Vielleicht noch verbreiteter als die Anknüpfungs-Seelsorge, die so bald wie möglich zum „Eigentlichen" der Sünde vordringen möchte, sind die Spielarten der Ermutigungs-Seelsorge, die sich lieber nicht mit Schuld und Lüge beschäftigt, sondern darauf abzielt, so direkt wie möglich ein gutes Gefühl im Klienten zu erzeugen, weil ihm Liebes gesagt wird und Gutes widerfährt und er sich darum wieder freuen und dem lieben Vater im Himmel neu vertrauen kann. Diese Weise des Seelsorgeübens ist wohl nicht zuletzt darum so beliebt, weil sie dem spontanen Bedürfnis eines mitfühlenden Menschen entspricht, der einen anderen leiden sieht: Er möchte, dass es ihm besser geht, und er möchte am liebsten eine schnell wirksame und hocheffektive Methode dafür in Anwendung bringen können. Vielleicht ist dies einer der Hauptgründe für viele Christen, sich in Seelsorge ausbilden zu lassen.

In einer guten Ausbildung müssen sie dann aber lernen, dass es diese Methode nicht gibt und, wenn man sie doch erfinden würde, sie zweifelhaft wäre. Ermutigung geschieht viel seltener auf direktem als auf indirektem Weg. Ermutigend für einen depressiven Menschen ist es zum Beispiel, ohne Wenn und Aber mitsamt seinen düsteren Negativismen akzeptiert und ernstgenommen zu werden, selbst dann, wenn er es im Augenblick noch gar nicht als Ermutigung empfindet.

Ermutigend ist es sicher nicht, wenn der Pessimismus eines notleidenden Menschen mit optimistischen Alternativen zugedeckelt wird. Das versucht Elifas ein Stück weit, aber er muss damit scheitern. Hiob kann sich kaum von ihm ernst genommen fühlen, denn Elifas vollzieht offensichtlich nicht nach, wie es Hiob wirklich geht und was er braucht. Elifas möchte Hoffnung machen, wo keine Hoffnung ist. Seine Sprüche haben eine ähnliche Qualität wie die Ermunterungen an Todkranke, es werde schon bald wieder gut werden.

Elifas verwendet in seiner ersten Rede einen Ausdruck, der sich so nur an dieser Stelle im Alten Testament findet: „Er wird dich verbergen vor der Geißel der Zunge, dass du dich nicht fürchten musst, wenn Verderben kommt."[282] Man kann „Geißel" auch mit „Peitsche" übersetzen. Genau so erlebt Hiob die „Ermutigungen" seiner

---

[282] Hiob 5,21.

Freunde. Als sie immer noch nicht damit aufhören wollen, stöhnt er auf: „Wie lange plagt ihr doch meine Seele und peinigt mich mit Worten!"[283]

Dritte Zutat: Das Salz der Wahrheit

Elifas versalzt den Kuchen. Das ist wohl darauf zurückzuführen, dass die Freunde schon vor der ersten Klage Hiobs gewusst haben, was sie machen wollten, bis hin zu der Übereinkunft, ihm erst einmal Raum zu geben, um sich auszusprechen. Aber sie hatten nicht für ihr Programm vorgesehen, was Hiob nun wirklich sagen würde. Das ließ sie nach der Notbremse greifen. Das ließ den unterschwellig schon von Beginn an mitlaufenden Gedanken, etwas Okkultes könnte im Spiel sein, aller Psychotechnik gegenüber höchste Priorität erlangen. Elifas scheinen die Augen aufzugehen, und gewiss deutet er die Erkenntnis als göttliche Inspiration: Das Problem ist ja ein zutiefst *geistliches*! Hiob hat der Sünde die Tür geöffnet, er hat sich von Gott getrennt, er ist zum Übeltäter und Gotteslästerer geworden. Da darf man ihn natürlich nicht mehr mit Samthandschuhen behandeln. Da muss natürlich Klartext gesprochen werden. Niemals darf sich die Liebe mit der Lüge verbinden!

Doch diese scheinbare Erleuchtung verdunkelt nun alles. Nicht allein erfährt Hiob seinen Gott nur noch als Finsternis. Nun umgeben ihn auch noch die Freunde mit düster abweisenden Verdächtigungen und Beschuldigungen und enthalten ihm das Minimum menschlichen Erbarmens vor.[284] Jürgen Ebach resümiert: „Das endliche Scheitern der Dialoge zeichnet sich bereits nach dieser ersten Rede ab."[285]

---

[283] Hiob 19,2.

[284] K. Engljähringer, a.a.O., 48.

[285] J. Ebach, Streiten mit Gott 1, 66.

4.5.2. Hiobs Urteil: Ungenießbar!

Das ist der Glaube, der den schrecklichen Satz im Rücken hat: 'Antwort auf alle Fragen gibt uns dein Wort.' Dieser Glaube versteht alles, weiß alles, kann alles flink erklären und hat vor nichts Angst."

Ulrich Bach[286]

→   **Kapitel 6-7**

Hiob weiß selbst, dass seine Worte jetzt nicht auf die Goldwaage zu legen sind.[287] Nicht seine *Worte* sollen die Freunde wiegen, sondern seinen inneren *Zustand*! Wenn sie sich darauf einließen, wirklich mitzu*fühlen*, könnte Hiob Trost finden. Und nichts anderes als Trost *braucht* er jetzt. Belehrungen und Erklärungen helfen ihm nicht.

Hiob erlebt die gut gemeinte Rede des Elifas als unbarmherziges Tadeln.[288] Elifas *glaubt* Hiob nicht. Er nimmt das Ausmaß seiner Verzweiflung nicht wahr, er nimmt ihn nicht ganz für voll.

„Hiob", versucht er zu ermutigen, „du hast doch Ressourcen, auf die du zurückgreifen kannst. Du glaubst nicht richtig! Wenn du dich wirklich Gott zuwenden würdest, dann würdest du auch seine Hilfe erfahren. Mach nicht so ein Geschrei - das hast du doch nicht nötig. Sei fromm!"

Hiobs Problem besteht aber darin, dass er den Boden unter den Füßen sucht und *nicht* findet! Die Lage *ist* für ihn verzweifelt schlimm. Er geht *wirklich unter*. Er *hat* keinen Halt mehr. Er *hat* keine Kraft mehr, auf die er zurückgreifen kann, und er fühlt sich von Elifas und mit ihm bereits von allen Dreien darum verlassen, weil er das nicht verstehen will. Hiob fragt: Glaubt ihr denn wirklich, dass

---

[286] Ulrich Bach, *Kraft in leeren Händen: Die Bibel als Kursbuch* (Herder: Freiburg, Basel, Wien, 1983), 45.

[287] Hiob 6,3b.

[288] Hiob 6,14ff.

ich übertreibe?[289] Wollt ihr mir sagen, es sei nicht so schlimm?

Seine Analyse trifft genau: Euer erst so erquickend scheinendes Mitleid hat sich als trügerisch erwiesen. Es wir euch zu heiß![290] Sie kamen, um ihn zu erquicken, aber das hat sich als Fata Morgana erwiesen. Wie ein ausgetrocknetes Wadi sind sie für ihn. Auch darin erlebt Hiob die Freunde genau wie seinen Gott, aus dessen dauerhafter Abwesenheit er wie Jeremia schließen muss: „Du bist mir geworden wie ein trügerischer Born, der nicht mehr quellen will."[291]

„Weil ihr Schrecknisse seht, fürchet ihr euch."[292] Sie wollen sein Leiden nicht ertragen. Aber das verlangt er doch auch gar nicht von ihnen![293] Wenn sie es nicht aushalten können, dann sollen sie ihn doch bitte ganz einfach nur in Ruhe lassen. Werner Reiser findet klare Worte:

> *„Wenn sie ihm schon kein schmerzstillendes Mittel und nichts zum einmaligen Durchschlafen verabreichen können, sollen sie ihn wenigstens mit religiösen Spruchpillen und faden Theorien verschonen. Das ist auch eine Art, jemanden zu respektieren, indem man ihn in seiner Unruhe in Ruhe läßt."[294]*

Ihr Helferstolz würde eine Niederlage erleiden, wenn sie weiter sprachlos bei ihm sitzen blieben und nur seufzen könnten: „Das ist uns zu schwer. Das tragen wir nicht. Das macht uns völlig hilflos." Aber genau darin läge für

---

[289] Hiob 6,6f.

[290] Hiob 6,15-20.

[291] Jer 15,18.

[292] Hiob 6,21

[293] Hiob 6,22f.

[294] W. Reiser, a.a.O., 58f.

Hiob der Trost: Er wäre nicht mehr ganz allein in seinem Leiden.

Elifas „wagt es nicht, sich den Erfahrungen des Schreckens zu öffnen und als Erschrockener mit Hiob zusammen weiter zu erschrecken."[295] Würde er es zulassen, dann könnten sie „die Erschütterung miteinander durchfühlen, durcherleben und durchleiden".[296] Dann wäre er Hiob nah. Das wäre tröstlich für sie beide. Aber Hiobs Freunde haben die überlegene fromm-seelsorgerliche Helfertour gewählt. Sie lassen ihre geistlichen Muskeln spielen. Sie schießen sich darauf ein, Hiobs „Sünden" aufzudecken und ihn auf den rechten Weg zu bringen. Hiob ist tief enttäuscht und fühlt sich mehr und mehr alleingelassen. Er fleht sie geradezu an, dies nicht zu tun, sondern zu dem anfänglichen hilflos-schweigenden Mitgefühl zurückzukehren.[297] Er bittet sie: Kehrt um! Das bedeutet, dass sie nicht mehr *gegen* ihn sind, sondern *mit* ihm.

Es mag ja alles irgendwo richtig sein, was sie sagen, und doch ist es alles so falsch. Es hilft ihm nicht. Es beschwert ihn nur noch mehr. Und es raubt ihm den letzten Nerv. Mit ihren dogmatischen Richtigkeiten tragen sie Eulen nach Athen - was sie wissen, weiß Hiob schon lang - und sie gehen völlig am tatsächlichen Problem vorbei, das ihnen so nah auf den Leib gerückt ist, dass sie es nicht mehr ertragen wollen: Hiob leidet! Er kann nicht mehr! Sie wollen einen Gelähmten das Gehen lehren, einem Verstummten das Singen. Sie weigern sich, den Tatsachen ins Auge zu sehen. Sie sind wie Hiob und mit ihm ganz hilflos, aber weder machen sie es sich bewusst noch lassen sie es zu.

---

[295] Ebd., 46.

[296] Ebd.

[297] Hiob 6,29.

4.5.3. Das falsche innere „Muss"

„Die Helfer suchen Sicherheit darin,
dass sie stärker, vitaler sind als ihre Schützlinge."
Wolfgang Schmidbauer[298]

Elifas will Hiob "abholen", er will gewinnend sprechen.
Er versetzt sich ein wenig in seine Lage: „Vielleicht hast
du´s nicht gern, wenn man versucht mit dir zu reden".[299]
So ist es - wenn er dieser intuitiven Wahrnehmung doch
nur Gehör schenken wollte! Doch er übergeht sie. Er lässt
sie sofort hinter sich und *verlässt* damit auch Hiob, um
sich gegen ihn zustellen. Sogleich folgt ein bedeutungs-
schweres „Aber".[300]

Die Botschaft für Hiob in diesem „Aber" lautet: "Mir
reicht es jetzt, ich habe genug mit dir geschwiegen und
zugehört. Ich akzeptiere das nicht mehr. Jetzt bin *ich*
dran. Ich mag dein Reden nicht mehr hören - ich mag
dein Leiden nicht mehr tragen. Bessere dich - leide nicht
so schrecklich! Du wirst mir unerträglich. Besinne dich
jetzt endlich einmal!"

Elifas meint, Hiob etwas beibringen zu müssen. Er
nimmt die Rolle des Erziehers ein. Er verlässt seinen
Platz auf der gleichen Ebene mit Hiob und erhebt sich
über ihn. Er meint, es jetzt wirklich besser zu wissen und
dass jetzt unbedingt heraus müsse, was er denkt. Dieses
ungeduldige Drängen, diese Unruhe weist deutlich darauf hin, dass er sich bereits vorher innerlich ziemlich
weit von Hiob entfernt hat. Er hat nicht wirklich gehört.
Er ist nervös geworden und hat sich zunehmend gegen

---

[298] Wolfgang Schmidbauer, *Helfersyndrom und Burnout-Gefahr*, Zeichnungen v. T. Braun (Urban & Fischer: München, Jena, 2002), 6, zur Cha-
rakterisierung des Helfersyndroms. Der Psychoanalytiker Schmidbauer
hat den Begriff des „Helfersyndroms" geprägt und das Phänomen ein-
gehend beschrieben.

[299] Hiob 4,2.

[300] Hiob 4,2b.

Hiobs Mitteilung gewehrt. Elifas steht offenbar sehr unter Druck. Nicht Hiob macht ihm diesen Druck. Er selbst ist es mit seinem überzogenen Vorbildlichkeits- und Helferanspruch.

Es ist ihr *Helfersyndrom:* Sie meinen helfen zu *müssen,* unbedingt - und sie scheinen sich von vornherein kompetent dafür zu fühlen. Aber sie haben kein Mandat dazu - Hiob hat sie nicht dafür beauftragt. Hiob erwartet von den Freunden weder Therapie noch Rat. Er erwartet, dass sie mit ihm aushalten - besser: mit ihm *nicht* aushalten können - unter der Last des Leidens und der offenen Fragen. Hiob *wäre* geholfen, wenn sie zugeben könnten, dass es ihnen zuviel wird. Dann ginge es ihnen ja ein wenig wie ihm selbst! Aber sie müssen stark tun. Sie müssen den seelsorgerlichen Erfolg erzwingen. Und so üben sie seelsorgerlichen Druck auf Hiob aus. Es muss doch etwas geschehen! Es muss sich doch etwas verändern!

Je mehr wir uns davon befreien können, als die Helfer kommen zu müssen, desto leichter kann es uns fallen, auch Menschen aufzusuchen, die uns nichts Sinnvolles sagen können oder nicht mehr sprechen können. Hier bekommt das Faktum des Nur-Daseins ein besonderes Gewicht. Wir müssen die rekordverdächtigen sieben Tage der Hiobsfreunde nicht zum Vorbild nehmen. Wir müssen keine langen Schweigebesuche veranstalten. Wir *sind* dagewesen - und entscheidend ist, *wie* wir dagewesen sind. Fand denn eine Begegnung statt? Konnte dieser Mensch etwas davon spüren, dass er nicht in die Isolation verbannt ist, sondern in die Gemeinschaft der Redefähigen integriert?

Wir können darauf verzichten, uns selbst Druck zu machen. Wir müssen gar nichts. Wenn es uns zu viel wird, dürfen wir auch wieder gehen, es sei denn, dass die Situation das Bleiben verlangt. Der andere wird Verständnis für die Grenzen unserer Kraft und Zeit haben.

4.5.4. Geistlicher Missbrauch

Wenn ich mich auch mit Schneewasser wüsche
und reinigte meine Hände mit Lauge,
so wirst du mich doch eintauchen in die Grube,
dass sich meine Kleider vor mir ekeln.
Hiob 9,30f

Elifas deutet seine drängende Unruhe als ein Muss zum
Reden, als Impuls des Heiligen Geistes, als Zeichen für
den rechten Zeitpunkt Gottes. Von Hiob wird sie jedoch
als das verstanden, was sie wirklich ist: Drängende Unruhe eben, weil sein Gesprächspartner ihn unerträglich findet. Dieses Drängende bedrängt Hiob sehr. Es macht die
Last *noch* schwerer.

Elifas scheint ein spiritueller Menschen zu sein, der
sorgsam auf auf Zeichen und Impulse des Heiligen Geistes achtet.[301] Viele Seelsorger sehen darin das A und O ihres Dienstes. Sie begründen ihr seelsorgerliches Reden
und Handeln damit, dass sie solche Hinweise empfangen
haben. Ihre Pflicht, so meinen sie, sei es, diesen Impulsen
unbedingt zu gehorchen, auch und gerade, wenn sie dem
anderen etwas Unangenehmes zu sagen hätten. Sich in
den anderen hineinzuversetzen halten sie für nicht un-
wichtig, aber doch zweitrangig. Sie befürchten sogar,
dass man durch zu viel Empathie den Selbstbetrug des
Gegenübers bestätigen könnte. Im Einzelfall mag das zutreffen, nicht aber in der Regel. Tatsächlich ist diese Einstellung aber eine Hauptwurzel des geistlichen Missbrauchs.

Das Seelsorgeverhalten der Freunde Hiobs weist eine
ganze Reihe von Merkmalen geistlichen Missbrauchs auf:

▸ Sie nehmen unhinterfragbar und verbindlich Gehorsam verlangend die Autorität des Heiligen Geistes
für sich in Anspruch. In Namen Gottes reden sie!

---

[301] Hiob 4,12ff.

Was sie sagen, wurde ihnen persönlich vom Geist Gottes offenbart.

▸ Ihre Theologie besteht aus einem engen, starren, lückenlosen System, in dem es auf alles eine Antwort gibt. Sie verknüpfen einen Absolutheitsanspruch mit diesem System.

▸ Sie übernehmen nie ernsthaft die Perspektive des Betroffenen. Sie meinen, auf jeden Fall besser als er zu wissen, was ihm gut tut. Es gibt für sie keinen Zweifel, dass er weniger erleuchtet ist als sie selbst.

▸ Aus dieser Warte heraus bearbeiten sie ihr Opfer systematisch und suggestiv.

▸ Vor allem üben sie Druck aus. Sie drohen, urteilen und unterstellen Böses.

▸ Sie verzichten auf klar nachvollziehbare, informativ und ohne Druck vermittelte Angaben über einzelne Fehler im Verhalten ihres Opfers. Dadurch erzeugen sie ein dumpfes, unklares Schuldgefühl bei ihm. Das Opfer hat den Eindruck, nicht in Ordnung sein zu können, wenn es nicht ihrer seelsorgerlichen Weisung folgt. Es traut sich selbst nicht mehr, bis hin zum Selbsthass.

Der Heilige Geist ist ein erbarmungsvoller Helfer. Noch bevor wir uns nur dem anderen verstehend annähern, hat er sich schon vollkommen in ihn eingefühlt. Und er möchte, dass wir ihm zuerst darin folgen, bevor wir unsere vermeintlichen geistlichen Erkenntnisse loswerden. Wenn wir beginnen, den anderen wirklich zu verstehen, aus seiner eigenen Perspektive heraus, stellt sich uns vieles ganz anders dar, was vorher so einfach und klar erschien. Wir fangen an, uns der mitgebrachten Vorurteile zu schämen. Wir halten unseren Mund und hören weiter zu. Und dann sagen wir vielleicht auch etwas, als Mitbetroffene. Aus dem Verständnis heraus. Das erst wird dem anderen helfen.

4.5.5. Die Traditionalisten

„Im Urteil der damaligen Theologie
erschienen Hiobs Aussagen
weit vom rechten Standpunkt entfernt."
Oswald Chambers[302]

Bildad

„'Was ich sage, sagt Gott.'
Und genau das ist die Essenz religiöser Tyrannei."
Oswald Chambers[303]

→ **Kapitel 8**

Elifas hat den Anfang gemacht, Bildad fügt sich nahtlos
an. Das Teamwork funktioniert. Er sieht ganz richtig, was
durch Hiobs Klage erschüttert wird und bemüht sich deshalb, gerade diesen Punkt zu sichern: die Autorität der
Tradition.

> *„Denn frage die früheren Geschlechter und merke auf
> das, was ihre Väter erforscht haben, denn wir sind von
> gestern her und wissen nichts; unsere Tage sind ein
> Schatten auf Erden. Sie werden dich's lehren und dir sa-
> gen und ihre Rede aus ihrem Herzen hervorbringen".*[304]

Bildad disqualifiziert damit Hiobs Theologiekritik, die
aus seiner eigenen existenziellen Krisenerfahrung resul-
tiert, als Hirngespinst: Er weiß nichts, seine Gegenwart
ist schattenhaft; klare Konturen und Sinn erhält die Lebensrealität nur aus der Vergangenheit: „wir sind von
gestern her". Daraus folgt zwingend die relativierende

---

[302] O. Chambers, a.a.O., 52.

[303] Ebd., 59.

[304] Hiob 8,8-10.

Abschmetterung der Äußerungen Hiobs:[305] Auch er
nimmt Hiob nicht ernst. Würde Hiob auf die Väter hören,
dann könnte er nicht so reden. Was Hiob da erfährt, ist ja
gar nicht neu. Das kannten die Väter alles auch und sie,
die Glaubenshelden der Vorzeit, wussten genau, wie man
mit solchen Anfechtungen umgeht. Hiob tut so, als würde er eine völlig neue Dimension der Gotteserfahrung erleben, die der herkömmlichen Theologie des Tun-Erge-
hen-Zusammenhangs das Fundament entzöge. Aber das
ist natürlich völlig übertrieben. Hiob lässt sich viel zu
sehr von der augenblicklichen Erfahrung beeindrucken.
Würde er auf die größeren geschichtlichen Zusammenhänge achten, würde er sich nur einmal von den Vätern
belehren lassen, dann könnte er sein Leid sehr wohl ein-
ordnen und darum auch tapfer annehmen. „Nun es aber
an dich kommt, wirst du weich, und nun es dich trifft, er-
schrickst du!" hat schon Elifas behauptet.[306] Bildad
schlägt noch tiefer in dieselbe Kerbe.

Bildad entzieht sich der persönlichen Betroffenheit, indem er Allgemeinplätze diskutiert, die von Hiob gar
nicht thematisiert wurden. Er hält eine Predigt über Richtigkeiten, während Hiob unsäglich leidet.

Weil die Weisheit bei den Vätern liegt, kann Hiob
nach Bildads Logik nur irren, wenn er nicht den Vätern
folgt. Daraus leitet Bildad das Recht ab, „Hiobs Anklage
gegen Gott mit aller Schärfe zurückzuweisen und Hiob

---

[305] „Die Freunde berufen sich auf das Wissen der Väter und damit auf
das Überlieferte. So dient ihnen der Hinweis auf die Vergänglichkeit
des Menschen dazu, der jetzt lebenden Generation - auf Grund ihres
Charakters als Eintagsfliegen sozusagen - keine Erkenntnis zuzuerken-
nen. Die eigene Anschauung [...] erhält erst dann Gewicht, wenn sie
die Tradition bestätigt [...]. Spiegelbildlich argumentiert Hiob. Er beharrt auf der umstürzenden Dynamik der eigenen Erfahrung, auch und
gerade wenn sie gegen die Tradition steht. In den Augen der Freunde
zeigt sich darin das Wissen des Frevlers."" J. v. Oorschot, a.a.O., 209.
[306] Hiob 4,5.

auf den richtigen Weg zu bringen."[307] Und darum muss
sich aus Bildads Sicht Hiobs Leid auch in das theologische System der Väter einpassen lassen. Darum muss es
den Tun-Ergehen-Zusammenhang geben. Und wenn das
verborgene Böse nicht bei ihm selbst liegt, dann eben andernorts in seiner Familie, etwa bei seinen Kindern. Für
Traditionalisten liegt es immer nah, gegenwärtige Kon-
flikte der gottlosen Jugend anzulasten.

Der Traditionalismus ist eine „sichere Burg und Feste"
für überdurchschnittlich sicherheitsbedürftige Menschen,
deren Grundangst die Verunsicherung ist, die zum Kon-
trollverlust führen könnte. Die Stärke des Traditionalismus liegt darin, dass er besser als der Progressivismus
auf Fakten zurückgreifen kann. Seine Theorien sind in
die Bücher eingegangen und die Zeugen ihrer prakti-
schen Umsetzung haben Geschichte geschrieben. Aber
die geschlossene Überzeugungskraft der geschichtlichen
Autorität gewinnt der Traditionalismus nur durch die se-
lektive Bewertung der geschichtlichen Ereignisse. Er
kann sich nur legitimieren, wenn er die geschichtlichen
Ereignisse seinen eigenen Maximen gemäß bewertend
auswählt und deutet. Er wird dabei immer geflissentlich
verschweigen, dass es auch andere Erfahrungen und
Sichtweisen gab, oder er wird solche Protagonisten als
Musterexemplare der Entgleisung an den Pranger stellen.
Besonders leicht fällt ihm das, wenn ihm über viele Gene-
rationen hinweg die Bahn bereitet wurde, indem seine
Väter der Machtelite angehörten. Dann waren sie in der
Lage, willkürlich alles aus dem Weg zu räumen, das ihre
Ansicht nicht bestätigte und ihr glorreiches Bild getrübt
hätte.

Das Problem des Traditionalismus ist nicht, dass alles
falsch ist, was er behauptet. Ganz im Gegenteil![308] Aber

---

[307] J. Ebach, Streiten mit Gott 1, 84f.

[308] Auch Bildad sagt viel Richtiges.

das Problem besteht darin, dass er sich verabsolutiert. Neuem gegenüber gibt er sich tolerant, sofern er es zur Bestätigung des Althergebrachten verwenden kann. Das stärkt ihn ja nur. Wenn der neue Wein aber auch neue Schläuche fordert, deklariert der Traditionalismus ihn als Gift. Der Traditionalismus ist grundsätzlich veränderungsresistent. Darum können sich Reformatoren stets nur unter heftigsten Widerständen durchsetzen. Der Traditionalismus versucht zuerst, sie als ketzerische Teufelsagenten brandzumarken und auszuschalten. Es bedarf großer Geduld, starker Überzeugung, nachhaltiger Unerschrockenheit und eines enormen Leidensdruckes, um eine reformatorische Gegenbewegung durchzuhalten. In Hiob findet sich diese Kraft. Das ist Hiobs sprichwörtliche Geduld.[309]

Zofar

„Zophar hält seine Argumentation für so plausibel, 'daß auch der Dümmste diesen Zusammenhang begreifen muß".
Tobias Mickel[310]

→ **Kapitel 11**

Zofars erster Beitrag fügt sich wiederum nahtlos den Predigten der Vorredner an: „Die erste Rede Zofars ähnelt in Aufbau und Inhalt den beiden vorausgegangenen Freundesreden", erklärt Jürgen Ebach. „In der Abfolge von Schelte, Belehrung, Ratschlag und Ausmalung des zukünftigen Glücks für Hiob, wenn er Belehrung und Rat annehme, gleicht sie insbesondere der Bildadrede".[311]

Mit Zofars beleidigendem Redebeginn wird der erste Höhepunkt der Lieblosigkeit erreicht: Hiob fehle es an Ehrfurcht Gott gegenüber - er solle nicht so viele Worte

[309] Hiob 5,11.
[310] T. Mickel, a.a.O., 60.
[311] J. Ebach, Streiten mit Gott 1, 103.

machen, sein Klagen sei Geschwätz.[312] Beuge dich stattdessen, Hiob, Gott kennt dein Herz, und wenn du dich
auch für gerecht hältst, hat er doch tausend gute Gründe,
dich so zu strafen.[313] Bitte ihn, dass er dir den wahren Zustand deines Herzens zeigt, die Abgründe, die sich da
auftun.[314] Dann wirst demütig werden, und wenn du innerlich zerbrochen bist, kann er dich neu aufrichten. Tu
wenigstens das Deine dazu und wende dich ihm aufrichtig zu; irgendwo sitzt die Schuld, die du zu bekennen
hast, tu das, dann bist du auf dem richtigen Weg und
dann wird auch Weiteres sich klären;[315] du wirst lauter
sein vor Gott. Und dann wird er sich dir auch wieder zuwenden und dein Unglück in Segen verwandeln, jedenfalls kommst du, wenn auch vielleicht als weiterhin Leidender, innerlich zur Ruhe, du wirst Hoffnung und Frieden finden,[316] man wird wieder zu dir aufsehen als zu einem im Glauben geprüften und bewährten Mann, und so
wird dein Leiden jetzt allemal seinen Sinn erhalten, im
Gegensatz zu Leiden der Gottlosen.[317] Beuge dich - de-
mütige dich - trage standhaft - glaube seiner Güte - gehe
in dich - schau nicht auf dein Recht, sondern auf deine
Schuld.

Eine Aufreihung von platten Richtigkeiten. Und warum gibt er sie von sich? Weil er hochgradig ungeduldig
ist. Zofar versetzt sich keineswegs in Hiobs wirkliche Lage. „Bloß das nicht", denkt er wohl sogar, „denn dann
zieht mich der ganze Trübsinn vielleicht mit ins Loch,
und dann sitze ich am Ende auch so rat- und hilflos da
wie er. Wie soll ich noch helfen können, wenn ich den

---

[312] Hiob 11,2.

[313] Hiob 11,6b.

[314] Hiob 11,4ff.

[315] Hiob 11,13-15.

[316] Hiob 11,15ff.

[317] Hiob 11,19f.

Abstand verliere?" Er will stark und überlegen bleiben. Er will nicht zu viel mit-leiden müssen. Ist *er* nicht der Helfer? Helfer müssen etwas ändern! Hiob, ein „Schwätzer", sagt der Schwätzer Zofar. Und einer wie er wird solch vernichtendes Urteil „harte Liebe" nennen. Irgendjemand muss diesem armen Verirrten doch mal die Wahrheit sagen! Doch tatsächlich ist es Zofar selbst, der sich der gegen die Wahrheit sperrt, gegen die Wahrheit dieses Leidens.

Zofar repräsentiert den Traditionalismus in seiner Endgestalt. Den geheiligten Autoritäten der Vergangenheit ordnet er sich so vollständig unter, dass kein Raum für eigene Meinung oder gar Überzeugung mehr bleibt. Er kann darauf verzichten, er hat ja seine Autoritäten, die sagen ihm, was gilt. Zofar nennt das wahrscheinlich „Gehorsam gegen Gottes Wort" und „kindliches Vertrauen" und findet sich sehr gut und vorbildlich dabei. Darum kommt er auch selbst in seiner Rede gar nicht vor.

In seiner Endgestalt besteht der Traditionalismus nur noch aus rechthaberischen Basta-Argumenten, die dementsprechend in plakativer Bildzeitungsmanier vermittelt werden. Seine Protagonisten müssen sich nicht einmal mehr ihrer geschichtlichen Herkunft bewusst sein, denn das würde ja bedeuten, dass sie so etwas wie einen Rechtfertigungsbedarf hätten. Sie haben die Wahrheit gepachtet. Theologische Begründungen oder gar seriöse Wissenschaftlichkeit interessieren nicht. Zofar sagt: „Mach' es doch nicht kompliziert, wo doch alles so einfach ist! Lies in der Bibel! Da steht alles klipp und klar. Lass dich doch nicht verwirren! Wenn du die Bibel hast, brauchst du keine Weisheit sonst. Es gibt auch keine sonst! Und darum brauchst du auch keine weiteren Bücher. Höchstens wirklich bibeltreue Bücher, die dir noch besser verständlich machen, was die Bibel sagt, vom Heiligen Geist inspirierte Bücher also. Und ganz klare biblische Erbauungsschriften wie meine!"

In der Seelsorgeszene unserer Tage tritt Zofar bei-
spielsweise dort in Erscheinung, wo man auf den wissen-
schaftlichen Diskurs in Theologie und Humanwissen-
schaften gänzlich verzichten zu können glaubt, da man ja
die Bibel habe, oder wissenschaftliche Aussagen lediglich
eklektisch zur Untermauerung der „biblischen" Wahrheiten wie zur Abwehr des „Unbiblischen" verwendet.

Der Seelsorger des Zofartyps geht so selbstverständlich von der Allgemeingültigkeit seiner Weisheiten aus,
weil er die gewohnten Antworten aus der Bibel für alles
mit dem „gesunden Menschenverstand" identifiziert.[318]
Er ist der Meinung, dass ein Mensch, der seine Weisheit
nicht aus der Bibel bezieht oder Anleihen außerhalb der
Bibel dafür nimmt, weniger über gesunden Menschenverstand verfügt als er selbst, weil sein Biblizismus der Beweis für die Erleuchtung des Verstands durch den Heiligen Geist sei. Daraus kann er geradezu eine Allrounder-
Kompetenz ableiten, die sich selbst auf Bereiche erstreckt,
über die nur schwerlich Informationen aus der Bibel zu
gewinnen sind. Denn er geht (kindlich vertrauend) davon
aus, als biblisch Erleuchteter überall dazu prädestiniert
zu sein, eine größere Leuchte als die andern zu sein,
wenn sich das aber nicht bewahrheitet, tröstet er sich damit, dass Gott den guten Grund dafür hatte, ihm die eine
Erleuchtung zu versagen, um ihn andernorts um so heller
erstrahlen zu lassen.

„Bildad und Elifas geben nicht zu, daß sie sich irren
könnten", stellt Oswald Chambers fest[319] - für Zofar gilt
das erst recht. Diese Selbstanmaßung wird in der real
existierenden Seelsorge häufig in das Dogma von der Irrtumslosigkeit der Bibel gepackt. Aber was ist „Irrtumslosigkeit der Bibel?" Nichts anderes als Irrtumslosigkeit gewisser Auslegungen. Denn keinem Menschen ist es mög-

---

[318] Zofar „steht für den Appell an die konventionellen Weisheiten und
den gesunden Menschenverstand." R. Rohr, a.a.O., 93.

[319] O. Chambers, a.a.O., 40.

lich, die Texte der Bibel anders als durch eine Brille der Auslegung zu betrachten. Jede Auslegung ist aber abhängig von den subjektiv menschlichen Fähigkeiten des Erkennens. Auch wenn man den Heiligen Geist erbittet und dafür in Anspruch nimmt, lässt sich dadurch der Wahrheitsanspruch eigener Auslegung nicht verbürgen. Ein anderer tut dasselbe und legt den Text anders aus. Man wird vielmehr annehmen dürfen, dass die Wahrscheinlichkeit, das spirituell Authentische im Text zu finden, mit der Bescheidenheit des Auslegers zunimmt. Wer hingegen das Dogma der Irrtumslosigkeit der Heiligen Schrift mit besonderem Nachdruck der eigenen Auslegung voran setzt, erweckt leicht den Eindruck, nicht die Schrift, sondern die Auslegung damit zu meinen. Beim Traditionalisten des Zofartyps bestätigt sich das durch mitunter peinlich simplifizierende Arroganz.

Hiobs Antwort

> Aber ihr seid Lügentüncher und seid alle unnütze Ärzte.
> Wollte Gott, dass ihr geschwiegen hättet,
> so wäret ihr weise geblieben.
> Hiob 13,4f

➔ **Kapitel 12-14**

Bereits am Ende des ersten Durchgangs kann der Gegensatz der Positionen nicht krasser sein. Die Freunde werfen Hiob vor, ein durchtriebener Heuchler und egozentrischer Gottesverächter zu sein, während sie selbst nichts als die reine biblische Wahrheit vertreten. Aber für Hiob haben sie sich als Menschen entpuppt, die „mit Lügen etwas zu verkleistern" haben.[320] Ihr Gerede ist so hohl, dass es auf jeden Fall besser gewesen wäre, wenn sie gar nichts gesagt hätten. „Was ihr zu bedenken gebt, sind

---

[320] J. Ebach, Streiten mit Gott 1, 119.

Sprüche aus Asche", hält er ihnen vor.[321] Ebach übersetzt „Sprüche für den Schutthaufen" und findet darin einen „zynischen Nebensinn", weil „der hier redende Hiob auf einem ebensolchen Schutthaufen sitzt".[322]

Die Auseinandersetzung hat sich bereits sehr weit aufgeschaukelt. Hiob ist „mit den Freunden fertig."[323] Er grenzt sich hier schon völlig von ihnen ab. Sein Ton hat sich verschärft, er klingt noch selbstbewusster. Hiob liegt nicht mehr völlig niedergedrückt am Boden. Er hat sich wieder aufgerichtet. Er hat ein Stück weit Abstand gefunden zu dem, was ihn bedrängt. Ganz überlegen ruhig und sachlich kann er nicht bleiben, nicht bei diesem Zustand, nicht bei diesen überaus kränkenden verbalen Attacken. Darum wehrt er sich mit scharfer Ironie: „Ja, ihr seid die Leute, mit euch wird die Weisheit sterben!"[324] Optimal ist das nicht, aber kann es unter solchen Umständen ein kommunikatives Optimum geben? Menschlich ist es jedenfalls, nicht aber maßlos. Hiob verschafft sich Luft und Abstand dadurch. Er sieht jetzt seine Freunde, wahrscheinlich mehr denn je, aus gesunder kritischer Distanz und distanziert sich dadurch auch von der eigenen Prägung.

Das beschäftigt Hiob: Wie es ihm immer schlechter geht, wie es immer enger, immer dunkler wird, wie sich nirgendwo ein Licht zeigt, ein Zeichen der Hoffnung und Liebe, irgendetwas, das ihn trösten könnte. Er schreit nach Trost und erhält Belehrungen, die ihm kein bisschen Neues bringen. Und er hat doch den Tod vor Augen! Er sieht nur noch ein schreckliches Ende vor sich - zertreten zu werden wie eine Motte, nur viel langsamer - das ist

---

[321] Hiob 13,12.

[322] J. Ebach, Streiten mit Gott 1, 121, vgl. Hiob 2,8.

[323] J. Ebach, Streiten mit Gott 1, 121.

[324] Hiob 12,2.

seine ganze elende Existenz.[325] Die Freunde haben so gut reden - es *geht* ihnen ja gut. Aber Hiob bekommt keine Luft mehr, ihm geht es wie einem Schiffbrüchigen im aufgepeitschten Meer, der mit letzter Kraft kämpft, über Wasser zu bleiben, von gierigen Haien umgeben, er ist in Angst wie einer, der langsam erdrosselt wird. Es geht um Leben und Tod - und seine Freunde stehen dabei, geben gute Ratschläge und nennen das, was er tief aus der Angst zu ihnen sagt, Geschwätz.

Dass ihre Reden von Richtigkeiten durchwoben sind, die in einer geruhsamen theologischen Erörterung mit Respekt und Ernst betrachtet werden dürften, kann ihn jetzt nicht interessieren. Denn all diese Richtigkeiten stimmen nicht in diesem Zusammenhang. Die Freunde instrumentalisieren sie. Das heißt: Sie missbrauchen sie als Instrumente im Dienst der eigenen Unwahrhaftigkeit, um rechthaberisch über Hiob zu triumphieren.

4.6. Eskalation
Brechstange statt Taktgefühl

„Die verpaßte Menschlichkeit schlägt jetzt um in Unmenschlichkeit. [...] Sie fallen über die bitteren Worte eines Verbitterten her, analysieren sie, stellen mit exakten Argumenten richtig, sie feilschen um Bemerkungen."
Werner Reiser[326]

➔ **Lies Kapitel 15-21!**

Die Rücksicht der Freunde dem schwer leidenden Hiob gegenüber lässt immer mehr nach. Das merkt man schon daran, wie sie ihre Reden beginnen:

---

[325] Hiob 13,15.
[326] W. Reiser, a.a.o., 57.

1. Rede Elifas	4,2	„Du hast's vielleicht nicht gern, wenn man versucht, mit dir zu reden, aber..."
1. Rede Bildad	8,2	„Wie lange willst du so reden und sollen die Reden deines Mundes so ungestüm daherfahren?"
1. Rede Zofar	11,2f	„Muss langes Gerede ohne Antwort bleiben? Muss denn ein Schwätzer immer recht haben? Müssen Männer zu deinem leeren Gerede schweigen, dass du spottest und niemand dich beschämt?"

Der anfangs moderate Elifas ist nun, da es in die zweite Runde des konfrontativen Gesprächs geht, auch richtig in Fahrt gekommen. Sein Urteil über Hiob steht fest - sein Vorurteil hat sich verfestigt. Er sieht sich „ganz klar" vom Heiligen Geist darin bestätigt, Hiob schonungslos die ganze Wahrheit sagen zu müssen. Darin scheint die letzte Chance zu bestehen, doch noch rettenden Einfluss auf ihn nehmen zu können.

| 2. Rede Elifas | 15,2-6 | „Soll ein weiser Mann so aufgeblasene Worte reden und seinen Bauch so blähen mit leeren Reden? Du verantwortest dich mit Worten, die nichts taugen, und dein Reden ist nichts nütze. Du selbst zerstörst die Gottesfurcht und raubst dir die Andacht vor Gott. Denn deine Schuld lehrt deinen Mund, und du hast erwählt eine listige Zunge. Dein Mund verdammt dich und nicht ich, deine Lippen zeugen gegen dich." |

Das Bild der Spirale für das Fortschreiten des konfrontativen Gesprächs in den Kapiteln 15 bis 27 scheint sich besonders gut zu eignen, weil es veranschaulicht, dass sich die Argumentation einerseits im Kreis bewegt, andererseits aber auch immer maßloser und härter wird. Es ist ziemlich dieselbe argumentative Kreisbewegung, aber sie wird noch aggressiver vollzogen und verletzt noch tiefer. Die Freunde Hiobs erweisen sich als beinharte Doktrinäre,[327] die unbedingt ihre Sichtweise durchsetzen müssen, koste es, was es wolle. Hiob wiederum weiß sich nicht mehr anders zu helfen, als „mit Worten der Verachtung gegen seine Verächter" nicht zu sparen.[328]

Wenn sich Seelsorgegespräche im Kreis drehen, ist das meist mit latent wachsender Aggression verbunden. Oft versucht in solchen Fällen der Seelsorger in immer neuen Anläufen, doch noch irgendein positives Resultat nach seiner Vorstellung zu erzwingen. Aber der gesunde Spannungsbogen ist längst überschritten und das Fortfahren kostet nur noch Mühe. Am Ende fühlen sich beide, Seelsorger und Klient, ausgelaugt und unzufrieden.

Elifas nimmt in dieser zweiten Runde von Bildad und Zofar deren Hauptthema „Tradition" auf: „Ich will dir's zeigen, höre mir zu, und ich will dir erzählen, was ich gesehen habe, was die Weisen gesagt und ihre Väter ihnen nicht verborgen haben".[329] Die Devise des nächsten Anlaufs der Drei besteht darin, sich argumentativ noch fester auf der sichere Zinne des überlieferten Dogmas zu zu verschanzen, um von dort aus um so schonungsloser Hiob mit Vorwürfen zu beschießen. Elifas ist mittlerweile völlig davon überzeugt, dass Hiob nicht nur in der *Gefahr* steht, ein Frevler zu werden, und dass man ihn deswegen mit dem Drohbild des Frevlerschickals warnen muss, sondern dass er definitiv ein Frevler *ist*. „Dein Mund verdammt dich und nicht ich, deine Lippen zeugen gegen dich."[330] Das wiederum nimmt nun Bildad wieder in seine zweite Rede auf.[331] „Das Geschick des Frevlers dient

---

[327] An der Dynamik dieser Reden „wird deutlich, wie der Anspruch unbedingter Gültigkeit einer theoretischen Konzeption die Wahrnehmmung von Mensch und Wirklichkeit mehr und mehr beeinträchtigt, und zunehmende Härte verlangt." K. Engljähringer, a.a.O., 74.

[328] M. Susman, a.a.O., 64.

[329] Hiob 15,17f.

[330] Hiob 15,6.

[331] Hiob 18.

nicht mehr als *Gegenbild* zu dem, das Hiob sich erhoffen darf, sondern ist zum *Modell* für Hiob selbst geworden."[332]

Damit hat die Eskalation den Höhepunkt erreicht. Die Freunde verstehen sich nicht mehr als Freunde, sie haben sich völlig gegen Hiob gewandt. Sie meinen ihn nun vollends durchschaut zu haben. Sie lassen ihn fallen. Hiobs vehementes Ringen um ihr Verständnis ist gänzlich gescheitert.

Das alles drückt Hiob natürlich noch tiefer in Einsamkeit und Verzweiflung. In seiner zweiten Antwort an Elifas scheint ihm alle Hoffnung zu entgleiten.[333] „Diese Rede Hiobs läßt von ihrem Ende her keine Hoffnung auf Wiederherstellung erkennen", urteilt Ebach. „Annäherungsweise könnte man sagen: In der Theorie beharrt Hiob auf seinem Recht, in der Praxis erwartet er nichts mehr für sein Leben."[334]

Hiobs soziales Netz ist völlig zerrissen. Das verletzende Gerede seiner Freunde erfährt er „als Qual für seine Seele. [...] Die Worte sind ihm Schläge, die ihn zermalmen, zerdrücken (wie eine Motte, vgl. 4,19), die auf ihn dreinhauen [...], die ihn zerschlagen [...]. Immer wieder, in einem fort [...] beschämen sie Hiob, ohne sich selbst zu schämen."[335] Aber nicht nur diese geistlichen Vertrauten wenden sich von ihm ab und gegen ihn, sondern er ist auch „von Verwandten, Freunden, Schutzbefohlenen und Untergebenen verlassen."[336]

Danach tritt ein zweites und letztes Mal Zofar auf den Plan.[337] Wie schon zuvor nimmt er auch jetzt die Argu-

---

[332] J. Ebach, Streiten mit Gott 1, 146.

[333] Hiob 16-17.

[334] J. Ebach, Streiten mit Gott 1, 144.

[335] Ebd., 153.

[336] Hiob 19,13-20. J. Ebach, Streiten mit Gott 1, 156.

[337] Hiob 20.

mente der Vorredner auf und überzeichnet sie plakativ. So wird seine Predigt „eine einzige bildreiche und zuweilen grobe Darstellung des Geschicks der Frevler."[338] Der portraitierte Frevler ist natürlich Hiob selbst. Sein Leben gilt Zofar als „Musterfall des Lebens eines bösen Menschen."[339]

Zofar hat danach nichts mehr zu sagen und tritt auch nicht mehr in Erscheinung. Der Fall ist für ihn „abgeschlossen, das 'Hiobproblem' prinzipiell gelöst, denn Hiob ist ein solcher Frevler."[340] In einer Bühneninszenierung könnte man ihn parallel zum weiteren Verlauf der Handlung am Bühnenrand Steine sammeln lassen. Das gerechte Urteil ist gefällt, Hiob ist ein verdammungswürdiger Ketzer, ein Gotteslästerer, der sein Leben verwirkt hat, nur noch die Vollstreckung der Steinigung steht aus.

Trotzdem bäumt sich Hiob noch ein letztes Mal, wenn auch schon zu spät, gegen die Verurteilung dieser drei „Seelsorger" auf:

> „Hört doch meiner Rede zu und lasst mir das eure Tröstung sein! Ertragt mich, dass ich rede, und danach spottet über mich! Geht denn gegen einen Menschen meine Klage, oder warum sollte ich nicht ungeduldig sein? Kehrt euch her zu mir; ihr werdet erstarren und die Hand auf den Mund legen müssen."[341]

Endlich einmal zuhören sollen sie und endlich die Augen aufmachen, um endlich zu sehen, wen sie *wirklich* vor sich haben. Endlich aufhören sollen sie, nur über ihn weg und von oben auf ihn herab zu reden. „Kehrt euch zu mir!" Dann würden sie endlich heilsam erschrecken und aus wahrer Einsicht ihren Mund halten.

---

[338] J. Ebach, Streiten mit Gott 1, 170.

[339] Ebd.

[340] Ebd., 177.

[341] Hiob 21,2-5.

4.7. Stagnation
Urteilsspruch statt Selbstkritik

Ach! Betroffen stehen sie da
und können nicht mehr antworten;
sie wissen nichts mehr zu sagen.
Hiob 32,15

→ **Lies Kapitel 22-31!**

4.7.1. Das tiefe Ende der Spirale

„Sensibilität für das Ergehen Ijobs [...] ist einer Härte gewichen,
die Ijobs innere Bedrängnis nur mehr als Argument gegen ihn
sehen und verwenden mag. Mehrmals identifiziert Elifas frühere
Aussagen Ijobs zu unrecht mit dem Denken der Frevler [...].
Darin liegt wieder ein Hinweis darauf, daß er Ijob wohl reden
gehört hat, ihm aber nicht wirklich zuhören konnte."
Klaudia Engljähringer[342]

Als die drei Freunde ihr Pulver verschossen haben, resig-
nieren sie. Wenigstens kommt Hiob jetzt zu Wort. Aber
es ist einsame Rede. Seine Freunde haben sich geschlossen gegen ihn gestellt und so wendet er sich nun auch
von ihnen ab. Es bleibt ihm auch nichts anderes mehr übrig. Es gibt eine Grenze des Dialogs: Dort, wo die Unein-
sichtigkeit des Gegenübers gänzlich evident geworden
ist. Dieser kommunikative Nullpunkt ist in der Hiobsgeschichte so typisch: Die rechthaberische Seite ist sich ganz
sicher, es mit einem heillos Verstockten zu tun zu haben.
„Da ist leider nichts zu machen. Er will sich nun einmal
nichts sagen lassen. Er wird wohl noch üblere Erfahrungen machen müssen, um zur Einsicht zu gelangen. Wenn
das überhaupt sein wird. Gott hat ja viele Wege. Aber es
sieht wirklich schlecht aus." Doch das Problem ist nicht
der verstockte Klient. Das Problem ist der verhärtete Seelsorger.

---

[342] K. Engljähringer, a.a.O., 73.

Hiob ist bitter enttäuscht von den „Freunden". Von
ihnen wendet er sich ab, zu Recht. Aber von Gott wendet
er sich nicht ab. Er erneuert seine Klage.

Zofar sagt nichts mehr; ihm wäre es wohl recht, wenn
das Urteil gleich vollstreckt würde. Elifas ergreift noch
einmal das Wort, um den letzten Bodensatz des Urteils
über Hiob auszugießen. Seine Bosheit sei übergroß und
seine Missetaten ohne Ende.[343] Längst sind die wildesten
Fantasien darüber entstanden. Elifas liegt nicht mehr daran, zwischen Vermutung und Tatsache zu unterscheiden, denn Hiob ist ganz einfach alles zuzutrauen.[344]

Bemerkenswert ist, wie Hiob wieder reagiert. Es ist typisch für Psychoterror wie Mobbing und geistlicher
Missbrauch, dass die Täter ihr eigenes Problemverhalten
verdrängen, indem sie es auf das Opfer projizieren. Das
Opfer versteht die Welt nicht mehr. Es hinterfragt sich
selbst: Kann es sein? Liegt es wirklich an mir? Bin ich so
widerborstig, so unbelehrbar, so egoistisch? Aber Hiob
unterscheidet ganz genau zwischen seinem eigenen Problem und dem des Elifas. Der redet von sich selbst, wenn
er Hiob diese unglaublichen Vorwürfe macht. Er muss
sich diesen Schuh nicht anziehen. Hiob widerspricht:

> *„Er aber kennt meinen Weg gut. Er prüfe mich, so will
> ich erfunden werden wie das Gold. Denn ich hielt mei-
> nen Fuß auf seiner Bahn und bewahrte seinen Weg und
> wich nicht ab und übertrat nicht das Gebot seiner Lip-
> pen und bewahrte die Reden seines Mundes bei mir.*[345]

Das sagt Hiob ganz nüchtern und in aller Bescheidenheit.
Weiter geht er gar nicht mehr auf Elifas ein. Mehr und
mehr kommt er zu sich selbst. Er wird nicht noch für ei-

---

[343] Hiob 22,5.

[344] Hiob 22,6ff.

[345] Hiob 23,10-12.

ne weitere Runde in das Karussell des Disputs mit seinen selbsternannten Seelsorgern einsteigen. Es kommt nichts Neues mehr. Bildad wird sich noch ein letztes Mal zu Wort melden, mit einem letzten Allgemeinplatz, der gar nichts Neues bringt.[346] Nach wenigen Sätzen wird er schon wieder verstummen. Bildad *weiß* nichts mehr zu sagen und er merkt wohl auch, dass er nichts mehr zu sagen *hat*. Sein Geschwätz wirkt mittlerweile peinlich. Hiob kann es nicht lassen, nun ein wenig zu triumphieren, indem er ihn auflaufen lässt und spöttisch bloßstellt:

> *„Wie sehr stehst du dem bei, der keine Kraft hat, hilfst du dem, der keine Stärke in den Armen hat! Wie gibst du Rat dem, der keine Weisheit hat, und lehrst ihn Einsicht in Fülle! Mit wessen Hilfe redest du? Und wessen Geist geht von dir aus?*[347]

Richtig vorbildlich ist das nun auch wieder nicht, doch trifft es nicht nur, sondern es trifft auch auch präzise *zu*. Hiob antwortet dem Kritiker seiner Ausdrucksweise: „Aber euer Tadeln, was beweist das? Gedenkt ihr, Worte zu rügen? Aber die Rede eines Verzweifelnden verhallt im Wind."[348]

4.7.2. Hiob sammelt sich

Der Mensch, eine Made,
und das Menschenkind, ein Wurm!
Hiob 25,6.

Das Gespräch hat sich ohnehin schon im Kreis gedreht, doch nun stagniert es vollends. Dadurch erhält Hiob

---

[346] Hiob 25.

[347] Hiob 26,2-4.

[348] Hiob 6,25f.

aber endlich Raum zur Besinnung.[349] Den nutzt er, indem
er zunächst noch einmal für sich selbst zusammenfasst,
worin sein Problem besteht und worin nicht. Im verborgenen Unrecht kann es nicht liegen, der Gedanke ist zu
absurd für ihn. Würde Gott ihn in diesem Unmaß für etwas bestrafen, das ihm einfach nicht stringent bewusst
werden kann, so würde das nur beweisen, dass Gott nicht
vertrauenswürdig sein kann, denn auf eine solche Idee
kann nur ein sadistischer Tyrann kommen. Wenn aber
nicht die eigene Schuld Hiobs Problem ist, dann ist es die
Willkür Gottes:

> „Denn ich hielt meinen Fuß auf seiner Bahn und be-
> wahrte seinen Weg und wich nicht ab und übertrat
> nicht das Gebot seiner Lippen und bewahrte die Reden
> seines Mundes bei mir. Doch er ist der Eine - wer will
> ihm wehren? Und er macht's, wie er will. Ja, er wird
> vollenden, was mir bestimmt ist, und hat noch mehr
> derart im Sinn. Darum erschrecke ich vor seinem Ange-
> sicht, und wenn ich darüber nachdenke, so fürchte ich
> mich vor ihm. Gott ist's, der mein Herz mutlos ge-
> macht, und der Allmächtige, der mich erschreckt
> hat."[350]

Im Folgenden beleuchtet Hiob die Tragik der willkürlichen Schicksalserfahrung ein ganzes Kapitel lang.[351] Die

---

[349] Der Alttestamentler Francis I. Andersen schreibt einführend zu
Kap. 28: „The tranquillity and detachment of this poem, its almost
scientific objectivity, matches the suspense in which the reader's
thought is held at this point. The debate is done. Nothing is settled. The
wit of men is exhausted, and God is still silent. The question does not
have to be stated to enter our minds: 'Where can we find wisdom?'"
Francis I. Andersen, *Job: An Introduction and Commentary*, The Tyndale
Old Testament Commentaries, Ed. D.J.Wiseman, Reprint (Inter-Varsity:
Leicester, Downers Groove, 1988 [1964]), 224.

[350] Hiob 23,12-16.

[351] Hiob 24.

Gottlosen treiben, was sie wollen. Die Armen bleiben ohne Schutz und Hilfe und kommen elend um. Ihre großen
Mühen, den Lebensstandard zu verbessern, bleiben um-
sonst: „Doch Gott achtet nicht darauf!"[352] Das ist Hiobs
Problem. Und es widerfährt ihm nicht nur als *intellektuelle*
Aporie, über die er sich melancholisch, aber doch wohl-
behaglich in gesicherter Existenz einmal Gedanken machen möchte, sondern es hat ihn selbst getroffen. Es ist
die *existenzielle* Aporie. „[D]er Mensch, eine Made, und
das Menschenkind, ein Wurm!" hatte Bildad gerade noch
zum Besten gegeben, um Hiob zurechtzuweisen.[353] Bildads letztes verschossenes Pulver. Die Worte hallen nach.
Vielleicht muss er schweigen, weil er nun doch Hiobs
Wahrheit spürt?

So ist es, resümiert Hiob: Wurm und Made zu sein,
das ist unser Schicksal. Wen kümmert das Schicksal des
Wurms? Er wird zertreten oder nicht, es ist einerlei. Und
wo ist in dem allem Gott?

Über sechs Kapitel hinweg redet jetzt nur noch
Hiob,[354] bis schließlich Elihu seinen Auftritt hat. Hiob
sammelt sich. Er bleibt nicht stehen bei der Aporie. Er
dringt weiter, er muss zu Gott. Er sucht verzweifelt den
geliebten Freund. Gott kann und darf für ihn nicht dieser
gleichgültige Willkürherrscher bleiben, dem er eine namenlose Made ist.

An die Betrachtung der Aporie des Willkürhandelns
schließt Hiob eine neue Betrachtung der Weisheit an.[355]
Er tastet sich vor: Wie lässt sich beides vereinbaren? Hiob
macht sich bewusst, dass wahre Weisheit nicht auf empi-
rischem Weg gefunden werden kann. So tief man etwa
auch Stollen unter die Erde treiben mag - die Weisheit

---

[352] Hiob 24,12.

[353] Hiob 25,6

[354] Hiob 26-31.

[355] Hiob 28.

wird man auf solche Weise nie ergründen. Sie ist für den Menschen nicht unmittelbar erfahrbar. Er kann sich nicht auf den Weg zu ihr machen, um sie irgendwo in der Welt zu entdecken und zu erkunden. „Gott weiß den Weg zu ihr, er allein kennt ihre Stätte."[356] Mithin ist die Weisheit in Gott. Weise geordnet, so glaubt Hiob nach wie vor, sind die Gesetze der Natur. Aber weil die Weisheit in Gott ist, sind auch sie dem menschlichen Verstand nicht zugänglich. Das heißt nicht, dass dem Menschen die Naturgesetze *grundsätzlich* verborgen sind; er kann sehr wohl in sie eindringen und sie erforschen. Aber er kann den Sinn ihrer willkürlichen Wandlungen nicht erfassen. Er kann die Ordnung der Natur nachvollziehen, nicht aber ihre Unordnung. Er kann in den Kosmos dringen,[357] nicht aber in das Chaos. Er kann dem Chaos keine Ordnung geben.

Dennoch bleibt die Weisheit dem Menschen nicht verschlossen: „Siehe, die Furcht des Herrn, das ist Weisheit, und meiden das Böse, das ist Einsicht."[358] Die „Furcht des Herrn" ist die Akzeptanz der Grenze des Verstands. Diese Grenze trennt die Reiche des Wissens und des Glaubens voneinander. Weisheit, so erkennt Hiob, ist Glaubenssache, denn die Weisheit ist in Gott. Nur dem Glauben kann sich der Sinnzusammenhang von Kosmos und Chaos erschließen. Dies geschieht aber eben glaubend, nicht wissend - und das bedeutet: vertrauend. Nicht blind vertrauend, sondern wach vertrauend, immer in engem Bezug zu den Möglichkeiten des eigenen Wissens. Hier öffnet sich Hiob der Türspalt zur Erneuerung seines Vertrauens in Gott. Von dieser Erkenntnis her kann Hiob wieder zu Gott finden.

Aber Hiob kennt noch einen weiteren, sogar unmittel-

---

[356] Hiob 28,23.

[357] Griech. kosmos heißt „Ordnung".

[358] Hiob 28,28.

baren Weisheitszugang: Die Moral. „Meiden das Böse, das ist Einsicht". Damit stellt Hiob fest, dass die moralische Erkenntnis dem Menschen ins Herz geschrieben ist.[359] Sie macht das wahre Humanum aus, sie hebt den Menschen aus der Tierwelt heraus, sie verbindet ihn mit Gott. In der moralischen Erkenntnis liegt der greifbare Sinn menschlichen Lebens. Die moralische Erkenntnis stellt den Menschen in Freiheit und Verantwortung. Dadurch gibt sie ihm Würde.[360] Hier öffnet sich Hiob ein weiterer Türspalt zur Überwindung seiner Krise: Hiob nimmt wahr, dass ihm trotz aller großen Schwäche und Einschränkung das Humanum nicht genommen ist. Satan konnte nur den äußeren Menschen antasten, nicht aber den inneren. Im Inneren, im Herzen, sind die moralischen Werte. Von dieser Erkenntnis her kann Hiob wieder zu sich selbst finden. Alles kann ihm zerschlagen werden, nicht aber seine Würde, nicht aber seine Werte.

Diese weichenstellende philsophische Betrachtung Hiobs, nicht erst Elihus ambivalenter Auftritt, bereitet seine mystische Begegnung mit Gott im „Wettersturm" vor.

Die Einkehr des 28. Kapitels hat Hiob zur Ruhe gebracht. Das Ziel ist nicht mehr weit. Wenn das Aufgewühltsein sich legt, bricht die Zeit des reinen Trauerns an. Mit tiefem Schmerz, aber auch mit Dank für das Verlorene kann Hiob nun still betrachten und beweinen, was ihm einst gegeben war und so grausam entrissen wurde.[361] Dabei wird noch einmal deutlich, dass sein schlimmstes Leid die erfahrene Ablehnung und Verachtung ist, Einsamkeit und Isolation, Gottverlassenheit und Menschenverlassenheit; Gottverlassenheit, die sich in

---

[359] Vgl. Rö 2,14f.

[360] Van Oorschot stellt hierzu, gestützt durch ein längeres Zitat aus Kants „Grundlegung zur Metaphysik der Sitten", den Bezug auf Kants Lehre vom Kategorischen Imperativ her. Völlig zu Recht! J. v. Oorschot, a.a.O., 213.

[361] Hiob 29-30.

Menschenverlassenheit zeitigt.

Da pulst der Schmerz am heftigsten. Hiob erinnert sich: Das darf nicht wahr sein! Und wieder empört sich das verlassene Kind. Noch einmal gerät Hiob in glühenden Zorn. Stolz richtet er sich auf und brüllt zu Gott hinauf:

> *„O hätte ich einen, der mich anhört - hier meine Unterschrift! Der Allmächtige antworte mir! -, oder die Schrift, die mein Verkläger geschrieben! Wahrlich, dann wollte ich sie auf meine Schulter nehmen und wie eine Krone tragen. Ich wollte alle meine Schritte ihm ansagen und wie ein Fürst ihm nahen."*[362]

Damit ist alles gesagt und bedacht. Hiob ist bereit. Hiob hat Frieden mit seinem Schicksal geschlossen und den Verlust betrauert. Aber der Friede mit Gott fehlt ihm noch. Den kann er nur schließen, wenn Gott ihm begegnet. Wie und ob das geschehen wird, wie und ob Hiob getröstet wird wie ein Kind, das auf seine Mutter wartet, liegt nun allein bei Gott.

4.8. Elihu

> „Ich sehe in ihm ein Symbol für jugendlichen Idealismus und übertriebenen Eifer, die beide oft Hand in Hand mit religiösem Glauben gehen. [...] Elihu nimmt sich selbst viel zu wichtig. Er geht davon aus, dass der ganze Fall mit seiner wichtigen Mitteilung steht und fällt."
> Richard Rohr[363]

➜ **Lies Kapitel 32-37!**

Unvermittelt und uneingeladen tritt ein vierter Seelsorger auf den Plan. Elihu scheint eine Sonderrolle zu spie-

---

[362] Hiob 31,35-37.

[363] R.Rohr, a.a.O., 173.

len. Auch inhaltlich? Kommt durch ihn endlich Hoffnung
auf? Bilden seine Reden tatsächlich die Brücke hin zum
neuen Lauschen auf Gottes Stimme? Oder repräsentiert
er nur eine neue Variante der Pseudoseelsorge?

In der Auslegung findet sich einige Sympathie für Elihu. Hans Möller zum Beispiel betont, dass seine Reden
die Kritik Gottes an Hiob einleiten. Elihu würde Hiob
beibringen, dass es „ratsamer ist, sich vor ihm zu beugen,
als ihn zum Rechtsstreit herauszufordern."[364] Sogar das
Evangelium scheine schon in seiner Rede durch.[365] Gleason L. Archer findet, dass die Reden Elihus „wunderbar
dazu dienen, den Weg für die Theophanie der letzten Kapitel zu ebnen."[366]

Bezeichnend ist, dass Elihu die jüngere Generation
verkörpert. Die immerwährende Dialektik von erstarren-
dem Traditionalismus und überhöht selbstbewusst ju-
gendlichem Fortschritt wird hier meisterhaft in das Drama integriert. Elihu dämmert wahrhaft Neues, darin liegt
Fortschritt und die tatsächliche Wegbereitung für neue,
authentische Gottesbegegnungen. Er spürt zu recht, dass
dies vom Heiligen Geist kommt. Aber er kann noch nicht
erkennen, wie sehr er trotz der Annäherung des Neuen
noch den Mustern seiner Vorgänger verhaftet bleibt. Somit bleibt offen, ob seine Erkenntnis wirklichen Fortschritt bringen oder ob sie sich nur als eine Variante der
sich im Kreis drehenden traditionellen Theologie erweisen wird: Einer mehr und mehr erstarrenden Theologie,
die auch dann, wenn sie scheinbar Neues sagt, nur wieder an den alten Zöpfen weiterflicht. Zu wirklichem Fortschritt in wahrer Erneuerung wird er aber nur gelangen,
wenn er selbst zu Hiob wurde, und das bedeutet: Wenn,
wie auch immer, seine Gottesliebe auf den Prüfstand kam

---

[364] Hans Möller, Alttestamentliche Bibelkunde (Berlin: Evangelische
Verlagsanstalt, 1983), 157.

[365] Ebd. Gemeint ist der „Mittlerengel" in Hiob 33,23.

[366] G.L. Archer, a.a.O., 390. „Theophanie" = „Gotteserscheinung".

und sich in der Krise als wahrhaftig erwies. Und das wiederum heißt: Wenn er nolens volens vom Charismatiker zum Mystiker wurde.

Der Name Elihu bedeutet „Gott ist Er". In Bezug zum Inhalt seiner Reden lässt sich der Name programmatisch verstehen, gleichsam als Fingerzeig, der über die enge Dogmatik der Hiobfreunde und Hiobs eigenes Gerechtigkeitsmodell hinaus weist in die Uneinsehbarkeit Gottes im Schöpfungshorizont: „Siehe, Gott ist groß und unbegreiflich".[367]

Es lohnt sich aber kaum, solche Überlegungen weiter zu vertiefen; sie werden allzu spekulativ. Nüchtern betrachtet ist auch Elihus Auftritt eine reine Enttäuschung und Hiob wird kaum mehr als eine zusätzliche Geduldsprobe darin sehen können. Elihus Reden setzen ein paar andere Akzente als die seiner Vorredner, aber auch nicht mehr.

Nein, wirklich tröstlich liest sich nicht, was Elihu da von sich gibt. Und er nimmt seine Sonderrolle auffällig „selbstbewusst" für sich in Anspruch. Er sei zwar der Jüngste, *aber...* Weise sei er allemal und erst recht.[368] Elihu braucht die Weisheit nicht erst durch lange Lebenserfahrung zu lernen. *Er* nicht! Er hat den direkten Draht zu Gott. Elihu, der wahre Charismatiker, der echt Erleuchtete im Unterschied zum traditionellen Mystiker Elifas mit seinen seltsamen, deutungsbedürftigen Nachtgesichten? „Vor dir steht einer, der es *wirklich* weiß"[369].

Wort und Wirkung sollten bezeugen, was Elihu so keck behauptet. Aber auch er bringt kaum mehr als die Reproduktion von Richtigkeiten zustande. Auch er versteht nicht, was Hiob braucht. Auch er maßt sich an, dem Geplagten einen Lehrvortrag halten zu müssen. Auch er

---

[367] Hiob 36,26.

[368] Hiob 32,1-20.

[369] Hiob 36,4b. Genau genommen sagt er sogar: „Ein Mann mit vollkommenem Wissen steht vor dir" (Elberfelder Übersetzung).

erdreistet sich, Gottes Advokat zu sein: „Warte noch ein wenig, ich will dich lehren; denn ich habe noch etwas für Gott zu sagen."[370]

Es scheint eher kein gutes Zeichen zu sein, dass Hiob ihm nicht mehr antwortet. Der jugendliche Elan mag dazu beigetragen haben, dass Hiob noch weniger Raum dafür blieb als bei den andern. „Warte noch": Was heißt das anderes als „Sei still und hör mir weiter zu!"? Und Hiob mag schon nach den ersten Worten gemerkt haben, dass die Qualität der Rede sich den drei andern gegenüber nicht verbessert hat.

Als Merkmal tatsächlicher Weisheit gilt seit jeher die Demut. Die großen Weisen aller Zeiten hielten sich allesamt selbst nicht für wirklich weise. Darum hat sich auch echte Weisheit seit jeher durch die Vorsicht des Urteils hervorgetan. So ist es auch im Alten Testament. Die Hiobfreunde mitsamt dem extraweisen Elihu stellen eine Parodie der echten Weisheit dar, in dem, was sie sagen, und mehr noch *wie* sie es sagen. Im Weisheitsbuch der Sprüche steht: „Wer unvorsichtig herausfährt mit Worten, sticht wie ein Schwert; aber die Zunge des Weisen bringt Heilung."[371] Wie diese vier Seelsorger diesem Weisheitsspruch zuzuordnen sind, dürfte klar sein.

4.8.1. Der Gnadenbegabte

> Denn ich bin voll von Worten,
> weil mich der Geist in meinem Inneren bedrängt.
> Hiob 32,18

Am besten werden wir der Elihurolle wohl gerecht, wenn wir sie in eine Reihe mit den drei anderen Seelsorgern Hiobs stellen: Auch Elihu ist eine Karikatur. Mit ihm wird nur eine anderer theologischer Typ parodiert. So

---

[370] Hiob 36,2.

[371] Spr 12,18.

viel kann schon festgehalten werden: Elihu ist, in deutlich gewolltem Gegensatz zu den Dreien, Protagonist der
Jugend. Es ist ihm sehr wichtig, das mit schon unangeneh-
mer Aufdringlichkeit herauszukehren: Die Weisheit ist
nicht von den Alten gepachtet, sondern sie ist eine Gabe
Gottes, die er gibt, wem er will. Elihu lässt keinen Zweifel, dass er selbst ein gnadenbegabt Weiser ist.[372]

> *„Ich dachte: Lass das Alter reden, und die Menge der
> Jahre lass Weisheit beweisen. Aber der Geist ist es in den
> Menschen und der Odem des Allmächtigen, der sie ver-
> ständig macht. Die Betagten sind nicht die Weisesten,
> und die Alten verstehen nicht, was das Rechte ist. Da-
> rum sage ich: Hört mir zu; auch ich will mein Wissen
> kundtun."*[373]

Daraus leitet er seinen theologischen Anspruch ab: Der
Heilige Geist macht den Unterschied. Er offenbart ihm
Weisheit in Träumen und Visionen. Er schärft seine Sinne, um auch den tieferen Sinn von Leidenserfahrungen
zu verstehen. Seine Eingebungen machen ihn weise. Er
unterstellt Hiob, dass ihm dergleichen fehle. Nicht in den
Dogmen der Väter liegt die Lösung für Hiobs Problem,
sondern in der unmittelbaren Erhellung seiner Lebens-
umstände durch den Heiligen Geist. Wäre auch Hiob
geistbegabt wie er, so würden ihm die Augen geöffnet
für den geistlichen Sinn seines Leidens, und er würde
auch tröstlich erkennen, dass Gott ihn keineswegs allein

---

[372] Die Weisheit ist ihm „durch den 'Geist' u 'Atem' Gottes vermittelt
worden, so daß er nicht erst im Lauf eines langen Lebens Erfahrungen
sammeln u die Väterüberlieferung lernen muß, sondern trotz seiner Jugend 'weise' ist, weil er die göttliche Weisheit durch Inspiration als
dauernden Besitz erhalten hat". Georg Fohrer, σοφια, σοφον, B. Altes
Testament, *ThWNT*, Bd. 7, 494.

[373] Hiob 32,7-10.

lässt und dass er ihm schon sehr bald wunderbar heraushelfen wird.[374]

Elihu gibt sich, wiederum in deutlicher Abgrenzung zu den drei Traditionalisten, betont zwanglos und undogmatisch. Statt Hiob wie die andern mit traditionellen Basta-Argumenten unter Druck zu setzen, möchte er ihn einladen und neugierig machen, sich auf die Unmittelbarkeit der Gotteserfahrung im Heiligen Geist einzulassen. Er möchte Hiob auf Augenhöhe begegnen, von Mensch zu Mensch und nicht von oben herab. Hiob soll sich öffnen und vertrauen: „Siehe, vor Gott bin ich wie du, und aus Erde bin auch ich gemacht. Siehe, du brauchst vor mir nicht zu erschrecken, und mein Drängen soll nicht auf dir lasten."[375]

Aber auch Elihu ist durchaus nicht so aufrichtig und beziehungsoffen, wie er sich gibt. Auch er steht unter massivem innerem Druck. Er kocht innerlich vor Aggression.[376] Auch er kann seine Emotion kaum noch kontrollieren und interpretiert das als „Drängen des Geistes":

„Denn ich bin voll von Worten, weil mich der Geist in meinem Inneren bedrängt. Siehe, mein Inneres ist wie der Most, den man nicht herauslässt und der die neuen Schläuche zerreißt. Ich muss reden, dass ich mir Luft mache, ich muss meine Lippen auftun und antworten."[377]

In der Tat, solch inneres Drängen kann zur Stunde Gottes im Leben eines Menschen werden, wenn es nicht im Widerspruch zur Freiheit steht, sondern gerade um der Freiheit willen auftritt. Aber Elihu macht nicht den Eindruck,

---

[374] Hiob 33,8-33.

[375] Hiob 33,6f.

[376] Hiob 32,1-3.

[377] Hiob 32,18-20.

dass sein innerer Druck eine andere Qualität besitzt als der Druck des Elifas und seiner Gefährten. An den Früchten lässt sich das erkennen.

Elihus Predigteifer verliert jedes Maß. Seine vier Reden wirken atemlos. Selbst wenn Hiob etwas sagen *wollte*, fände er keinen Raum zur Antwort. Elihu monologisiert penetrant. Er nimmt die ganze Bühne ein und achtet nicht auf Zeit und Umstand. Im Übergang von der ersten zur zweiten Rede stellt der Text dieses Problem mit viel Humor satirisch dar:

> *„Merk auf, Hiob, und höre mir zu und schweige, damit ich reden kann!*[378] *Hast du aber etwas zu sagen, so antworte mir. Sage an, ich will dir gern Recht geben! Hast du aber nichts, so höre mir zu und schweige; ich will dich Weisheit lehren."*[379]

Der weitere Redeverlauf dokumentiert sehr deutlich, dass Elihu davon ausgeht, Hiob habe *nichts* zu sagen, und dementsprechend lässt er ihn auch nicht zu Wort kommen.

So offen Elihu sich gibt, so voreingenommen und autoritär ist doch die Grundeinstellung, die sich dahinter verbirgt. Sein Redeverhalten ist ein starkes Indiz dafür. Man könnte meinen, er behandle Hiob wie einen Schuljungen im Religionsunterricht, dem man das ABC des Glaubens erst noch beibringen muss.

Elihu macht seinen charismatischen Erfahrungsglauben zum Maß aller Dinge und ist deshalb nicht weniger dogmatisch rigide als die Drei. Nur darum kann auch er so vernichtend über Hiobs Klage urteilen. Es ist ihm kaum erträglich, was Hiob da von sich gab, denn er weiß es *so* viel besser. Elihu steht für den charismatischen Pro-

---

[378] „Schweigen Sie gefälligst, wenn Sie mit mir reden!" Karl Valentin.
[379] Hiob 33,31-33.

gressivisten, der seine tiefere Einsicht zur Norm erhebt. Im Kern ist er genauso doktrinär wie der Traditionalismus.

„Elihu verurteilt Hiob vorsichtig, aber absolut", findet Chambers.[380] Diese Ambivalenz ist charakteristisch für Elihu. Das Urteil ist Spitze und Kern seiner Botschaft, aber weil er sich von den drei andern absetzen will, packt er es in den Schein von Empathie und Demut.[381] Er stellt seine Unparteilichkeit zur Schau, aber in Wirklichkeit ergreift er massiv Partei gegen Hiob, ohne überhaupt begriffen zu haben, wovon Hiob spricht.

Elihus Erfahrungsglaube ist dogmatisch im unhinterfragbaren Diktat religiöser Autoritätsergebenheit verankert. Elihu glaubt, „daß niemand das Recht hätte zu fragen, ob Gott gut sei oder nicht. Das sei ein Thema von höchster Autorität, der man sich nur unterordnen könnte."[382] Sehr richtig bemerkt Chambers dazu: „Es ist aber gefährlich, sich einer unbekannten geistigen Macht einfach unterzuordnen. Hier liegt ja gerade der Unterschied zwischen Fatalismus und Glaube."[383]

Elihu sieht, hier ganz identisch mit den Dreien, seinen Auftrag darin, Anwalt dieses Gottes Hiob gegenüber sein zu sollen. Auch er will nicht stehenlassen, was Hiob über den großen, allmächtigen Gott, dem sein ganzer Lobpreis gilt, behauptet hat. Elihu fühlt sich persönlich gekränkt dadurch. Aus seinem Eifer für den „einzig wahren Gott" leitet er das Recht ab, genau wie die Drei Hiob gnadenlos zu kritisieren. Darin übertrifft er sie fast noch.[384] Das alles

---

[380] O. Chambers, a.a.O., 92.

[381] „Eine scheinbare Bescheidenheit liegt über Elihu. [...] Elihu verbirgt hinter seiner äußeren Scheu überhebliche Eitelkeit." Ebd., 87.

[382] O. Chambers, a.a.O., 88.

[383] Ebd.

[384] „Elihu versteigt sich sogar bis zum offen sadistischen Wunsch: 'Ach, würde doch Hiob fort und fort geprüft, weil er entgegnet nach Art der Frevler' (34,36)." D. Sölle, a.a.O., 144.

zeugt allerdings „von wenig innerem Verstehen für den Menschen, dem er sich gegenüber sieht."[385]

4.8.2. Übergang zur Gottesrede

> „Wozu anders haben die meisten Commentare und Disputationen über die göttlichen und menschlichen Gesetze geführt, als deren Absicht zweifelhafter und deren Sinn dunkler zu machen?"
>
> John Locke[386]

Dennoch ist die Platzierung des Elihuauftritt als Übergang zur Gottesrede aus dem Unwetter dramaturgisch überzeugend. In der Tat bildet Elihus Rede die Brücke dorthin, allerdings nur der letzte Teil. Ob jedoch Elihus Worte als „Präludium" der Gottesrede gesehen werden dürfen, darf zweifelhaft bleiben.[387] Besser scheint es, dieser deutlich angemaßten Weisheit den Nimbus des dennoch göttlich Inspirierten zu nehmen. Die Dissonanz ist allzu krass. Was bleibt, ist eine geschickt inszenierte, inhaltlich aber im Zufall zu begründende thematische Überlappung, die man sich auch wieder am besten bühnenszenisch oder im Film umgesetzt vorstellen mag: Während Elihu noch redet, türmen sich Wolken am Horizont auf: das Unwetter naht. Das fesselt den Blick. Elihu im hemmungslosen Redefluss bezieht das Naturschauspiel sogleich in seine Predigt ein: „Schau gen Himmel und sieh; und schau die Wolken an hoch über dir! Sündigst du, was kannst du ihm schaden?" Da braut sich ein Gewitter zusammen. Elihu hat noch ein paar Minuten Zeit, um weiterzupredigen. Aber dann fängt es schon zu

---

[385] K. Engljähringer, a.a.O., 151.

[386] John Locke, Über die Worte: Buch 3, in: John Locke, *Versuch über den menschlichen Verstand*, in vier Büchern, Bd. 2, übers. u. erläutert v. J.H. v. Kirchmann (L.Heimann: Berlin, 1873), 1-136, Permalink http://www.zeno. org/Philosophie/M/Locke,+John/Versuch+%C3%BCber+den+menschlichen+Verstand, 106

[387] „Elihu präludiert besonders mit seiner Schlußrede in Kap. 36-37 Gottes Antwort an Hiob in Kap. 38-41." M. Oeming, a.a.O., 217.

tröpfeln an. Unverdrossen bindet Elihu das Ereignis in seine Predigt ein:

> „Siehe, Gott ist groß und unbegreiflich; die Zahl seiner
> Jahre kann niemand erforschen. Er zieht empor die Was-
> sertropfen und treibt seine Wolken zusammen zum Re-
> gen, dass die Wolken überfließen und Regen senden auf
> die Menge der Menschen."[388]

Es blitzt und donnert auch bereits:

> „Wer versteht, wie er die Wolken türmt und donnern
> lässt aus seinem Gezelt? Siehe, er breitet sein Licht um
> sich und bedeckt alle Tiefen des Meeres. Denn damit re-
> giert er die Völker und gibt Speise die Fülle. Er bedeckt
> seine Hände mit Blitzen und bietet sie auf gegen den,
> der ihn angreift. Ihn kündet an sein Donnern, wenn er
> mit Zorn eifert gegen den Frevel."[389]

Das Gewitter fängt zu toben an und Elihu fühlt sich unbe-
haglich:

> „Darüber entsetzt sich mein Herz und fährt bebend
> hoch. O hört doch, wie sein Donner rollt und was für
> Gedröhn aus seinem Munde geht! Er lässt ihn hinfahren
> unter dem ganzen Himmel und seinen Blitz über die
> Enden der Erde. Ihm nach brüllt der Donner, und er
> donnert mit seinem großen Schall; und wenn sein Don-
> ner gehört wird, hält er die Blitze nicht zurück. Gott
> donnert mit seinem Donner wunderbar und tut große
> Dinge, die wir nicht begreifen."[390]

Jetzt schüttet, hagelt und stürmt es:

> "Er spricht zum Schnee: 'Falle zur Erde!', und zum

---

[388] Hiob 36,26-28.

[389] Hiob 36,29-33.

[390] Hiob 37,1-5.

Platzregen, so ist der Platzregen da mit Macht. So legt er alle Menschen unter Siegel, dass die Leute erkennen, was er tun kann. Die wilden Tiere gehen in die Höhle und legen sich auf ihr Lager. Aus seinen Kammern kommt der Sturm und von Norden her die Kälte. Vom Odem Gottes kommt Eis, und die weiten Wasser liegen erstarrt. Die Wolken beschwert er mit Wasser, und aus der Wolke bricht sein Blitz. Er kehrt die Wolken, wohin er will, dass sie alles tun, was er ihnen gebietet auf dem Erdkreis: Zur Züchtigung für ein Land oder zum Segen lässt er sie kommen. Das vernimm, Hiob, steh still und merke auf die Wunder Gottes! Weißt du, wie Gott ihnen Weisung gibt und wie er das Licht aus seinen Wolken hervorbrechen lässt? Weißt du, wie die Wolken schweben, die Wunder des Allwissenden? Du, dem schon die Kleider heiß werden, wenn das Land still liegt unterm Südwind, kannst du gleich ihm die Wolkendecke ausbreiten, die fest ist wie ein gegossener Spiegel?"[391]

Bis zum Ende seiner Rede geht es auf dieselbe Weise weiter. Elihu ist zum Dauerredner geworden. Er hat immer noch nicht genug und trotzt den unwirtlichen Verhältnissen. Es ist laut um ihn und seinen Klienten geworden: der Regen prasselt, der Sturm heult, des kracht und donnert. Kaum noch versteht er sein eigenes Wort. Das Kapitel hat keinen Abschluss: Elihus großer Auftritt geht im Getöse des Unwetters unter, löst sich darin auf.

Hiob kümmert's nicht. Er hört ihm schon lang nicht mehr zu. Aber er hört jetzt einen andern reden...

---

[391] Hiob 36,6-18. „Im konkreten Fall weist Elihu auf drei sehr verschiedenartig ausgeprägte Wolkenphänomene hin [Anmerkung:] „Es werden drei verschiedene Wörter für das meteorologische Phänomen verwendet [...], das sich in sehr verschiedenen Gestalten zeigt: In v14 geht es um ein Spiel der Wolken mit dem Licht, in v15 um deren Schweben, und in v18 um ihre Ausbreitung über den Himmel, die sie fest wie einen Spiegel erscheinen läßt." [Anmerkung Ende]". K. Engljähringer, a.a.o., 154f.

5.   Die Antwort

5.1.   Ein großes Donnerwetter?

„Wie im Leiden das Nein Gottes,
so zieht in der Schöpfung das Ja Gottes
flammend die Grenzen der Macht des Menschen."
Margarete Susman[392]

➜ **Lies Kapitel 38-41!**

Die Auslegung tut sich schwer, das plötzliche und im Tenor so ganz andere Hereinbrechen der Rede Gottes aus
dem Gesamtzusammenhang des Buches Hiob heraus zu
deuten. Die Bibel liefert keine Parallele, aus der man den
Sinn ableiten könnte. Historisch-kritische Bibelauslegung
macht sich bei solch auffälligen Brüchen in Texten natürlich immer Gedanken, ob hier im Lauf der Zeit Text-
stücke unterschiedlicher Herkunft aus unterschiedlichen
Theologien redaktionell zusammengeklebt wurden, um
problematisch empfundene Aussagen der gerade gülti-
gen Theologie entsprechend zu verändern. Wir dürfen
die Frage, ob das so sei, wieder getrost der alttestamentlichen Wissenschaft überlassen, die zwar die Textgestalt
und ähnliches Textgut aus Vorgeschichte und Umfeld genau untersuchen und vergleichen kann, dann aber nicht
anders als wir haltmachen und den Mut zu einer intuitiven Entscheidung finden muss, wenn es um die nächste
Frage geht, was dann nämlich der Text als *ganzer* zu uns
heute sagt. Im Bild gesprochen: Der Text in seiner Endgestalt ist wie ein Boot, das von einem einzelnen Bootsbauer in kurzer Zeit unter Verwendung einheitlichen Ma-
terials gefertigt wurde, und die empfundenen Brüche,
Spannungen und Ungereimtheiten sind entweder von
ihm so gewollt oder sie sind ihm passiert. Oder verschiedene Bootsbauer zu verschiedenen Zeiten haben mit ver-

---

[392] M. Susman, a.a.O., 137.

schiedenen Materialien über einen längeren Zeitraum daran gebaut. Herausgekommen ist aber nun einmal nichts anderes als dieses Boot und als solches fährt es, unangetastet dasselbe Boot in der Flotte des biblischen Kanons, seither durch die Zeiten. Und wo immer es aufkreuzt, wird es, je nachdem was die Menschen in der Zeit und Kultur, durch die es fährt, gerade bewegt und wie sie zu urteilen gewohnt sind, ein wenig anders wahrgenommen. Das ist die Auslegungsgeschichte. Sie ist relativ unabhängig von der Entstehungsgeschichte.

Fest steht, dass diese Reden Gottes „aus dem Wettersturm" Offenbarungscharakter haben. Das bedeutet: Sie beanspruchen für sich, eine authentische neue theologische Erkenntnis darzustellen. Damit einher geht der veränderte Gottesname: „Wurde Gott im Hiobbuch zuvor 'El' oder 'Shaddai' genannt, so antwortet nun explizit 'Jahwe'."[393] Der Gott, der hier spricht, ist derselbe, der Mose im Dornbusch begegnete. Es ist der Gott, der aus der Not führt, der Gott des Erbarmens, des neuen Anfangs, der „als die tragende, fundamentale Wirklichkeit" erfahrene wahre Gott Israels.[394]

5.1.1. Auslegungsvarianten

„Die wahre Einsicht folgt erst
aus der persönlichen Begegnung mit Gott."
Georg Fohrer[395]

Die Auslegungsgeschichte hat nun recht unterschiedliche Varianten des Verständnisses der Unwetter-Rede hervorgebracht.[396] Bubers Sichtweise, die Antwort auf Hiobs Fragen bestünde nicht in irgendeiner intellektuellen Lösung des Theodizeeproblems, sondern in der wiederher-

---

[393] G. Langenhorst, a.a.O., 337.
[394] Ebd.
[395] G.Fohrer, a.a.O., 496.
[396] Quelle im Folgenden: M. Oeming, a.a.O., 217-219.

gestellten Gottesbeziehung, begegnete uns schon: Nicht *was* Gott hier antwortet, ist wesentlich, sondern *dass* Gott antwortet.[397]

Andere Ausleger lesen heraus, dass hier ein sehr autoritärer Gott eingreift, der Hiob in Grund und Boden redet, so dass ihm nichts mehr einfällt und er nur völlig eingeschüchtert um Gnade wimmern kann. Nach Dorothee Sölle zum Beispiel geben die Unwetterreden den Empfehlungen der Freunde Recht, den Mund zu halten und das Aufbegehren tunlichst sein zu lassen.[398] „Dieser Gott ist ein Naturdämon, der mit dem Gott des Exodus und dem der Propheten nichts zu tun hat", folgert Sölle.[399] „Daß Hiob sich am Schluß des Buches diesem jenseits von Gut und Böse angesiedelten Machtwesen unterwirft, ist unglaubhaft, weil es unerträglich ist."[400]

Ähnlich wie Sölle sieht der Philosoph Ernst Bloch (1885-1977) den im Hiobbuch auftretetenden Gott durchweg als Tyrannen, von dem Hiob sich nur durch einen Atheismus befreien kann.[401] Dementsprechend ist für

---

[397] Ähnlich auch M. Susman, a.a.O., 136f.

[398] D. Sölle, a.a.O., 146.

[399] Ebd., 147. Sölle zufolge stehen sich Hiob und ein tyrannischer Gott gegenüber. Hiob wehrt sich gegen diesen Gott und „Hiob ist stärker als Gott". Ebd., 145. Weil dieser Gott tyrannisch ist und bleibt, muss „Hiobs Denken [...] zum Atheismus führen, aus moralischen Gründen." Ebd. Das ist nur dann konsequent, wenn davon ausgegangen wird, dass dieses Gottesbild für Hiob das einzig mögliche ist. Sölle selbst stellt aber dem tyrannischen Gottesbild das rettende und erbarmende des Exodus entgegen: „Der Gott des Exodus redete mit Mose 'wie ein Mann mit seinem Freund' (2.Mose 33,11). Hiob besteht auf dem gleichen Recht, aber es wird ihm verweigert." Ebd., 142. Wenn es diesen freundlichen Gott jedoch wirklich gibt, dann ist er auch der wahre Gott Hiobs, und dann wird er sich auch über ihn erbarmen. Eben dem entspricht die Handlung, sofern man die Unwetterreden nicht als das große Donnerwetter des Tyrannengottes versteht, wozu man nun wirklich nicht genötigt ist.

[400] D. Sölle, a.a.O., 147.

[401] Bloch hatte prägenden Einfluss auf Sölle.

Bloch der „Erlöser" in Hiob 19,25 dem ursprünglichen
Wortsinn gemäß ein „nächster Verwandter und Erbe, der
die Pflicht hat, einen Ermordeten zu rächen".[402] Und das
müsse ein anderer als der Gott sein, den Hiob erfährt. Es
gibt aber keinen Alternativgott für Hiob. Somit sucht er
den „Rächer" nicht im Himmel, sondern auf Erden:
„Nicht letztes Vertrauen auf Jahwe, schon gar nicht ein
Voraushinweis auf Christus sei die Grundaussage dieses
Zentralverses des gesamten Buches, sondern die Hoffnung auf einen irdischen Rächer."[403]

Wieder andere Auslegungsvarianten suchen auf verschiedene Weise *Sinn im Inhalt* der Gottesrede. Man kann
etwa zu dem Schluss kommen, der Sinn sei ein skeptizis-
tischer, was bedeuten würde, dass die vielen von Gott an
Hiob gestellten Fragen ohne Antwort bleiben *müssen*,
weil dem Menschen nun einmal keine Antwort darauf gegeben *ist*. Der Skeptizismus als philosophische Richtung,
die es auch zur Zeit Hiobs schon gab, nimmt die existenziellen Fragen des Daseins wahr, geht aber davon aus,
dass es keine Antworten gibt. Das Problem des Skeptizismus ist, dass sich dann aber auch die Fragen erübrigen.
Problematisch ist das, weil der Mensch nicht aufhören
kann zu fragen. Wir wissen um die Antwort des Skeptizismus, aber wir können uns nicht mit ihr zufrieden geben. Darum kann der Skeptizismus nicht innovativ sein.

---

[402] G. Langenhorst, a.a.O., 269. Das Bedeutungsspektrum des alttestamentlichen „Erlösers" ist allerdings deutlich weiter. Es handelt sich um
einen Verwandten, der die Verantwortung für seine Mitverwandten
übernimmt, indem er zum Beispiel ihre Schulden einlöst. Das schönste
Beispiel eines solchen „Erlösers" gibt das Buch Ruth.

[403] G. Langenhorst, a.a.O., 269. Sölle bezieht sich in ihrer Erörterung
der Bedeutung des „Erlösers" für Hiob explizit auf Bloch. Hiobs Wort
vom Erlöser ist ihrer Ansicht nach aber nur zu verstehen als „der unbe-
antwortete Schrei der vorchristlichen Welt, die ihre Antwort findet in
Christus. Hiob ist stärker als der alte Gott. Nicht der Leidmacher, nur
der Leidende kann Hiob antworten. Nicht der Jäger, sondern das
Wild." D. Sölle, a.a.o., 148.

Er ist nur ein Feld, auf das der Sinnsuchende in der Kreisbewegung seines Forschens, wie sie das möglicherweise
zeitgleiche Buch Prediger eindringlich darstellt, immer
wieder gerät, um es früher oder später wieder zu verlassen. Daraus kann man vielleicht folgern, dass der Skeptizismus irrelevant ist. Wenn darum das Feld sich auf dem
Weg des Suchens wieder nähert, mag es besser sein, es zu
überspringen. Auch das Buch Hiob könnte, wenn Skeptizismus Sinn der Gottesrede wäre, danach wieder von
vorn beginnen. Ein Sisyphusunternehmen - eigentlich unnötig.

Man kann den Sinn aber auch darin suchen, dass die
vielen Fragen Gottes an Hiob doch implizit eine Antwort
enthalten. Soll Hiob vielleicht durch die Schöpfungsbe-
trachtung Rückschlüsse auf den Schöpfer ziehen? Können
die Unwetterreden Hiobs Verständnis von der Schöpfung
revidieren? Geht es darum, dass Hiob seine Sicht von der
Stellung und Bedeutung des Menschen im Kosmos korri-
giert?

Ebach zufolge knüpft die Gottesrede an Hiobs Klage
in Kapitel 3 an.[404] Dort hätte Hiob am liebsten den ganzen Schöpfungsvorgang umgekrempelt, so wie man einen Film zurückspult, um ihn neu aufzunehmen. Allerdings hat Hiob in Kapitel 3 dafür noch kein Modell, darum bleibt ihm zunächst nur Verzweiflung als Alternative. Es könnte sein, dass sich ihm dieses alternative Modell nun durch die Gottesrede offenbart.

„Hiob flucht [...] der Welt in ihrer Ordnung, die ihm
in der Situation seines Leidens absurd erscheint."[405] Der
durchweg positive Schöpfungsbericht in Gen 1 und 2 ist
ihm zum großen Problem geworden. Er glaubt das nicht
mehr! Die Nacht seines eigenen Geschaffenwerdens lehnt
er ab, weil sie ihm jetzt völlig sinnlos erscheint: „Es sollen

---

[404] J. Ebach, Streiten mit Gott 2, 124.

[405] T. Mickel, a.a.O., 43.

sie verfluchen, die einen Tag verfluchen können und die
da kundig sind, den Leviatan zu wecken!"[406] Reiser sieht
in diesen „Kundigen" die notorischen Lebensverächter,
die so ganz und gar der leidenschaftlichen Lebensbejahung Hiobs widersprechen, denen Recht zu geben er sich
aber jetzt verzweifelt genötigt fühlt. Unter dem Bann ihrer Beschwörung verwandelt sich alles Gute in Schlech-
tigkeit und Nichtigkeit.[407] Der geweckte Leviatan ist, wie
wir sahen, die entfesselte Chaosmacht, die das sinnvoll
geordnete Dasein verschlingt. Weil für Hiob aller Sinn
zerstört ist, erscheint ihm die Ordnung des Kosmos als
trügerischer Schein. Oder mag der Kosmos auch geordnet sein, wie er will - mit Gerechtigkeit hat das nichts zu
tun. Es ist alles einerlei. Die Lebensfreundlichkeit des
Schöpfungsberichts besitzt für Hiob keine Glaubwürdigkeit mehr. Die Gottesrede aus dem Unwetter stellt die
Glaubwürdigkeit wieder her, indem sie eine Darstellung
der Schöpfung vorführt, die den Bericht des Buches Genesis durch die Einfügung der Chaosmächte ergänzt.

5.1.2. Hiobs Denkfehler

> „Allerdings sind die Ratschlüsse Gottes unergründlich, aber es
> gibt keine unwiderleglichen Einwände, die zu dem Schluß füh-
> ren könnten, sie seien ungerecht. Was bei Gott Ungerechtigkeit
> und am Glauben Torheit zu sein scheint, scheint dies eben nur."
> Gottfried Wilhelm Leibniz[408]

Es ist nicht zu leugnen: Gott tadelt den leidgeprüften
Hiob. Aber erstens ist nicht jeder Tadel etwas Schlimmes.
Es gibt auch den liebevollen Tadel mit Augenzwinkern,

---

[406] Hiob 3,8.

[407] W. Reiser, a.a.O., 34.

[408] Gottfried Wilhelm Leibniz, *Die Theodizee von der Güte Gottes, der
Freiheit des Menschen und dem Ursprung des Übels,* Vorwort, Abhandlung, erster und zweiter Teil, Philosophische Schriften, Bd. 2, erste
Hälfte, hg. u. übersetzt v. H. Herring, 2. Aufl. (Insel: Frankfurt a.M.,
1986), 147.

den nicht so ganz furchtbar ernst gemeinten, den humor-
voll freundlichen Tadel, der den Getadelten durchaus
nicht demütigt, sondern bejaht und stärkt. Und zweitens
ist die Frage, was da eigentlich getadelt wird. „Nicht die
Klage Hiobs in seinem Leiden wird getadelt", findet Jürgen Ebach, „sondern seine Behauptung, in seinem persönlichen Ergehen erweise sich die Sinn- und Funktions-
losigkeit der Welt im ganzen."[409] Getadelt wird also ein
sachlicher Fehlschluss Hiobs, ein Denkfehler. Dieser Tadel ist nicht schlimm. Das ist nicht kränkend, sondern
wichtig und hilfreich. Denn danach verlangt Hiob ja mit
allem Ernst: Wenn es irgendeine Logik in der erfahrenen
Widersprüchlichkeit des Leidens gibt, dann möchte er sie
begreifen! Mit scharfem Verstand hat Hiob viel Unlogi-
sches festgestellt. Aber er hat auch selbst eine unlogische
Folgerung daraus gezogen. Er hat sich sozusagen ver-
rechnet. Das ist eine wichtige Information für ihn.

Dass Hiob jetzt reif für diesen „Tadel" ist, können wir
als weiteren Hinweis darauf deuten, dass sein Trauerprozess weit fortgeschritten ist. Er kann sich jetzt wieder zu-
rücknehmen, muss sich nicht mehr ganz so wichtig nehmen. Es muss sich nicht mehr alles nur noch um ihn und
sein Leid drehen. In den vorherigen Phasen des Trauerprozesses brauchte Hiob das, so wie es ein äußerst
schwer Verwundeter braucht, sich und seine Verletzung
zum Mittelpunkt zu machen, solange die Wunde noch
nicht heilt. Aber jetzt darf sich der Horizont wieder weiten. Und das geschieht buchstäblich durch den „Wettersturm". Jetzt wird Hiobs Blick, zum ersten Mal seit Beginn des Leidens, ganz von sich selbst weggelenkt. Das
war reif und das tut ihm gut.

Die konstruktive Reaktion Hiobs auf die Kritik beweist nochmals sehr deutlich, wie falsch die Freunde mit
ihrer Unterstellung lagen, er sei selbstgerecht. Und so

---

[409] J. Ebach, Streiten mit Gott 2, 124.

greift der Schluss des Buches den Anfang wieder auf, um damit auch die Kontinuität der Gerechtigkeit Hiobs zu bezeugen: So demütig wie am Anfang ist Hiob auch am Ende.

Der Fehlschluss Hiobs bestand darin, aus seiner eigenen Leidenserfahrung Folgerungen über die Gerechtigkeit zu ziehen, die den ganzen Kosmos betrafen. Solche verallgemeinernden Schlüsse liegen nahe, wenn unser Horizont verengt ist und alles, was wir wahrnehmen, im Licht unserer Stimmung erscheint, sie sei pessimistisch oder optimistisch: „So wie ich mich fühle, so ist die ganze Welt!" Wir kennen das alle. Wenn wir uns zum Beispiel glücklich fühlen und an einem sonnigen Frühlungstag spazierengehen, dann können und wollen wir uns kaum vorstellen, dass diese wunderschöne Welt auch ganz furchtbar hässlich sein kann; es passt einfach nicht ins Bild. Ein Mensch, der ständig nur Gutes erfährt, wird wahrscheinlich ein sehr optimistisches Urteil über die Welt fällen. Auch wenn er nicht leugnen kann, dass es Tragisches gibt, wird er doch dazu neigen, es nicht allzu tragisch zu *nehmen*. Und ein Mensch, der ständig nur Schlechtes erfährt, ist natürlich geneigt, das Gegenteil zu glauben.

Hiob ist verständlicherweise in diesen Fehler verfallen. Aber weil Hiob nicht Gott ist, kann er nicht behaupten, dass er damit Recht hat. Er übersieht das Universum nicht. Er weiß nicht, welche Bedeutung sein eigenes Leiden im Kontext der kosmischen Zusammenhänge hat. Er weiß nicht, was es sonst noch alles gibt in der unendlichen Weite des Schöpfungshorizonts, und er weiß nicht, wozu es gut ist. Der Tadel bestätigt ihn in der Beobachterrolle: Von einem Rand aus darf er sich das anschauen, sehr ausschnitthaft, aber er ist nicht der Mittelpunkt der Welt, um den sich alles dreht und auch nicht der göttlich Weise, der alles überblickt.

Hiobs Denkfehler ist so verbreitet wie er verständlich ist. Er ist natürlicher Bestandteil der Phase des Aufbegehrens im Trauerprozess. Wenn wir dagegen protestieren, dass uns selbst oder anderen Menschen, deren schweres Schicksal uns berührt, durch sinnlos erscheinendes Leiden Unrecht widerfährt, dann reagieren wir so, weil wir unsere persönlichen Erwartungen an das Leben zum verbindlichen Maßstab machen. Wir klagen Gott an, weil wir meinen, es sei seine Pflicht gewesen, uns davor zu bewahren. Wenn diese Vorstellung logisch wäre, müssten wir dann allerdings alles menschliche Leid auf der ganzen Welt, das die natürlichen Erwartungen brutal durchkreuzt, für göttliches Unrecht halten, es sei denn, wir würden einen Extraanspruch erheben, weil wir uns für etwas Besseres ansähen. Diesen elitären Anspruch leiten Hiobs Freunde daraus ab, sich korrekt an Gottes Weisungen zu halten, und Christen leiten ihn daraus ab, dass sie sich Gott anvertraut haben und er deswegen auf sie als seine auserwählten Kinder mit besonderer Sorgfalt schützend aufpassen sollte.

Aber darf uns wirklich nicht passieren, was anderen passiert? Verdienen sie es mehr als wir? Davon sind Hiobs Freunde völlig überzeugt und wir haben gesehen, zu welchen menschenverachtenden Folgen das führt. So zu denken ist ganz eindeutig eine Sackgasse. Entweder sehen wir menschliches Leid im Übermaß in seiner Gesamtheit als göttliches Unrecht an oder wir verzichten auf unseren Anspruch, dass uns nicht treffen darf, was andere eben doch trifft. Aber was ist „Übermaß"? Uns fehlt der objektive Maßstab. Geht es überhaupt um ein Messen? Das wahre Problem mit dem Leiden entsteht uns ja immer erst jenseits aller empfundenen Angemessenheit. Das wahre Problem mit dem Leiden ist das der Sinnlosigkeit. Wenn wir brutale Sinnlosigkeit empfinden, dann schreien wir auf, weil wir sie als brutales Unrecht deuten.

Nun kann aber das, was uns nur sinnlos erscheint, aus einer anderen, höheren Perspektive doch wieder sinnvoll sein. Leibniz schreibt:

„Sooft uns [...] an den Werken Gottes etwas tadelnswert scheint, muß man schließen, daß es uns nicht hinlänglich bekannt ist, und daß der Weise, der es erfaßte, urteilen würde, daß nichts Besseres gewünscht werden könnte."[410]

Wenn der Weise es erfassen würde! Aber kein Weiser kann das, denn kein Mensch kann einen Platz außerhalb des Universums einnehmen, von dem aus er das Ganze übersehen kann, weil er nicht Gott ist. Weil es jedoch zur konstitutiven Grenze des menschlichen Verstandes gehört, immer nur *Teil*wahrheiten erkennen zu können, müssen wir stets einräumen, dass unsere Erkenntnis ohne den *anderen*, unzugänglichen Teil nur fragmentarisch bleiben kann und dass sie auch ganz sicher häufig einfach in die Irre geht. Denn jede Teilwahrheit kann, wenn sie falsch gedeutet wird, zur Lüge werden.

---

[410] G.W. Leibniz, *Die Theodizee von der Güte Gottes, der Freiheit des Menschen und dem Ursprung des Übels*, Dritter Teil, Abriss der Streitfrage, Die Sache Gottes, Philosophische Schriften, Bd. 2, zweite Hälfte, hg. u. übersetzt v. H. Herring (Insel: Frankfurt a.M., 1986), 335.

5.1.3. Ich weiß, dass mein Erlöser lebt

„Noch der ihn bedrohende, ihn versuchende, ihn vernichtende
Gott ist ganz und gar der seine. Es ist der Gott, von dem er
ausruft: 'Denselben werde ich mir sehen, und meine Augen
werden ihn schauen und kein Fremder.'"
Margarete Susmann[411]

Vermeiden können wir Hiobs Denkfehler nicht, aber
überwinden können wir ihn. Vermeiden können wir ihn
nicht, weil unser Verstand begrenzt und weil Hiobsleiden wie riesige Felsblöcke sind, die uns jeden Durchblick
auf einen Sinn dahinter versperren; wer ihn aber doch zu
haben meint, nimmt den Felsblock nicht so wahr, wie er
ist.

Christen wenden ein, dass doch in der *Auferstehungshoffnung* Sinn sei. Ja, Hoffnung zumindest, und aus der
Hoffnung kann tatsächlich Sinn erwachsen. Die Auferstehungshoffnung kann aber beides sein: Trost und Vertröstung. Als Trost leuchtet sie *trotzdem* auf, je neu offenbart,
als seltsamer Friede mitten im Herzen, der gar nicht zu
passen scheint, als wundersames Reden Gottes mitten-
drin, als unableitbare Gewissheit, die ohne unser Zutun
in uns lebendig ist, als glimmender Docht. Mitten in der
Klage scheint für Hiob dieses Licht auf, gerade dort, wo
es am allerdunkelsten um ihn wurde: „Ich weiß, dass
mein Erlöser lebt."[412] Er weiß selbst nicht, warum er das
weiß. Aber es ist die tiefste Gewissheit überhaupt.

Vertröstend ist die Auferstehungshoffnung hingegen,
wenn sie dazu dient, die Schwere des Verlusts zu leugnen. In der Phase des Nicht-wahrhaben-könnens ist das
eine ganz natürlich Reaktion, die sogar euphorische Züge
annehmen kann. Aber sofern sie sich aus dem tapferen
Aufsagen von Bibelworten speist und damit einhergeht,
die Augen vor der bitteren und schrecklichen Realität zu

---

[411] M. Susman, a.a.O., 46.

[412] Hiob 19,25.

verschließen, kann sie den Schmerz nicht meistern, nur verdrängen. „Wer wälzt uns den Stein von des Grabes Tür"[413] Der übergroße Felsblock ist davor. Er bewegt sich nicht durch unser Bibelwissen. Er bleibt trotz allen Betens, Dankens und Proklamierens. Kein Lobpreis rückt ihn auch nur einen Millimeter von der Stelle. Wir bewegen ihn nicht, wir erleiden ihn nur. Wahrhaft tröstliche Auferstehungshoffnung ist Offenbarung wie Gottes Reden zu Hiob aus dem Unwetter. Sie ist nicht herstellbar. Sie ist geschenkt.

Es ist gut, wenn uns unbegreiflich bleibt, dass vom letzten Ziel her gesehen „nichts Besseres gewünscht werden könnte". Es ist gut um der Opfer und um unserer Verantwortung willen. Denn was hilft es den namenlosen Ermordeten im Massengrab, wenn ich Sinn in ihrem Leiden sehe? Was hilft es dem, der in ähnlicher Gefahr lebt? Es schadet ihm nur, weil ich sein Leid nicht ernst genug nehme. Ich bin fein heraus: Es hat ja einen Sinn. Ich schleiche mich aus der Verantwortung: Es ist ja nicht so schlimm, es hat ja einen Sinn. Elender Freund Hiobs!

Es ist nicht *unser* Sinn, der da aufscheint in der Auferstehungshoffnung, nicht *unsere* Hoffnung und schon gar nicht unsere Ausrede. Gottes *geheimer* Sinn ist es, Gottes *eigene* Hoffnung. Wir haben sie nicht, wenn sie sich uns nicht offenbart. Wir haben sie nie als Besitz. Aber wir sehnen uns nach ihr. Wir hoffen, dass wir selbst so hoffen dürfen:

„Des Herrn Hand kam über mich und er führte mich hinaus im Geist des Herrn und stellte mich mitten auf ein weites Feld; das lag voller Totengebeine. Und er führte mich überall hindurch. Und siehe, es lagen sehr viele Gebeine über das Feld hin, und siehe, sie waren ganz verdorrt. Und er sprach zu mir: Du Menschenkind,

---

[413] Mk 16,3.

meinst du wohl, dass diese Gebeine wieder lebendig werden? Und ich sprach: Herr, mein Gott, du weißt es. Und er sprach zu mir: Weissage über diese Gebeine und sprich zu ihnen: Ihr verdorrten Gebeine, höret des Herrn Wort! So spricht Gott der Herr zu diesen Gebeinen: Siehe, ich will Odem in euch bringen, dass ihr wieder lebendig werdet. Ich will euch Sehnen geben und lasse Fleisch über euch wachsen und überziehe euch mit Haut und will euch Odem geben, dass ihr wieder lebendig werdet; und ihr sollt erfahren, dass ich der Herr bin. Und ich weissagte, wie mir befohlen war. Und siehe, da rauschte es, als ich weissagte, und siehe, es regte sich und die Gebeine rückten zusammen, Gebein zu Gebein. Und ich sah, und siehe, es wuchsen Sehnen und Fleisch darauf und sie wurden mit Haut überzogen; es war aber noch kein Odem in ihnen. Und er sprach zu mir: Weissage zum Odem; weissage, du Menschenkind, und sprich zum Odem: So spricht Gott der Herr: Odem, komm herzu von den vier Winden und blase diese Getöteten an, dass sie wieder lebendig werden! Und ich weissagte, wie er mir befohlen hatte. Da kam der Odem in sie und sie wurden wieder lebendig und stellten sich auf ihre Füße, ein überaus großes Heer. Und er sprach zu mir: Du Menschenkind, diese Gebeine sind das ganze Haus Israel."[414]

Hoffnung für die Opfer der Shoah, Hoffnung für die Ermordeten aller Genozide. Hoffnung für jeden einsam Umgekommenen, Hoffnung für alle, denen die Lust des Lebens versagt blieb. Solches kann kein Mensch sich denken, es kann nur Gottes *eigene* Hoffnung sein, dem Menschen mitgeteilt, nicht um zu begreifen, aber um doch glauben zu können, dass es ein Ziel gibt für die Welt, ein gutes Ende, wo jedes namenlose Grab sich auftun wird und jedes vergessene Hiobsleid zu Sprache und Ehre

---

[414] Hes 37,1-11.

kommen wird, zu Recht und wahrem Trost. Als Reim, den wir selbst uns machen, ist es alberne, verlogene Spekulation, als prophetisches Wort ist es unbegreifliche Offenbarung, Wort des Glaubens und des Trostes wie das Wort der Auferstehung Christi.

Der strenge Monotheismus des jüdischen Glaubens führt zu dem Paradox, dass Hiob sich *gegen* Gott nur *an* Gott wenden kann. Den stärksten und in der Auslegung am meisten diskutierten Ausdruck findet das in Kapitel 19:

„Er hat mich zerbrochen um und um, dass ich dahinfuhr, und hat meine Hoffnung ausgerissen wie einen Baum. Sein Zorn ist über mich entbrannt, und er achtet mich seinen Feinden gleich. Vereint kommen seine Kriegsscharen und haben ihren Weg gegen mich gebaut und sich um meine Hütte her gelagert. Er hat meine Brüder von mir entfernt, und meine Verwandten sind mir fremd geworden. Meine Nächsten haben sich zurückgezogen, und meine Freunde haben mich vergessen. Meinen Hausgenossen und meinen Mägden gelte ich als Fremder; ich bin ein Unbekannter in ihren Augen. Ich rief meinen Knecht und er antwortete mir nicht; ich musste ihn anflehen mit eigenem Munde. Mein Odem ist zuwider meiner Frau, und den Söhnen meiner Mutter ekelt's vor mir. Selbst die Kinder geben nichts auf mich; stelle ich mich gegen sie, so geben sie mir böse Worte. Alle meine Getreuen verabscheuen mich, und die ich lieb hatte, haben sich gegen mich gewandt. Mein Gebein hängt nur noch an Haut und Fleisch, und nur das nackte Leben brachte ich davon. Erbarmt euch über mich, erbarmt euch, meine Freunde; denn die Hand Gottes hat mich getroffen! Warum verfolgt ihr mich wie Gott und könnt nicht satt werden von meinem Fleisch? Ach dass meine Reden aufgeschrieben würden! Ach dass sie aufgezeichnet würden als Inschrift, mit einem eisernen Griffel in Blei geschrieben, zu ewigem Gedächtnis

in einen Fels gehauen! Aber ich weiß, dass mein Erlöser lebt, und als der Letzte wird er über dem Staub sich erheben. Und ist meine Haut noch so zerschlagen und mein Fleisch dahingeschwunden, so werde ich doch Gott sehen. Ich selbst werde ihn sehen, meine Augen werden ihn schauen und kein Fremder. Danach sehnt sich mein Herz in meiner Brust."[415]

Für Hiob ist Gott „nur noch ein tückischer Verfolger". Gegen diesen Gott wehrt Hiob sich mit glühendem Hass. „Es gibt keine Formulierungen in der Bibel, in denen Gott stärker beschuldigt wird", stellt der Psychoanalytiker Harmut Raguse richtig fest.[416]

„Es ist, wie wenn ein Kind seiner Mutter vertrauensvoll sagt, wie sehr es sie haßt. Aber die Verbindung ist bedroht durch die ungelöste Frage, wie die beiden so gegensätzlichen Erfahrungen sich zu einer verbinden lassen."[417]

Hiobs hemmungslose Klage ist nur möglich auf der Grundlage des unzerstörbaren *Urvertrauens.* Sonst dürfte Hiob das niemals wagen, was ihm die Freunde ja auch vorhalten. Und weil das Vertrauen die Grundlage bildet, ist das ganze Drama überspannt von der Hoffnung auf Rechtfertigung durch den Erlöser und letztendlich größeren Segen denn je, nicht in einem abgehobenen Jenseits, sondern in realer geschichtlicher Kontinuität. Die Klage ist der leidenschaftliche Kampf der schwer enttäuschten Liebe.

Darin ähnelt die Hiobsgeschichte sehr dem Kampf Jakobs am Jabbok: „Ich lasse dich nicht, du segnest mich

---

[415] Hiob 19,10-27.

[416] Hartmut Raguse, Psychoanalytische Erwägungen zum Hiob-Buch, in: Wege zum Menschen (2001) 1, 19-35, 27.

[417] Ebd., 28.

denn!"[418] Hier schließt sich auch der Kreis mit dem An-
fangskapitel: Die satanische These lautet nämlich: Es gibt
keine wahre Liebe zwischen Mensch und Gott. Und somit wird das Hiobbuch zu einem Hohenlied der Liebe
der anderen Art. „Somit bleiben Glaube, Hoffnung, Liebe; die Liebe aber ist die größte unter ihnen."[419] Die
Freunde kommen ans Ende mit ihrem Latein. Nicht so
Hiob: Er siegt! Er nötigt Gott letztendlich zur Antwort,
wenn diese auch ganz anders als erwartet ist: Sie reißt die
Enge seiner Theologie auf und eröffnet ihm einen ungeheuer weiten, neuen Horizont.

Es gibt zu denken, dass der glimmende Docht gerade
dann zu neuer Hoffnung entflammt, als Hiobs doppelte
Einsamkeit so stark wie nirgends sonst im Text in Worte
eingeht. Er fleht die gnadenlosen Freunde um Erbarmen
an: „Erbarmt euch über mich, erbarmt euch, meine Freunde; denn die Hand Gottes hat mich getroffen! Warum verfolgt ihr mich wie Gott und könnt nicht satt werden von
meinem Fleisch?"[420] Es ist ganz furchtbar für ihn, dass er
die Freunde ganz genau so erlebt wie Gott: nicht als Helfer, sondern als Jäger eines bereits tödlich verwundeten,
die nur noch hinter ihm her sind, um ihm den letzten
Stoß zu versetzen. Und nicht nur das: Der schützende,
stärkende, sinngebende Raum seines sozialen Umfelds
hat sich völlig aufgelöst: Er scheint nur noch der Verachtung und des Ekels wert zu sein. Hiob ist vollkommen allein und hat alle Welt und Gott mit ihr gegen sich. Den
Christen erinnert das eindringlich an die höllische Einsamkeit Jesu, als er am Kreuz hängend den Psalm den
Psalm 22 schreit:

[418] Gen 32,27. Vgl. Hans-Arved Willberg, Jakobs Weg, in: ChrisCare (2013) 2, 22f.
[419] 1.Kor 13,13.
[420] Hiob 19,21f.

*Mein Gott, mein Gott, warum hast du mich verlassen?
Ich schreie, aber meine Hilfe ist ferne. Mein Gott, des
Tages rufe ich, doch antwortest du nicht, und des
Nachts, doch finde ich keine Ruhe. Unsere Väter hofften
auf dich; und da sie hofften, halfst du ihnen heraus. Zu
dir schrien sie und wurden errettet, sie hofften auf dich
und wurden nicht zuschanden. Ich aber bin ein Wurm
und kein Mensch, ein Spott der Leute und verachtet
vom Volke. Alle, die mich sehen, verspotten mich, sper-
ren das Maul auf und schütteln den Kopf".*[421]

Gerade hier, in diesem Schnittpunkt der Erfahrung, eröffnet sich Hiob der mystische Durchblick auf den kommenden Erlöser.[422] Für Hiob erfüllt sich die geheimnisvolle
Gewissheit, dass sein Erlöser lebt und kommen wird, in
der Gottesrede: „Ich hatte von dir nur vom Hörensagen
vernommen; aber nun hat mein Auge dich gesehen."[423]

Dass Hiobs Wort vom Erlöser von der christlichen
Theologie dann auf den Erlöser Christus bezogen wurde,
ist nichts als folgerichtig. Überzogen ist diese Deutung jedoch, wenn daraus gefolgert wird, dass sich die intellektuelle und die existenzielle Aporie der Hiobserfahrung
durch das Dogma vom Erlösungsleiden Christi auflösen
würden, womöglich auch noch im Gegensatz zur alttestamentlichen Deutung.

Die Überwindung der beiden Aporien erlebt Hiob allerdings, nicht aber in der Form eines neuen Lehrsatzes,
sondern im unmittelbaren dialogischen Geschehen der
Gottesrede.

---

[421] Ps 22,2f.5-8.

[422] Das hat sich schon in Hiobs vorheriger Antwort auf die Freunde
angedeutet: „Siehe, auch jetzt noch ist mein Zeuge im Himmel, und
mein Fürsprecher ist in der Höhe." Hiob 16,19.

[423] Hiob 42,5.

5.1.4. Die Überwindung beider Aporien

„Die Gottesreden enthalten in der Binnenlogik des Buches
eine klare Antwort an Hiob."
Georg Langenhorst[424]

Insgesamt hat man im Blick auf das Spektrum der Auslegungsvarianten der letzten Kapitel den Eindruck, dass
wieder einmal zu viel über Hiob theoretisiert und zu wenig versucht wird, sich in seine Lage einzufühlen. Das
kann uns besser gelingen, wenn wir in der Kontinuität
der Handlung bleiben. Erstens bedeutet dies, dass wir die
äußeren Umstände der Gottesrede ernst nehmen, nämlich
ein offenbar sehr starkes Unwetter, das sich noch während der Elihurede zusammengebraut hat und nun vollends zum Ausbruch gelangt ist: Ein gewaltiges Naturschauspiel! Und zweitens halten wir fest, wo Hiob sich
mittlerweile in seinem Trauerprozess befindet, soweit
wir das orten können. Wie bemerkten es schon: Nicht die
Elihurede bahnt Hiobs Offenbarung im „Wettersturm"
an, sondern Hiobs eigener Gedankenfortschritt, der sich
immer mehr geklärt und geordnet hat. Wir können die
Trauerarbeit Hiobs am Ende von Kapitel 31 auf zwei Ebenen betrachten: Auf der Sachebene ist er weit gekommen.
Das Weisheitskapitel 28 reicht hin, um die intellektuelle
Aporie zu überwinden. Philosophisch kann Hiob damit
leben. Aber auf der Beziehungsebene fehlt ihm weiterhin
jede Antwort. Die Auflösung der intellektuellen Aporie
lindert die exstenzielle Aporie, mehr aber nicht. Hiob
fühlt sich so gottverlassen wie zuvor.

Versuchen wir nun, uns vor diesem Hintergrund so
nüchtern wie möglich und unter Verzicht eines deus ex

---

[424] G.Langenhorst, a.a.O., 336.

machina[425] vorzustellen, was in Hiob unter der Betrachtung des großen Naturschauspiels weiter vorgeht.

Sich eine grollend gewitternde Bassstimme aus dem Bühnenhintergrund als das Reden Gottes zu denken, ist wohl wenig hilfreich. Gleich was man über die äußeren Umstände der Theophanie auch fantasieren mag: Zur Offenbarung wird sie Hiob nur im eigenen Bewusstsein. Ein Schauspiel ist noch keine Offenbarung. Offenbarung ist sehr überzeugendes Aufleuchten von Wahrheit. Und das ereignet sich normalerweise recht unspektakulär *in* einem Menschen. So dürfen wir davon ausgehen, dass Hiob keine zwischengeschaltete „Stimme" hört, sondern dass sich für ihn in diesem Naturschauspiel per se die persönliche Anrede Gottes gleichsam spiegelt. In solcher Spiegelung ereignet sich die mystische Gottesbegegnung. Insofern hat Buber recht: Dies ist das Wesentliche, was er jetzt braucht und was ihm widerfährt. Gleichwohl lassen sich das Wort und die Gegenwart des heiligen Geistes nicht voneinander trennen: im Wort ist er gegenwärtig, und wenn er schweigt, wird er eben *nicht* mehr als gegenwärtig wahrgenommen. Dieses Wort aber ist nicht nur irgendeines wie in der Glossolalie[426], sondern es ist, sowohl mit der zeitgleichen griechischen Philosophie als auch dem Neuen Testament gesprochen, *Logos*, und Logos heißt nicht nur „Wort", sondern auch „Sinn". Der Logos ist logisch! Der Logos macht Sinn.

Hiob begegnet nicht nur irgendwie Gott, sondern begegnend dringt er durch zu einer neuen Logik des Verständnisses vom Dasein. Mithin ist das Wunder der mystischen Begegnung Hiobs die *Koinzidenz*[427] der Antwor-

---

[425] Im Theater der Gott, den man plötzlich und gewaltig auftreten lässt, wenn die Handlung langweilig oder inkonsistent wird. In der Theologie daraus abgeleitet die Gottesoffenbarung, die herbeigeholt wird, um Engpässe und Sackgassen des Denkens zu vermeiden.

[426] Zungenrede.

[427] Das übereinstimmende Zusammenfallen.

ten sowohl auf der Sachebene als auch auf der Beziehungsebene. Beide, intellektuelle und existenzielle Aporie, werden ihrer Lösung zugeführt. Intellektuelle und personale Erkenntnis spielen ineinander. Gerade die intellektuelle Schau ist ein hoch emotionales Ereignis für Hiob, sie leuchtet Hiob so sehr ein im buchstäblichen Sinn des Wortes, dass er dieses Licht sehr persönlich und sehr überzeugt als Gottes Gegenwart empfindet. Das tröstet nun wirklich.[428] Hiob findet Sinn, er sieht wieder klar. Er schaut Gott hinterher wie Mose[429] und Elia[430], er schaut im Schöpfungsgeheimnis Gottes Weisheitsspur, Gottes „Finger", ihn streift der Saum des Gottesgewands, und das ist Hiob mehr als genug. Gott hat sich über ihn erbarmt.

Die Überwindung der existenziellen Aporie auf der Beziehungsebene ereignet sich darin, *dass* Gott Hiob persönlich begegnet. Die Überwindung der intellektuellen Aporie auf der Sachebene geschieht in dem, *was* Gott zu ihm spricht. Beides ist nicht voneinander zu trennen. Im Bewusstsein Hiobs ist es eins. Es ist eins in der maxima-

---

[428] Man wird an den spätantiken christlichen Philosophen Boethius (ca. 480-524 n.Chr.) erinnert, der als zuvor hoch angesehener Gelehrter und Politiker wahrscheinlich durch eine verleumderische Intrige zum Tod verurteilt im Kerker auf seine Hinrichtung wartete und dort das Buch „Der Trost der Philosophie" schrieb, das bewegend authentisch seine Auseinandersetzung mit der Theodizee allein auf der intellektuellen Ebene bezeugt. Boethius findet tatsächlich Trost, indem er, durchaus ähnlich wie Hiob in Kapitel 28, die intellektuelle Aporie überwindet. Bemerkenswert ist, dass der rein philosophischen Gedankengang kein einziges Mal auf die Bibel zurückgreift. Vgl. Boethius, *Trost der Philosophie*, übersetzt u. hg. v. K. Büchner, mit einer Einführung v. F. Klingner (Philipp Reclam jun.: Stuttgart, 1971). Offen bleibt die Frage, ob auch er eine Hiob ähnliche mystische Gottesbegegnung erfahren durfte, die ihm auch *existenziellen* Trost durch die erfahrene Gottesgegenwart schenkte. Boethius hatte übrigens erheblichen Einfluss auf die spätere christliche Philosophie der Scholastik.

[429] Ex 33,20-23.

[430] 1.Kö 19,11-13.

len Emotionalität des Vorgangs. Hiob ist zutiefst ergriffen. Er schaut und es geschieht nichts anderes mehr in
ihm als Schauen. Hiob schaut Wahrheit und Weisheit. In
der Natur spiegelt sich ihm das Geheimnis des Schöpfers.

Die drei Freunde bemühen sich schwerpunktmäßig
um die Überwindung der *intellektuellen* Aporie. Sie versuchen sich einen Reim zu machen. Die Reime sind
schlecht, bestehen sie doch nur aus aufgewärmten Doktri-
nen möglichst alter Zeiten und wilden Spekulationen.
Über die Auseinandersetzung mit all diesen Argumenten, die Hiob der gemeinsamen Prägung mit den Freunden wegen so wohl vertraut sind und die einer tröstlichen Deutung seines Leidens jetzt sperrig im Weg standen, gelangte er im Weisheitskapitel 28 zu einer neuen
philosophischen Deutung. Das ist ein ganz wesentlicher
Schritt hin zur Gottesoffenbarung.

Dann tritt Elihu als Spezialist für die Überwindung
der *existenziellen* Aporie auf. Elihu setzt nicht auf intellektuelle Lösungen, er setzt auf die esoterische Erfahrung:
„Warum willst du mit ihm hadern, weil er auf Menschenworte nicht Antwort gibt? Denn auf eine Weise redet Gott
und auf eine zweite; nur beachtet man's nicht."[431] Und
das eben möchte Elihu Hiob beibringen: Die eine und andere Weise des Redens Gottes solcher Art zu beachten
und darin Trost zu finden. Es ist ein Reden, „das nicht auf
Menschenworte Antwort gibt". Es ist also ein Reden, das
nicht unter dem Vorzeichen der *Logik* steht. Das bedeutet:
Es muss nicht einsichtig sein. Wenn es aber nicht einsichtig ist, dann kann es auch nicht beurteilt werden. Genau
darin liegt das Problem der Esoterik.

Erinnern wir uns nun wieder daran, dass die Vier sehr
deutlich als *Seelsorger* in Erscheinung treten.[432] In der Tat

---

[431] Hiob 33,13f.

[432] Von Elihu wird zwar nicht gesagt, er sei gekommen, um Hiob zu
trösten, aber der Duktus seiner Rede entspricht doch ganz klar dem seiner Vorredner.

repräsentieren sie Formen der Seelsorge, die sich wahrscheinlich die ganze Theologiegeschichte hindurch nachvollziehen und sich jedenfalls in den heutigen Ausgestaltungen recht gut identifizieren lassen. Traditionalistische Seelsorge verpflichtet heute wie damals den Klienten auf überlieferte Normen, in die er sich fügen soll - dann werde es ihm besser gehen. Esoterische Seelsorge sieht gerade darin nur weitere Last für den Klienten. Darum ist Elihu so zornig auf die Drei und darum wendet er sich, in deutlicher Abgrenzung zu ihnen, so scheinbar einfühlend ganz von Mensch zu Mensch dem Leidenden zu. Esoterische Seelsorge verpflichtet den Klienten aber auf die Unmittelbarkeit spiritueller Erfahrungen. Nur wenn er dergleichen erlebe, werde es ihm *wirklich* besser gehen. Je nach ihrer spezifischen Lehrgestalt gibt sie hierfür paradigmatische Mustererfahrungen vor, die von denen, die sie machten, als besonders wirksamer Heilungsakt Gottes bezeugt werden. Die Verpflichtung besteht im mehr oder weniger subtilen Erwartungsdruck, sich derartigen Erfahrungen zu öffnen. Dabei geht Erfahrung, ganz Elihu entsprechend, vor Logik, Erlebnis vor dem sinngebenden Wort.

Christliche Esoterik versucht die Quadratur des Kreises, indem sie den Erfahrungsspielraum dogmatisch einengt: nur identifizierbar *christliche* Gotteserfahrungen seien legitim. Zugleich verweigert sie sich aber auch der dogmatischen Festlegung und logischen Überprüfbarkeit solcher Erfahrungen. Sie möchte ja dem Geist Gottes, der die Erfahrungen bewirkt, keine Grenzen setzen. Daraus folgt aber, dass es diese Grenzen in der Praxis eben nicht *gibt*. Somit wird es möglich, alle möglichen Arten der Erfahrung der christlichen Anschauung zu subsumieren. Und somit ist die christliche Esoterik nicht weniger esoterisch als die nichtchristliche.

Die vier Seelsorger Hiobs wollen die intellektuelle und die existenzielle Aporie überwinden, aber es gelingt ihnen nicht. Um trotzdem den Schein des Erfolgs aufrechterhalten zu können, müssen sie lügen. Hiob hingegen bleibt konsequent wahrhaftig, indem er sich der vorschnellen Auflösung verweigert und beharrlich weiter sucht. Ihm kommt Gott schließlich entgegen und lässt ihn auf beide Aporien Antwort finden.

5.1.5. Das Staunen

„Denn gar sehr ist dies der Zustand eines Freundes der Weisheit, die Verwunderung; ja es gibt keinen andern Anfang der Philosophie als diesen".
Sokrates[433]

Während Elihu sich Sturm und Hagel zum Trotz in Trance geredet hat, scheint Hiob einen sicheren Unterschlupf gefunden zu haben. Die Blitze schlagen nicht wie tödliche Pfeile um ihn herum ein, um ihm letztlich den Garaus zu machen, sondern sie zucken *für ihn*. Er betrachtet sich das alles aus sicherem Abstand. Er ist zur Ruhe gekommen.

Hiobs Kontemplation angesichts des Unwetters ist symptomatisch für seinen Wandel: Waren ihm im ersten Teil des Buches noch alle chaotischen Naturphänomene Zeichen des brutalen Willkürhandelns Gottes, so ist jetzt ein neues, lebendiges Interesse an der chaotischen Natur in ihm erwacht. Die Fragen, die Gott ihm stellt, steigen in ihm selbst hoch. Sein Schrecken wandelt sich zum Staunen und sein staunendes Wundern wird zur Bewunderung.

Das ist deutlich: Es hat eine Verschiebung in ihm stattgefunden: Das, was ihm da in den chaotischen Naturvor

---

[433] Platon, Theaitetos, in: Platon, *Sämtliche Werke,* deutsch v. F. Schleiermacher, F. Susemihl et al., Hg. E. Loewenthal, Bd. 2 (Lambert Schneider: Berlin, 1940), 582, http://www.zeno.org/Philosophie/M/Platon/Theaitetos?hl=theaitetos, Download 22. Mai 2013, Permalink http://www.zeno.org/nid/20009322687. „Verwunderung" kann auch mit „Staunen" übersetzt werden.

gängen begegnet, nimmt er anders als bisher als gewissermaßen eigenständige Phänomene wahr, und in der Eigenständigkeit darf auch ein eigener Sinn liegen. Hiob sieht
sich nicht mehr als Zentrum der Welt, auf das hin alle
Naturereignisse gerichtet sind, verbunden durch geheimnisvolle Zusammenhänge, die über sein Schicksal entscheiden.[434] Er wird zum selbständigen Beobachter auf
der Tribüne der Natur.

In der griechischen Kultur hatte sich in den vergange-
nen Jahrhunderten ein theologischer Wandel eingestellt,
der von dort an die geistige Welt völlig umgestaltete: Die
Entmythologisierung der Natur. Ausgangspunkt der epo-
chalen Veränderung war auch dort die Sichtweise, alle
Vorgänge der Natur seien nichts anderes als unmittelbare
Wirkungen göttlicher oder dämonischer Ursachen und
Aufgabe der Religion sei es, zu diesen Übermächten ein
gutes Verhältnis zu haben oder es herbeizuführen. Wenn
Zeus seine Blitze schleuderte, dann war sein Zorn der
Grund dafür, und dann musste man ihn gnädig stimmen,
damit er es wieder sein lasse. Die griechische Religion
hatte es der jüdischen gegenüber nur insofern einfacher,
da sie das Chaosproblem ganz gut integrieren konnte,
gab es doch auf dem Olymp genug Götter und Dämonen,
denen man es zuordnen konnte. Und auch in den Ober-
göttern hatte Chaotisches durchaus Raum, weil auch sie
nicht reine Wahrheit und Güte darstellten, sondern ganz
ähnliche Ambivalenzen in sich trugen wie die Menschen.

---

[434] Diese maßlose Übergewichtung der eigenen Bedeutung ist übrigens
typisch für den ganz und gar vom Schrecken beherrschten Psychotiker,
der alles mit allem in Bezug zu sich selbst verbunden wähnt und sich
selbst im Zentrum dieses Netzes entweder als Täter oder Opfer oder
beides zugleich, und der dann auch aus dem Mythos des Wahns heraus „ganz reale" Stimmen zu Deutung und Weisung erfährt, als Sub-
stitut für den völlig irre gewordenen Sinn. Nichts davon hat das Reden
Gottes im „Wettersturm" an sich! Es wird von einem völlig nüchternen, hellwach denkenden, allerdings auch tief ergriffenen, durch Leid
gereiften Menschen erfahren.

Für die Juden gab es aber nur *einen* Gott, und dieser eine war absolut rein, wahrhaftig, gut und heilig, in ihm konnte nichts Böses Raum haben. Einen *Hiobs*weg der Theodizee hatten die griechischen Weisen darum nicht zu gehen, denn der unüberbrückbare Widerspruch Gottes in sich selbst war kein Thema für sie. Sie mögen es darum auch leichter gehabt haben, die Götter nicht allzu ernst zu nehmen, und daraus gewannen die Weisen den Mut, sich mit rein forschendem Interesse dem Dasein an sich zuzuwenden, unter Verzicht auf Spekulationen über den spirituellen Background. Die Götter selbst machten ihnen weniger zu schaffen, eher ihre doktinären Anwälte in der realen politischen Lebenswelt, denen sie ein Dorn im Auge waren.

Das von jeder dogmatischen Voreingenommenheit freie schlicht betrachtende *Staunen* über das, was ist - und das ist nichts anderes als das, was uns in der Natur begegnet - bezeichneten die größten griechischen Philosophen, Platon und Aristoteles, als den „Anfang der Philosophie" und sie meinten damit den Anfang *jeder* Philosophie. Während für Platon das Staunen über die Natur vor allem Ausgangspunkt für ein neues, entmythologisiertes Nachdenken über den göttlichen Sinn der Natur war, ging für seinen Schüler Aristoteles aus dem Staunen vor allem das Erforschen der Naturvorgänge selbst hervor, was ihn dazu veranlasste, die erste groß angelegte Wissenschafttheorie zu entwickeln und damit auch den Grundstein für das Wissenschaftsverständnis der Neuzeit.

Wir wollen dem Text keine Gewalt antun, indem wir herauspressen, dass sich mit Hiobs neuer Gotteserkenntnis ebenfalls die Tür zur Daseinsbetrachtung um ihrer selbst willen und zur naturwissenschaftlichen Forschung auftut. Der Text intendiert das nicht. Gleichwohl ist sein verblüffend und ziemlich einzigartig in der Bibel auftretender naturphilosophischer Charakter nicht zu leugnen.

Und wir dürfen uns bewusst machen, dass Philosophie keine Spezialität des Griechentums etwa im Unterschied zum Judentum ist, sondern nichts anderes als die „Liebe zur Weisheit".[435] Insofern ist Hiob allerdings ein Philosoph. Festgehalten werden darf auf jeden Fall: Wenn Hiob in Kapitel 28 resümiert: „Die Furcht des Herrn, das ist Weisheit", dann erfüllt sich das während der Unwetterreden in ehrfürchtigem Staunen über Naturphänomene. Und das dürfte für das theologische Denken im Judentum zu jener Zeit ziemlich neu gewesen sein.

Wenn sich auch die geistesgeschichtlichen Wirkungen solcher Wandlungen kaum ganz rückgängig machen lassen, müssen sie doch immer neu aufgegriffen, vertieft und erneuert werden, und es gibt allenthalben starke Widerstände, die sie wie Unkraut überwuchern. Handelt es sich doch bei solchen Aufbrüchen zu geistiger Freiheit und Selbständigkeit, die sich gegen ein doktrinär traditionalistisches Umfeld durchsetzen müssen, das autoritär und unter Androhung von Höllenstrafen festlegt, was der Mensch erforschend wissen darf und was nicht, stets um Aufklärungsbewegungen, die dem Menschen den „Ausgang [...] aus seiner selbst verschuldeten Unmündigkeit"[436] und darin wahre verantwortliche Autonomie zumuten, um mit Kants berühmter Definition von „Aufklärung" zu sprechen. Es ist für unseren Zusammenhang erwähnenswert, wie Kants Text weitergeht:

„*Unmündigkeit ist das Unvermögen, sich seines Verstandes ohne Leitung eines anderen zu bedienen. Selbstverschuldet ist diese Unmündigkeit, wenn die Ursache derselben nicht am Mangel des Verstandes, sondern der Entschließung und des Muthes liegt, sich seiner ohne*

---

[435] Das Wort „Philosophie" bedeutet „Weisheitsliebe".

[436] Immanuel Kant, Beantwortung der Frage: Was ist Aufklärung?, in: Immanuel Kant, *Abhandlungen nach 1781*, Akademieausgabe, Bd. 8, Das Bonner Kant-Korpus, http://www.korpora.org/Kant/aa04/, 35.

*Leitung eines andern zu bedienen. Sapere aude[437]! habe
Muth dich deines eigenen Verstandes zu bedienen! ist also der Wahlspruch der Aufklärung."[438]*

Hiobs drei Freunde verkörpern sehr klar erkennbar eine
reaktionäre Form der Seelsorge, die darauf abzielt, die
Autonomie des Einzelnen zu brechen, ihn zu entmündigen, und ihn durch Suggestion, Druck und Drohung zur
Konformität mit doktrinären Dogmen zu bewegen. Der
Progressivist Elihu trägt ein anderes Mäntelchen, ist aber
aus demselben Holz geschnitzt. Die Parodierung der
Seelsorge an Hiob wie auch umgekehrt sein eigener,
selbstbewusster, provokanter und alles andere als ergebe-
ner Weg der Krisenbewältigung, der letztlich keineswegs
im niederschmetternden Donnerwetter des großen De-
mütigers, sondern in der unabhängigen staunenden
Blickwendung Hiobs auf ganz neue, wesentliche natur-
philosophische Erkenntnisse hin mündet, dies alles bezeugt sehr klar, dass auch das Buch Hiob eine Aufklärungsschrift ist, und zwar eine Aufklärungsschrift mit
seelsorgerlichem Fokus. Hier liegt ein stabiles theologisches Fundament für eine Theologie der Seelsorge vor,
die von Grund auf als Gegenentwurf zu jenen in den
Seelsorgern Hiobs symbolisierten autoritären und esoterischen „nie aussterbenden"[439] Konzeptionen ausgerichtet
ist.

Welche Erkenntnis wird Hiob nun aber im Unwetter
zuteil? Ihm wird eine neue Sicht der Natur, die Raum für
das Chaos hat. Wie das aussieht und wie das innerhalb
der Gottesrede strukturiert ist, lässt sich ganz gut nach-
zeichnen.

---

[437] „Wage es, dich der Vernunft zu bedienen" (Spruch von Horaz).

[438] I. Kant, Beantwortung der Frage, 35.

[439] D. Sölle, vgl. oben.

5.2. Ein neues Bild der Natur

„Wie der Schöpfer in den ersten Schöpfungstagen jeden Tag mit dem Lobe beschloß: 'Und Gott sah, daß es gut war', was er geschaffen hatte, so schaut er hier auch auf Hiob und lobt von neuem seine Schöpfung. Hiob aber dient, indem er den Herrn preist, nicht nur ihm, sondern dient damit zugleich dem Gesamtwerk des Schöpfers, von Geburt zu Geburt und in alle Ewigkeit, denn eben dazu ward er vorbestimmt. Mein Gott, was ist das für ein Buch und was sind das für Lehren! Welche Wunder enthält diese Heilige Schrift, und welch eine Kraft ist mit ihr dem Menschen gegeben!"

Fjodor Dostojewski[440]

5.2.1. Schöpfung und Sündenfall

„Die Natur ist kein geordnetes Ganzes: sogenannt vernünftige Menschen sind Scheuklappen tragende Wesen, die festen Schritts laufen, weil sie für den wahren und zutiefst verwirrenden Charakter der Realität blind sind und geschützt durch vom Menschen selbst erschaffene Apparate; wenn sie auch nur einen Blick darauf werfen würden, was sie wirklich ist - ein wilder Tanz - sie verlören den Verstand."

Johann Georg Hamann[441]

Hiobs Freunde differenzieren so konsequent zwischen Schöpfung und Sündenfall wie Jesu Jünger in der Diskussion um den Blindgeborenen. Für sie war die Frage, wessen Sünde er denn nun durch seine Blindheit auszubaden habe, die eigene oder die seiner Erzeuger, völlig unproblematisch. Sie erwarteten eine interessante theologische Antwort Jesu zu dieser interessanten Frage, nicht aber

---

[440] Aus den Aufzeichnungen des Staretz Sossima. Fjodor Dostojewski, *Die Brüder Karamasoff*, aus dem Russ. übertragen von E.K. Rahsin, 29. Aufl. (Piper: München / Zürich, 1999), 476.

[441] Johann Georg Hamann, zit. in: Aaron Antonovsky, *Salutogenese: Zur Entmystifizierung der Gesundheit*, deutsche erweiterte Hg. v. A. Franke, aus d. Amerik. v. A. Franke u. N. Schulte, Forum für Verhaltenstherapie und psychosoziale Praxis, Bd. 36 (Deutsche Gesellschaft für Verhaltenstherapie: Tübingen, 1997), 151. Hamann (1730-1788) war ein bekannter christlicher Philosoph zur Zeit der Aufklärung.

seinen Widerspruch gegen diese Frage selbst.[442]

Einem sehr gut etablierten jüdisch-christlichen Dogma zufolge ist alles Leid mittelbare oder unmittelbare Folge des Sündenfalls. Nochmals sei Psalm 90 zitiert:

„Das macht dein Zorn, dass wir so vergehen, und dein Grimm, dass wir so plötzlich dahin müssen. Denn unsre Missetaten stellst du vor dich, unsre unerkannte Sünde ins Licht vor deinem Angesicht. Darum fahren alle unsre Tage dahin durch deinen Zorn, wir bringen unsre Jahre zu wie ein Geschwätz."[443]

Psalm 130 fragt besorgt: „Wenn du, Herr, Sünden anrechnen willst - Herr, wer wird bestehen?" Psalm 90 antwortet: „Keiner wird bestehen. Denn in der Tat, Gott rechnet uns die Sünden an. Und das zeigt sich darin, dass wir krank werden und sterben."

Das Problem ist: Wir landen unweigerlich im theologischen System der Freunde Hiobs, wenn wir menschliche Leidenserfahrungen generell vom Sündenfall ableiten. Die Geschichte von Schöpfung und Fall im ersten Buch Mose scheint das nahezulegen.

Man versucht sich theologisch auf manche Weise zu helfen. Sehr en vogue ist die Unterscheidung zwischen der „allgemeinen Sündenverfallenheit" und der konkreten Sünde des Einzelnen. Aber glücklich wird damit niemand, weil dieses Konstrukt nur besagt, dass sich die Spur der konkreten Sünde eben irgendwo verläuft; sie lässt sich für das menschliche Auge nicht wirklich bis in alle Ursachen und Zusammenhänge hinein verfolgen. Wenn man es aber könnte, so wäre die Frage der Jünger völlig berechtigt und der Verdacht der Freunde Hiobs nicht minder. Denn sollte die Kausalverknüpfung zwi-

---

[442] Joh 9,1-3.
[443] Ps 90,7-9.

schen Sünde und Leid bei genauer Betrachtung irgendwo abreißen, dann taugte ja auch das ganze Konstrukt nicht mehr viel. Etwas anderes ist es, wenn man wie der französisch-jüdische Philosoph Emmanuel Lévinas (1906-1955) den Kausalismus beiseite lässt und stattdessen den Einzelnen sozusagen in ein Milieu der Sünde hineingeboren werden lässt, das ihn in die Mitschuld zieht, so gerecht er auch sei.[444] Unter dieser Voraussetzung bedeutet „Schuld" aber vor allem „Schuldigkeit" im Sinne von Verantwortung: So sind wir als Deutsche der Nachkriegsgenerationen den Opfern des Holocaust wie auch des Krieges schuldig, die Verantwortung zu übernehmen für das, was unsere Väter taten, und wir sind es unserem Volk schuldig, die Erinnerung daran aufrechtzuerhalten, daraus zu lernen und zu verhindern, dass Ähnliches wieder geschehen kann. Wir sind schuldig in der Solidarität und Stellvertretung, aber nicht im kausalen Sinn.

Wenn sogar *alles* Destruktive, konsequent aus dem Garten Eden verbannt, einzig als Folge des Sündenfalls verstanden wird, wenn also der ursprünglich vollkommen harmonischen Schöpfung beigelegt wird, es habe in ihr überhaupt kein Leid gegeben und geben *können*, und alles Leid ausschließlich als Folge der Sünde angesehen wird, kommt man nicht umhin, kindliche Jungschardiskussionen etwa über Anatomie und Physiologie der Löwen im Garten Eden ernstzunehmen, ohne eine erwachsene Antwort darauf geben zu können, und erst recht wird man um die Antwort verlegen sein, wie sich denn diese vermaledeite Schlange hineingeschlichen haben

---

[444] „Seine falschen Freunde denken wie er: In einer vernünftigen Welt verantwortet man nur *seine* Akte. Jjob, so meinen sie, hätte einiges vergessen. Aber [...] Jjob verfügt nicht über alle Daten, die zu berücksichtigen sind, um gerecht mit sich zu Rate zu gehen. Er kommt zu spät in eine ohne ihn geschaffene Welt und ist verantwortlich über seine Erfahrungen hinaus." Emmanuel Lévinas, *Die Spur des Anderen: Untersuchungen zur Phänomenologie und Sozialphilosophie*, übersetzt, hg. u. eingeleitet v. W.N. Krewani, 3. Aufl. (Karl Alber: Freiburg, München, 1992), 324f.

konnte. Hat da einer nicht aufgepasst oder hat Gott hier schon das Böse zugelassen? Dafür gewinnt man aber ein klares Bild vom Leiden in dieser Welt: Es ist dann eben schlichtweg vom Teufel.

„Die Natur ist in sich wild, nicht zahm", schreibt Chambers, und das Wilde deutet er als Destruktives: „Dieses Universum ist durcheinandergeraten, und die menschliche Vernunft vermag es nicht zu ordnen."[445] Es ist durcheinandergeraten durch den Sündenfall. Der Teufel steckt dahinter. In der Realität des Bösen, das durch die Sünde des Menschen in die Welt gekommen ist, hat menschliches Forschen seine Grenze:

> *„[D]ie wilde, unbezähmbare Seite der Natur sollte man nicht übersehen. Es gibt Kräfte in der Erde, der Luft und im Meer, die jedem Versuch einer Erklärung oder Kontrolle widerstehen. Wir können uns nur darüber wundern."*[446]

Für die Wissenschaft von der Natur hat solch eine Sichtweise erhebliche einschränkende Folgen: Vorgänge, die nicht unter vorgegebene Gesetzmäßigkeiten zu fassen sind, werden dämonisiert. Das Chaos hat im Kosmos nichts zu suchen, es ist vom Teufel. Es versteht sich von selbst, dass sich diese Anschauung bei ihren Verfechtern auf die ganze Weltanschauung erstreckt, indem zum Beispiel als „wild" empfundene Menschen ebenfall mit dem Dämonischen in Verbindung gebracht werden. Die Resultate sind bekannt.

Der Medizinsoziologe Aaron Antonovsky (1923-1994), israelischer Begründer der salutogenetischen Forschungsrichtung, die im Gegensatz zur pathogenetischen Ausrichtung herkömmlicher Medizin nicht in erster Line nach den Ursachen von *Krankheit* fragt, sondern nach den

---

[445] O. Chambers, a.a.O., 40.

[446] Ebd., 81.

Bedingungen von *Gesundheit*, folgert aus den Chaosmo-
dellen der Natur:

> *„Eine Möglichkeit ist, sich damit zufrieden zu geben,*
> *sich der Kritik von Jobs Freunden und letztlich den*
> *Verfügungen des Herrn zu unterwerfen. Wir können*
> *dann auf jede Wissenschaft verzichten und den Weg des*
> *Glaubens wählen, womit wir jede Möglichkeit aufgeben,*
> *jemals die fundamentale Frage zu verstehen, und die*
> *Wissenschaft bestenfalls auf begrenzte Bereiche*
> *beschränken. Oder wir können den Weg des*
> *Existentialismus wählen, die Welt als absurd zu*
> *definieren und Sisyphus als unser Vorbild wählen.“*[447]

Wir können, aber wir müssen nicht. Das schöpfungstheol-
logische Modell der Unwetterreden im Hiobbuch lädt
uns ein, den Weg zum Verständnis der Natur nicht in einer Dichotomisierung von Kosmos und Chaos zu suchen,
sondern in der Integration beider.

5.2.2. Geheimnisvolle Integration

Und die Erde war wüst und leer,
und es war finster auf der Tiefe;
und der Geist Gottes schwebte auf dem Wasser.
Genesis 1,2

Nicht nur das Chaotische, sondern auch das explizit Zerstörerische wird bereits in der Schöpfungsgeschichte des
Buches Genesis gar nicht als ein rein Böses eingeführt,
sondern als etwas, das irgendwie dazugehört, wenn auch
auf geheimnisvolle Weise: Das dunkle Chaos dient sozusagen als Urmaterial zur Erschaffung der Welt: „Die Erde

---

[447] A. Antonovsky, a.a.O., 151. Der Existenzialismus wird hier von Antonovsky allerdings einseitig dargestellt. Er meint damit sicher seine
atheistischen Hauptvertreter.

war wüst und leer"[448] - nicht wohl geordnet und aufge-
räumt wüst und leer, sondern wirr chaotisch: Gott schafft
den Kosmos, indem er Ordnung in das Chaos bringt.
Und die Schlange im Garten Eden wird mitnichten als eine Art Gegengott gezeigt, sondern sie ist ganz eindeutig
ein geschaffenes, wenn auch dem Menschen offenbar
sehr gefährliches Tier,[449] ein Naturphänomen also, dem
aber die merkwürdige Macht gegeben ist, einen ungeheuer starken, geradezu übermächtig magischen Einfluss
auf den Menschen zu nehmen.

Die Thematisierung der Polarität von Ordnung und
Chaos findet sich Schöpfungsbericht des Buches Genesis
allerdings nur am Rand. In den Unwetterreden des Hiobbuchs wird sie hingegen unübersehbar stark betont. Es ist
anzunehmen, dass damit ein Gegengewicht zum Dogma
von der Letztverursachung allen Leidens durch Sünde
geschaffen werden sollte, das der Theorie vom unbedingten Tun-Ergehen-Zusammenhang den Boden entzieht.

Es ist wohl kaum zu leugnen, dass die Lehre vom Sündenfall als Letzursache des Leidens einen starken Strang
biblischer Theologie darstellt, der sich auch durch das
Neue Testament zieht.[450] Sie wird durch die Unwetterreden nicht aufgehoben, aber problematisiert. Wir werden
zum Innehalten aufgefordert: Die dogmatische Klarheit
der Theologie vom Sündenfall ist so klar nicht. Schöpfung und Fall sind durchaus nicht voneinander zu lösen.
Das Geheimnis des Bösen lässt sich nicht aus dem Schöpfungsgeheimnis heraushalten. Wir können es nicht zu-
rechtdenken. Wir stehen vor einer Grenzmauer des Verstands. Das muss uns nicht verwundern, denn das Wesen
des Bösen ist Mysterium gleich wie das Mysterium des
Guten. Wesenhaft für jedes Mysterium ist aber, dass es

---

[448] Gen 1,2.

[449] Gen 3,1.

[450] Vgl. z.B. Rö 8,18ff.

dem Verstand nicht greifbar werden kann. Eindringlich
beschreibt Susman das Phänomen:

> *„Was im Buch Hiob der Satan bewirkt, indem er das
> Verbundensein Gottes und des Menschen im gemeinsa-
> men Geheimnis antastet und auflöst und den Menschen
> ins Leere stürzt, das geschieht in der Schöpfungsge-
> schichte durch den Ungehorsam des ersten Menschen.
> Doch furchtbar und geheimnisvoll verwirrt ist der Ur-
> sprung des Bösen: auch Adam ist von der dunklen Ge-
> genmacht verführt. Über ihren Auftrag erfahren wir
> hier nichts; wir hören nicht, wie sie sich mit Gott bere-
> det, um den Menschen zugrunde zu richten. Wir erken-
> nen nur ihre Wirkung [...]. So dunkel und ausweglos, so
> im Letzten bedroht und verwirrt zeichnet sich hier der
> Wirbel der menschlichen Existenz, in der Leben und
> Tod, Gut und Böse, Gott und Satan, sich in dem Den-
> ken und Erkennen unerreichbarer Tiefe mischen. Denn
> nur in der zeitlichen Auseinanderlegung der mythi-
> schen Darstellung erscheint ja als Ursache und Wir-
> kung, was in Wahrheit das schicksalsträchtige Geheim-
> nis, der tief verschlungene Schicksalsknoten der mensch-
> lichen Existenz ist, die immer in Gott gegründet und
> immer auch schon von ihm losgerissen ist.“*[451]

Es tut dem Menschen gut, den geheimnisvollen Zusammenhang von Schöpfung und Sündenfall nicht entflech-
ten zu können, denn dadurch ist ihm die Messbarkeit des
Guten und des Bösen genommen. Vergessen wir nicht,
dass der biblischen Erzählung nach erst die Frucht des
Baumes der Erkenntnis des Guten und Bösen den Sündenfall hervorbrachte: „Ihr werdet sein wie Gott, wenn
ihr untrügliches moralisches Wissen habt!“[452] Die Ver-
göttlichung des Menschen als Richter letzter Instanz ist

---

[451] M. Susman, 82f.

[452] Gen 3,5.

seit jeher die Wurzel der Unmenschlichkeit. Das schillernde Wesen der Schlange mit der gespaltenen Zunge reizt dazu, klare Verhältnisse zu schaffen. Ist sie satanisch? Ist sie göttlich? Die Frucht der Erkenntnis des Guten und Bösen nehmen Adam und Eva in sich auf, als sie entscheiden, sie sei göttlich. Sie haben ein Letzturteil gefällt.

Es tut dem Menschen gut, sich der Letzturteile enthalten zu dürfen, denn es erlaubt ihm Besonnenheit, Barmherzigkeit und Demut und es entlastet ihn, weil er das Urteil dem barmherzigen Gott überlassen kann. Das ermöglicht eine realistisch natürliche Ethik unter Verzicht auf hehre Rigorismen. Es erlaubt dem Menschen, weise zu werden. Und es eröffnet Hiob die Zukunft. Langenhorst fasst treffend zusammen:

„Diese 'Erlösung von der Fragestellung', dieses rückhaltlos vertrauende Sicheinfügen in eine von Gott gehaltene Wirklichkeit unter Verzicht auf rational einsehbare Antworten und Welterklärungsmodelle, ermöglicht Hiob das Weiterleben."[453]

Die wohltuende und befreiende Zurechtweisung Hiobs in den Unwetterreden weist ihm und dem menschlichen Verlangen nach dem Besitz letzter Wahrheiten einerseits die Grenze, andererseits gibt sie aber auch so viel Information, dass sich in der Grenze genug Sinn finden lässt.

---

[453] G. Langenhorst, a.a.O., 41. „Hat sich dieses neue theologische Denken [...] im Judentum und darauf aufbauenden Christentum durchgesetzt? Man wird diese Frage verneinen müssen." Ebd.

5.2.3. Das Chaos in den Gottesreden

„Die Schöpfung ist eine einzige Offenbarung der Macht Gottes
auf allen ihren Stufen."
Maragarete Susman[454]

Hiob benötigt offensichtlich ein neues Bild der Natur.
Das wird ihm durch die Gottesreden. Es ist besser, in die-
sem Zusammenhang von Naturerkenntnis statt von
Schöpfungserkenntnis zu reden. Denn erstens spricht
Gott von Schöpfungsvorgängen, aber er richtet den Blick
auf die Natur der Geschöpfe, die daraus entstanden. Die
Vorgänge selbst spielen für den Erkenntisgewinn Hiobs
keine Rolle. Zweitens hält Gott die Reden nicht um des
Rückschlusses vom Geschöpf auf den Schöpfer willen.
Das wird uns im nächsten Kapitel noch beschäftigen,
wenn es um den Zusammenhang der Unwetterreden mit
dem Gottesbild geht.

Ebach zufolge lässt sich die Thematik der Gottesreden
in drei Stufen aufteilen. Durchweg geht es um das Chaotische in der Natur. Sie beginnen mit Aussagen über das
Unergründliche, es folgt eine Betrachtung des *Widrigen*
und schließlich gipfeln die Reden in der Darstellung des
Feindlichen.[455]

Das Unergründliche

→ **Kapitel 38,1-38**

In diesem Kapitel wird Hiob mit einigen *Fragen des Aus-
messens* konfrontiert. Das Messen meint anscheinend ein
Wissen um die Naturgesetzlichkeiten. Es ist begrenzt.
Hier wird wieder aufgenommen, was Hiob schon im
Weisheitskapitel 28 bedachte. Die empirische Forschung
geht gegen unendlich; sie hat kein Ende. Das hat sich

---

[454] M. Susman, a.a.O., 138.

[455] Hauptquelle im Folgenden: J. Ebach, Streiten mit Gott 2, 126ff.

durch den Verlauf der Naturerforschung bis heute sehr bestätigt. Je tiefer wir in den Makro- und Mikrokosmos dringen, desto weitere neue Horizonte des Forschens tun sich auf.

Sehr viel ist in Kapitel 38 auch vom *Meer* die Rede. Der Schöpfungsbericht beginnt mit dem Chaos des Urmeers, über welchem dem Alttestamentler Gerhard von Rad zufolge nicht der Geist Gottes schwebt, wie wir es gewohnt sind, sondern ein „Gottessturm" tobt:[456] Chaos pur! Das Meer ist in der altorientalischen Vorstellung nicht nur unergründlich, sondern auch unheimlich, das Gegenteil also eines Ortes, an dem man sicher ist und sich zuhause fühlt. Im Meer wohnt das Chaos.[457] Nach der Schöpfung ist es von Gott gezähmt: „Bis hierher sollst du kommen und nicht weiter; hier sollen sich legen deine stolzen Wellen!"[458] Aber seine Unheimlichkeit verliert es dadurch nicht. Die schrecklichsten Seeungeheuer, Symbole des übermächtigen Bösen, hausen dort.[459]

Dennoch spricht Gott geradezu mütterlich über das Meer, fast so, als wäre es sein eigenes Baby: „Wer hat das

---

[456] Gen 1,2. Gerhard von Rad, *Das erste Buch Mose: Genesis*, Das Alte Testament Deutsch, Hg. A. Weiser, Teilband 2/4, 9., überarb. Aufl. (Vandenhoeck & Ruprecht: Göttingen, 1972), 30.

[457] „Noch in der Johannesoffenbarung zeichnet sich die erwartete neue Schöpfung dadurch aus, daß das Meer nicht mehr ist (Off 21,1)." J. Ebach, Streiten mit Gott 2, 126.

[458] Hiob 38,11.

[459] Gen 1,2 redet „nicht nur von einer Wirklichkeit, die einmal vor Urzeiten war, sondern zugleich von einer Möglichkeit, die immer gegeben ist. Daß hinter allem Geschaffenen der Abgrund der Gestaltlosigkeit liegt, daß ferner alles Geschaffene ständig bereit ist, im Abgrund des Gestaltlosen zu versinken, daß also das Chaotische schlechthin die Bedrohung alles Geschaffenen bedeutet, das ist eine Urerfahrung des Menschen und eine ständige Anfechtung seines Glaubens." G. v. Rad, a.a.O., 31.

Meer mit Toren verschlossen, als es herausbrach wie aus dem Mutterschoß, als ich's mit Wolken kleidete und in Dunkel einwickelte wie in Windeln?"[460]

Nicht nur reichen Hiobs Möglichkeiten, sich ein ermessendes Bild von der Natur zu machen, bei weitem nicht hin. Es wird ihm auch deutlich, dass er dieses Unermessliche nicht in zwei Räume aufteilen kann: Den guten und den bösen. So fremd und unheimlich ihm viele Naturgewalten auch vorkommen, sind sie doch offenbar vom Schöpfer ähnlich gern gesehen und behütet wie der Mensch.

Das Widrige

→ **Kapitel 38,39-39,29**

Im zweiten Teil der Reden werden Hiob zehn Tiere vorgeführt.[461] Das verbindende Moment der ausgewählten Tierarten ist Ebach zufolge, „daß sie auf je ihre Weise eine den menschlichen Bedürfnissen sich nicht fügende Welt bewohnen und repräsentieren, Zeugen einer Art Gegenwelt zur Menschenwelt sind."[462] Sie erscheinen dem Menschen „in keiner Weise nützlich"[463] und sind ihm hinderlich.

Eine Ausnahme bildet das Streitross, dem ein etwas längerer Abschnitt gewidmet ist.[464] Aber gerade hier zeigt sich die Ambivalenz: Einerseits kann es gezähmt werden, andererseits wohnt in ihm auch eine zerstöreri-

[460] Hiob 38,9.
[461] J. Ebach, Sreiten mit Gott 2, 132.
[462] Ebd.
[463] G. Langenhorst, a.a.O., 338.
[464] Hiob 38,19-25. J. Ebach, Streiten mit Gott 2, 137f.

sche Kraft, die der Reiter nicht mehr bändigen kann:[465] „Mit Donnern und Tosen fliegt es über die Erde dahin und lässt sich nicht halten beim Schall der Trompete."[466]

Den Hintergrund dieser „Tierschau" bilden wahrscheinlich altorientalische Mythen vom göttlichen „Herrn der Tiere". Damit ist auch hier der Zusammenhang des vorhergehenden Kapitels hergestellt: Jahwe ist der Hirte dieser Tiere, so wild chaotisch und unsinnig sie sich auch gebärden mögen, sie sind stets in seiner Gewalt und Ordnung.

Dieser Teil der Reden relativiert den Anthropozentrismus Hiobs und seiner Freunde. Was sich da so alles in der Schöpfungsarena abspielt, kann ganz gut auch ohne den Menschen sein. Es ist so, wie es ist, ob es dem Menschen gefällt oder nicht. Der Schöpfungsauftrag „Macht sie euch untertan"[467] hat seine Grenzen. Nicht alles lässt sich beherrschen, jedenfalls nicht so, wie der Mensch es gern hätte.

„Die Auswahl der Beispiele macht deutlich, daß es gerade um die ambivalenten Erscheinungen geht, die hier eindeutig als Handeln Gottes herausgestellt werden sollen", resümiert der Alttestamentler van Oorschot. „Auch im Widersinn und im Chaos wirkt Jahwe."[468]

Das alles liest sich noch einigermaßen harmlos. Einen Hiob muss die Unergründlichkeit und Widrigkeit vieler Naturerscheinungen nicht sehr beunruhigen. Aber Hiob hat ein sehr großes *moralisches* Problem mit Gott bekom-

---

[465] „Sich auf Pferde zu verlassen, gilt in der biblischen Sicht als Inbegriff von Hybris. Aber auch und gerade dieses Tier hat seine Kraft, Schönheit und Schnelligkeit, die weder von Menschen noch für Menschen geschaffen ist, von Gott. Die Passage über das Pferd zeigt ein Element der außermenschlichen Welt, das in die menschliche hineinragt und gerade darin deren Grenzen sichtbar macht." J. Ebach, Streiten mit Gott 2, 138.

[466] Hiob 39,24.

[467] Genesis 1,28.

[468] J. v. Oorschot, a.a.O., 212.

men. Es geht um den Satan, den Hiob aber hinter seinen Leidenserfahrungen weder sehen noch benennen kann. Hiob steht hilflos vor Ereignissen, die für ihn die reine Qualität des Bösen haben. Er weiß sie nicht einzuordnen. Er kann nur folgern, dass Gott selbst sie ihm schickt und dass Gott selbst darum böse ist.

Die beiden ersten Stufen haben die dritte vorbereitet. Nun geht es zur Sache, denn nun kommt das Phänomen des unzweifelhaft *Feindlichen* in der Natur zur Sprache.

Das Feindliche

➔ **Kapitel 40-41**

In diesen beiden Kapiteln werden zwei weitere Geschöpfe in die Manege geführt, die alle Tiere an Schrecklichkeit und Macht übertreffen: *Leviatan* und *Behemot*. Susman nennt sie die „gräßlichen Ungeheuer":

> „*In ihrer Grausamkeit offenbart sich ein noch an keiner Gerechtigkeit gemessenes Böses: [...] Auch diese Macht hat in Gottes Schöpfung Raum, wo sie nicht die Schöpfung selbst antastet.*"[469]

Leviatan begegnete uns schon mehrmals. Er tritt in verschiedenen Gestalten auf.[470] Er ist der Chaosdrache. Bei Jesaja erscheint er als schlangenartiges Meeresungeheuer: „Zu der Zeit wird der Herr heimsuchen mit seinem harten, großen und starken Schwert den Leviatan, die flüchtige Schlange, und den Leviatan, die gewundene Schlange, und wird den Drachen im Meer töten."[471] In Psalm 74 ist er ein Meeresdrache mit mehreren Köpfen.[472]

---

[469] M. Susman, a.a.O., 138.

[470] Im Folgenden J. Ebach, Streiten mit Gott 2, 150.

[471] Jes 27,1.

[472] Ps 74,17.

Der Leviatan ist „ein bedrohliches (Un-)Tier, dessen Entstehung mit der Weltschöpfung selbst zusammenhängt."[473] Interessanterweise finden wir einen Hinweis auf ihn bereits in der Schöpfungsgeschichte. In Gen 1,21, wo in der Lutherbibel von der Erschaffung „großer Walfische" die Rede ist, übersetzt Gerhard von Rad folgendermaßen: „So schuf Gott die großen Seeungetüme und alle lebendigen regen Wesen, von denen das Wasser wimmelt".[474] Zur Spezies „Seeungetüme" gehört der Leviatan. Auffällig ist nach Ebach, dass bei allen Tieren hinzugefügt wird, Gott habe sie „nach ihren Arten" geschaffen, mit Ausnahme der Seeungeheuer. Ebach folgert: „Auf diese Weise sind sie als 'Un-Tiere' bezeichnet; sie stehen ebenso in der Schöpfung wie außerhalb ihrer Kriterien."[475]

So auch der *Behemot*. „Siehe da den Behemot, den ich geschaffen habe wie auch dich!"[476] So führt Gott das zweite Untier ein und klarer kann nicht gesagt sein, wozu: „So furchtbar böse du den Behemot auch findest, er ist mein Geschöpf *genau wie du!*" Der Behemot ist ein Nilpferd. Diese einigermaßen ernüchternde Auskunft mag uns verblüffen und amüsieren, aber in der Mythologie des alten Orients galt der Behemot als Ungeheuer mit ganz ähnlicher Qualität wie der Leviatan. Die Schilderung in Hiob 40,15-24 lässt daran auch keinen Zweifel. Behemot ist Repräsentant einer „nicht nur widrigen, sondern schlechthin feindlichen Welt", er gilt als „ein das Chaos repräsentierendes und die Herrschaft Gottes potentiell bestreitendes Monstrum".[477] Ein Urwesen ist

---

[473] J. Ebach, Streiten mit Gott 2, 150.

[474] G. v. Rad, a.a.O., 28.

[475] J. Ebach, Streiten mit Gott 2, 151. „Auf die Frage, ob es Chaosmächte gebe, die die von Gott erschaffene und erhaltene Welt bedrohen, antwortet Gen 1 knapp, Gott habe auch sie erschaffen." Ebd.

[476] Hiob 40,15.

[477] J. Ebach, Streiten mit Gott 2, 146.

auch er, denn ausdrücklich heißt es in der Gottesrede über ihn: „Er ist das erste der Werke Gottes".[478]

Vor allem in der ägyptischen Mythologie treten Behemot und Leviatan gemeinsam auf. Dort nimmt der Leviatan die Gestalt des Krokodils an. Beim Behemot differenzierte man: Das weibliche Nilpferd galt als Schutzmacht, aber das männliche und insbesondere die rote Variante war „ein Chaosungeheuer"; es versinnbildlichte „die Vernichtung des Lebens", es galt als Erscheinungsform des Chaosgottes Seth.[479] In der ägyptischen Mythologie trat Horus, der Gott des Himmels und des Lichtes, als Jäger der beiden Untiere an. Die gute Macht widersteht der Bösen und besiegt sie. Dieses Motiv ging auch in die Unwetterreden ein. Nur wurde den Ungeheuern der Nimbus des (Wider-)Göttlichen genommen: Sie sind Geschöpfe wie alle anderen auch.

Leviatian und Behemot sind „die mythischen Verkörperungen der widermenschlichen Chaosmächte schlechthin".[480] Jahwe ist nicht nur ihr Schöpfer, sondern auch ihr Bändiger und Besieger. Damit ist der entscheidende Punkt erreicht: Hiob identifiziert die destruktive Übermacht nicht mehr mit Gott selbst. Sie hat ihren Ort in der Natur, die so sein darf, wie sie ist, weil nicht Hiob mit seinen Vorstellungen das Maß aller Dinge ist. Anscheinend liegt darin der Weg der Bewältigung schwerer Leidenserfahrungen: Sie als Naturgegebenheiten hinzunehmen, deren Sinn uns nicht ersichtlich sein muss, die aber in dieser Welt, die aus der Weisheit Gottes heraus so geschaffen ist, wie sie nun einmal ist - es gibt keine andere! -, geschehen und jedermann widerfahren können. Damit erübrigt sich alles weitere Nachforschen und die Eingangszene der Wette zwischen Gott und Satan darf für immer hinter

---

[478] Hiob 40,19.

[479] J. Ebach, Streiten mit Gott 2, 148.

[480] G. Langenhorst, a.a.O., 338.

dem Vorhang verschwinden. Nicht ein esoterisches Wissen um *Übernatürliches* bringt Hiob zur Ruhe, sondern die erweiterte Einsicht in das *Natürliche*. Damit erübrigt sich des Weiteren alle Festlegungen auf Kausalzusammenhänge, sofern sie ohne Evidenz sind.

Die Theodizee ist damit keineswegs aufgelöst, denn nach wie vor bleibt die Frage offen, warum Gott das Böse zulässt. Das bleibt sein Schöpfungsgeheimnis. Aber die Frage ist erheblich aufgelockert. Hiob löst sich aus dem Clinch mit Gott. Er kann sich jetzt in seine Erkenntnis des Weisheitskapitels 28 bergen, dass die Weisheit in Gott ist und nicht im Menschen, und er kann es gut sein lassen damit. Ihm wurde ein alternatives Modell zur Verfügung gestellt, das es ihm erlaubt, die Herkunft des erfahrenen Bösen nicht unmittelbar Gott anzulasten, sondern sie in der Schöpfung zu sehen. Er darf den Sitz des widerfahrenden Bösen in der Natur verorten und muss ihr dabei nicht den menschlichen Maßstab als Norm aufbürden. Vieles in der Natur darf anders sein, als es einem Menschen gut tut und gefällt. Und es darf auch dem Menschen zuwider und sogar feindlich sein.

5.3.   Ein neues Gottesbild

„Weil wir von Gott nicht wissen, was er ist,
sondern nur, was er *nicht* ist,
darum können wir auch nicht betrachten, wie er ist,
sondern eher, wie er *nicht* ist."
Thomas von Aquin[481]

5.3.1.   Naturerkenntnis und Gottes-
erkenntnis

„Die Vernunft, die durch so mächtige und unter ihren Händen
immer wachsende, obzwar nur empirische Beweisgründe, unablässig gehoben wird, kann durch keine Zweifel subtiler abgezo-
gener Spekulation so niedergedrückt werden, daß sie nicht aus
jeder grüblerischen Unentschlossenheit, gleich als aus einem
Traume, durch einen Blick, den sie auf die Wunder der Natur
und der Majestät des Weltbaues wirft, gerissen werden sollte,
um sich von Größe zu Größe bis zur allerhöchsten, vom Beding-
ten zur Bedingung, bis zum obersten und unbedingten Urheber
zu erheben."
Immanuel Kant[482]

Kant beschreibt hier einen ähnlichen Vorgang, wie wir
ihn in der Hiobsgeschichte finden. Aus dem niederdrück-
enden Zweifel der Spekulation über die Gründe seines
Leidens und die Gerechtigkeit Gottes wird Hiob durch
die große Naturschau des Unwetters emporgerissen zu
einer neuen Schau Gottes: „Ich hatte von dir nur vom Hörensagen vernommen; aber nun hat mein Auge dich gesehen."[483] Aber Kant hat auch, und zwar gerade im Zusammenhang dieses Zitats, eindringlich davor gewarnt, nicht
die falschen Schlüsse über Gott aus den wahrgenomme-

---

[481] Thomas von Aquin, zit. in: Josef Pieper, *Scholastik: Gestalten und Probleme der mittelalterlichen Philosophie*, 2., veränd. Aufl. (Kösel: München,
1986), 72. Thomas v. A. (1225-1274) ist einer der bedeutendsten christlichen Gelehrten des Mittelalters.

[482] Immanuel Kant, *Kritik der reinen Vernunft*, Hg. I. Heidemann, Nachdruck (Philipp Reclam jun.: Stuttgart, 2010), 656.

[483] Hiob 42,5.

nen Naturphänomenen zu ziehen. Dieser Unterschied ist wichtig: Die Naturerscheinungen sagen etwas über die *Natur* und nicht über ihren Schöpfer. Rückschlüsse, die wir daraus auf den Schöpfer ziehen, mögen plausibel sein, aber beweisbar sind sie nicht. Es mag sein, dass wir uns irren.

Beispielhaft für einen unzulässigen Rückschluss aus den Unwetterreden auf das Wesen Gottes ist die Hiobauslegung von C.G. Jung,[484] die nicht geringen Einfluss auf die Seelsorge hatte. Jung verlegt die Integration des Destruktiven von der Natur in Gott hinein. Für ihn ist das Buch Hiob kein Zeugnis der Wandlung des Natur- und Gottes*verständnisses*, sondern der Wandlung Gottes selbst. „Hiob ist nicht mehr als der äußere Anlaß zu einer innergöttlichen Auseinandersetzung."[485] Nicht das *Bild* von Gott muss sich vom grausamen Tyrannen zu wahrer Menschlichkeit ändern, sondern Gott selbst muss sich ändern.[486] Das sei in Hiob angebahnt, aber noch längst nicht erreicht. Die Bekehrung Gottes zum Menschen braucht ihre Zeit. Besonders schrecklich wird sich der Widerstand Gottes gegen seine Wandlung im Sterben Jesu am Kreuz manifestieren:

> *„Man muß sich vor Augen halten: Der Gott des Guten ist dermaßen unversöhnlich, daß er sich nur durch ein Menschenopfer beschwichtigen läßt! Das ist eine Unerträglichkeit, die man heutzutage nicht mehr ohne weiteres schlucken kann".*[487]

Gott wandelt sich, glaubt Jung, indem er das Böse, das wirklich aus Gott selbst kommt, nicht mehr von sich ab-

---

[484] C.G. Jung, a.a.O.

[485] Ebd., 25.

[486] Ebd., 47.

[487] Ebd., 74f.

spaltet. Jung ergänzt die Trinität um den Teufel zur Quaternität.

Die Grundschwäche des pychologischen Ansatzes Jungs ist erkenntnistheoretischer Natur: Er verleiht seinen eigenen esoterischen Einsichten[488] den Anschein sachlicher, seriöser intellektueller Erkenntnis. Jung bringt bereits das „richtige" Gottesbild mit, auf das hin sich der echte Gott entwickeln muss. Sehr zutreffend erkennt Jung die Notwendigkeit, das Unheimliche, Widrige und Feindliche in die Vorstellung der Natur zu integrieren und darum auch in die Vorstellung der Natur des *Menschen*. Aber er schließt unzulässig vom Wesen der Natur zurück auf das Wesen Gottes! Der Seelsorgewissenschaftlicher Otto Haendler folgert darum richtig: „Das heißt aber: Jung projiziert seine Voraussetzung, daß das Gottesbild ein Spiegel der Weltwirklichkeit sein müsse und nichts anderes sein könne, in sein Verständnis der Bibel hinein".[489]

---

[488] Wir sollten uns angewöhnen, das Wort „esoterisch" sachlich statt polemisch zu gebrauchen, indem wir uns auf seine Definition zurückbesinnen. Die Esoterik an sich ist ja noch nichts Schlimmes, ist das Wort doch zunächst nichts weiter als der Oberbegriff für einen erkenntnistheoretischen Ansatz, der sich im Grenzgebiet zwischen empirischer Nachvollziehbarkeit und spiritueller Information ansiedelt und beides irgendwie miteinander verknüpft. Die spirituelle Information ist das spezifisch Esoterische: Sie ist nur den Teilhabern des jeweiligen spirituellen Geheimnisses zugänglich. Die Frage ist dann allerdings, ob diese Verknüpfungen wissenschaftlich zulässig sind oder ob es sich um Fehlschlüsse handelt, die den spirituellen Informationen den Anschein empirisch wissenschaftlicher Erkenntnisse geben. Das ist für die real existierende Esoterik geradezu konstitutiv, weswegen auch der sachliche Gebrauch des Wortes meist nicht ohne abgrenzende Schärfe bleiben kann. Da die Unterscheidung zwischen Glauben und Wissen auch im Christentum wenig Beachtung erfährt, muss aber auch dort vieles, das den Schein von Wissenschaftlichkeit trägt, sachlich der Esoterik zugeordnet werden. Elihus Problem!

[489] Otto Haendler, *Tiefenpsychologie, Theologie und Seelsorge: Ausgewählte Aufsätze*, hg. von J. Scharfenberg und K. Winkler (Vandenhoeck & Ruprecht: Göttingen, 1971), 15f.

Halten wir fest: Auch Hiobs Erkenntnis durch die Un-
wetterrede ist *Naturerkenntnis*, nicht *Gotteserkenntnis*. Am
wichtigsten ist daran für Hiob, dass er jetzt Natürliches,
das er bislang in einen unmittelbaren Kausalzusammenhang mit Gott gebracht hatte, davon lösen und ihm eine
Eigenständigkeit zubilligen kann, die Ähnlichkeit zu seiner eigenen, menschlichen Eigenständigkeit hat. Die Natur ist ihm zum unmittelbaren Gegenüber geworden, mit
dem ganzen Spektrum ihrer auch furchterregenden Er-
scheinungsweisen; Gott selbst, so erkennt Hiob, hat mit
all dem nicht so viel zu tun, wie er vorher dachte. Das ist
Hiobs Entmythologisierung der Natur.

Aber damit wird Hiob keineswegs zum Materialisten
oder gar zum Atheisten. Er verfängt sich auch nicht in
der Unpersönlichkeit des Deismus.[490] Nur widerfährt
ihm die tröstende Gottesbegnung auf einer anderen Ebene: Darin nämlich, *dass* Gott sich seiner persönlich annimmt, *dass* er ihm überzeugend antwortend begegnet,
und dass er seinem Schicksal die bermherzige Wende
gibt. Seine Gottverlassenheit ist zuende, das ist sein größter Trost.

Zwar verändert sich sein Gottesbild dadurch allerdings, aber es verändert sich nicht, weil es ihm als Rückschluss aus der Naturerkenntnis aufgeht, sondern es ändert sich durch Offenbarung, und das bedeutet: im Geheimnis der mystischen neuen Gottesbegegnung, die mit
Worten nur angenähert, nicht aber gefasst werden kann.

Entsprechend differenzieren müssen wir auch, wenn
wir den theologischen Ertrag der Unwetterreden erör-
tern: Die Entmythologisierung der Natur, die dadurch an-
gestoßen ist, beinhaltet einige Aussagen, wie Gott *nicht*
ist, aber mehr wird über ihn dadurch nicht erschlossen.
Nur die bezeugte Erfüllung der Gewissheit, dass Hiob *in*

---

[490] Deismus ist die Anschauung, Gott habe die Welt einmal in Gang
gebracht und lasse sie nun ablaufen, ohne weiter einzugreifen, wie ein
Uhrmacher die Uhr.

Gott seinen Anwalt *gegen* Gott finden würde, gibt uns einen neuen Hinweis auf das Wesen dieses Gottes: Dass ihn eine unzerstörbare Liebesbeziehung mit seinem Hiob verbindet, dass die Liebe siegt, dass Gott die Liebe ist. „Ich weiß, dass mein Erlöser lebt".

Die negativ theologische Erkenntnis[491] aus den Unwetterreden, wie Gott *nicht* ist, erleichtert allerdings den Glauben daran, dass Gott die Liebe ist und nichts sonst. Jedenfalls spricht die Einordnung der Chaosmächte unter die Naturereignisse für die Freiheit, nicht an einen zornigen Verfolgergott zu glauben, der unerbittlich den Sünden der Menschen nachspürt, um sie drastisch zu bestrafen, wenn sie sich nicht ordnungsgemäß bekehren.

5.3.2. Der zwiespältige Gott

> „Gott hat eine rechte und eine linke Hand,
> und beide setzen seinen Willen ins Werk".
> Clemens von Alexandrien[492]

Der Mensch nach dem Sündenfall ist dem biblischen Bericht zufolge in sich gespalten: Einerseits flieht er misstrauend vor Gott, andererseits sehnt er sich vertrauend nach der Gemeinschaft mit ihm und findet auch Frieden und Segen darin. Dieser Zwiespalt wird uns sehr kräftig im Bild der ungleichen Brüder Kain und Abel sofort im nächsten Kapitel nach der Sündenfallgeschichte demonstriert.[493] Das Problem dabei ist aber, dass analog dazu vom Sündenfall an auch das Gottesbild gespalten ist: Gott ist voller Zorn und Gott ist voller Gnade. Man kann den Eindruck bekommen, dass diese beiden Gottesbilder im Verlauf der biblischen Geschichte irgendwie ständig

---

[491] Man nennt eine Theologie, die sich von Aussagen darüber, wie Gott *nicht* ist, definiert, „negative Theologie", was kein Werturteil ist.

[492] Clemens von Alexandrien (ca. 150-ca. 215), zit. in: R. Rohr, a.a.O., 42.

[493] Gen 4.

miteinander im Kampf liegen; manchmal scheint der Zwiespalt versöhnt, manchmal treten der zornige und der gnädige Gott krass auseinander und fast unerträglich gegeneinander, dann wieder scheint alles nur noch voller Gnade oder voller Zorn zu sein.

Der zornige Gott rechnet die Sünden an und vergisst keine dabei, ganz gleich, ob sich der Einzelne seiner Sünden bewusst ist oder nicht. Der zornige Gott bannt alle Menschheit unter einen gemeinsamen höllischen Fluch. Der gnädige Gott hingegen ist reines Erbarmen. Er verfolgt nicht, er lädt zu sich ein, um zu heilen und zu helfen, zu trösten und zu segnen.

Auch die Protagonisten der biblischen Heilsgeschichte erfahren diese göttliche Ambivalenz und leiden mitunter sehr darunter. Ein Großteil der Klage im Alten Testament, insbesondere in den Psalmen, ist aus solchen zwiespältigen Erfahrungen entstanden.

Und schon befinden wir uns wieder im Karussell der intellektuellen Aporie. Wir versuchen Widersprüche zu harmonisieren, die sich nicht harmonisieren lassen. Gott *kann* nicht gleichzeitig überaus großzügig und liebevoll und überaus zornig jeder kleinen Sünde wegen sein! Das ist ganz einfach nicht logisch. Jüdisch-christliche Dogmatik behauptet aber seit Jahrtausenden: Auch wenn es nicht logisch ist, musst du es doch akzeptieren. So argumentieren allerdings auch die Freunde Hiobs. Der lässt sich aber von Basta-Argumenten nicht irre machen. Wie soll er einem Gott vertrauen, der ihn mit der einen Hand streichelt und mit der anderen ohrfeigt, noch dazu ohne erkennbaren Grund? Das Problem des zwiegespaltenen Gottes mit den beiden verschiedenen Händen ist, dass dieses Bild noch schlimmer ist als das eines durchweg grausamen Gottes, bei dem man wenigstens weiß, woran man ist. Der gespaltene Gott ist noch viel sadistischer als der grausame.

Die Frage ist wieder, ob dieses Gottesbild Offenbarung oder menschliche Projektion ist. Kann sich ein jüdisch-christlicher Gott wirklich als der Zwiegespaltene offenbaren? Mit welcher Bibelstelle lässt sich das belegen? Der Name „Jahwe" bedeutet „Ich bin, der ich bin und sein werde." Es ist vollkommen grotesk zu denken, Gott hätte sich Mose mit den Worten „Ich bin der Gespaltene mit den zwei Händen, deren eine dich streicheln und deren andere dich schlagen wird", vorgestellt. Nie kann unter einer solchen Voraussetzung Vertrauen entstehen!

Nein, es handelt sich um nicht mehr als ein dogmatisches Konstrukt. Da die monarchischen Herrscher aller Zeiten genau dieses gespaltene Bild des großmütigen Gönners und allgegenwärtigen Verfolgers in Personalunion verkörperten, von dessen Gnade das Leben des Einzelnen abhängt, vor dem man einerseits angstvoll zittern muss und um dessen Anerkennung man andererseits leidenschaftlich buhlt, konnte sich das Dogma so gut etablieren und verfestigen.

Im Mittelalter verschmolz das Bild vom zwiespältigen Gott geradezu mit dem Realbild der geistlichen Herrscher. Der geistlichen Elite gefiel das, denn übel angstgeplagte Untertanen sind sehr willig, sich versklaven zu lassen, um wenigstens ein bisschen Anerkennung und Zuwendung zu erhalten. Das System schien perfekt: Der tyrannische Gott regierte durch die tyrannische geistliche Elite, sein Machtinstrument war die Angst, und die geistliche Elite wurde dadurch sehr, sehr reich.

Von der Angst waren auch die Reformatoren geprägt. Luther singt über sich selbst: „Die Angst mich zu verzweifeln trieb, dass nichts denn Sterben bei mir blieb, zur Höllen musst ich sinken."[494] Er hatte wahnsinnige Angst vor dem zornigen Gott. Darum bemühte er sich verzwei-

---

[494] Ev. Kirchengesangbuch 341.

felt um eine Antwort auf seine alles entscheidende Frage: „Wie bekomme ich einen *gnädigen* Gott?" Er suchte nach dem wirksamen, endgültigen Trost gegen die Angst. Es ist theologisch überaus wichtig, worin sich ihm die Antwort offenbarte: Bei der Meditation des ersten Kapitels im Römerbrief, wo Paulus schreibt, dass „die Gerechigkeit, die vor Gott gilt", „aus Glauben in Glauben" kommt,[495] ging ihm plötzlich auf, dass mit „Gerechtigkeit" keine *Forderung* an den Menschen gemeint ist, sondern seine umfassende *geschenkte Rechtfertigung* durch Gott.[496] Nicht das Handeln des Menschen ist gerechtfertigt, aber der Mensch selbst, völlig unabhängig von seinem Handeln. Aller Zorn Gottes und alle Strafe kann sich darum nur auf konkretes Handeln beziehen, aber die Würde des Einzelnen bleibt unter allen Umständen von der Rechtfertigung umschlossen. Wenn auch die Sünde verdammt wird, so ist doch der Sünder stets von Gott sehr persönlich geachtet und geliebt. Es gibt keine willkürlich schlagende Hand Gottes, sondern nur zwei offene Arme für sein Menschengeschöpf. Wenn Gott dem Menschen unangenehm wird, dann nur dort, wo dem Einzelnen nicht anders geholfen werden kann, weil er durch gesetzte Grenzen vor sich selbst und anderen geschützt werden muss.

Vor diesem Hintergrund erlangte für Luther die Unterscheidung zwischen dem *offenbaren* und dem *verborgenen* Gott große Bedeutung. Den offenbaren Gott nannte er „deus revelatus", den verborgenen „deus absconditus". Luthers eigene Gottesoffenbarung bestand in der Erkenntnis, dass wir durch das Evangelium einladend aufgefordert sind, dem in Jesus Christus repräsentierten deus revelatus unser ganzes Vertrauen zu schenken, weil er ganz und gar vertrauens*würdig* ist, und dass es keine

[495] Rö 1,17.

[496] Eduard Ellwein (Hg.), *D. Martin Luthers Epistel-Auslegung*, Bd. 1: *Der Römerbrief* (Vandenhoeck & Ruprecht: Göttingen, 1963), 14-16.

Verbindung zum deus absconditus als die blanke Angst gibt, wir aber immer neu von der Angst vor dem deus absconditus weg zum deus revelatus fliehen dürfen.

5.3.3. Offenbarer und verborgener Gott

> „Si comprehendis, non est deus"
> Augustinus[497]

Hiob wendet sich *an* Gott *gegen* Gott und behält Recht damit. Für einen konsequenten dogmatischen Monotheismus ist Hiobs Hoffnung *auf* Gott *gegen* Gott theologisch schwierig, psychologisch hingegen einleuchtend: Trotz des überlieferten Vergeltungsschemas, in dem wohl auch Hiob groß geworden war, steht am Anfang der Geschichte Hiobs Herzensbeziehung zu dem Gott, den er für wahrhaft vertrauenswürdig hält, dem deus revelatus, dem Jahwe des Exodus. Aber er wird irre an Gott. Seine Gottverlassenheit ist kein Vakuum, sondern sie ist gefüllt von einem völlig anderen, *fremden* Gott, den Hiob um seines *geliebten* Gottes willen abgrundtief hasst. Dem hält er entgegen: „Ich weiß, dass mein Erlöser lebt!"

Das ist sehr gut nachvollziehbar, sofern wir nicht in die Vorstellung verfallen, der eine Gott hätte sich tatsächlich einmal als der vertrauenswürdig liebende und treue und das andere Mal als der willkürlich zornige deus absconditus gezeigt. Wenn auch die Frage nach Herkunft und Sinn des Bösen letztlich unbeantwortet bleiben muss, weil sie den menschlichen Verstand übersteigt, entspräche das doch keineswegs der Gesamtbotschaft des Hiobbuchs. Es wird ja festgestellt, und Hiob bekennt sich selbst dazu, dass Hiob sich in seiner Bewertung der Leidensereignisse *getäuscht* hat: Die Schlussfolgerung, Gott selbst sei ihm zum erbarmungslosen Jäger geworden,

---

[497] „Wenn du es begreifst, ist es nicht Gott." Augustinus, zit. in: J. Pieper, a.a.O., 71f. Augustinus (354-430 n.Chr.) ist der bedeutendste christliche Gelehrte der Spätantike.

wird als Fehlschluss aufgezeigt. Selbst wenn es so wäre, müsste es Hiob nicht interessieren: Derartiges über das *Wesen* Gottes auszusagen, ist anmaßend und es kann nicht anders als in die Irre führen. Hiob darf *glauben*, dass Gott *nicht* gespalten ist. Er *darf* dem Destruktiven seinen Ort in der Natur zuschreiben und nicht im Wesen Gottes und er *darf* die Deutung, die zielgenauen Angriffe zur Zermürbung seines Widerstands müssten zwingend auf Gott selbst zurückgeführt werden, als *Lügen* zurückweisen.

In den unzulässigen Rückschlüssen aus der Erfahrung auf das Wesen Gottes liegt das Problem. C.G. Jung schreibt:

> „Jahwe aber ist kein Mensch; er ist beides, Verfolger und Helfer in einem, wobei der eine Aspekt so wirklich ist wie der andere. Jahwe ist nicht gespalten, sondern eine Antinomie, eine totale innere Gegensätzlichkeit, die unerläßliche Voraussetzung seiner ungeheuren Dynamik, seiner Allmacht und Allwissenheit."[498]

Das ist gut gemeint, aber intellektuell nicht nachvollziehbar. Jung tut aber so, als wäre die „Antinomie" eine für den Verstand akzeptable logische Gegebenheit. Sie ist es nicht, denn sie wird konterkariert durch einen der Hauptsätze der Logik, den Satz vom Widerspruch: Ein Ding kann nicht gleichzeitig es selbst und ein anderes sein.

Auch in der Trinität nicht. Hierin liegt der Fehlschluss des christlichen Dogmas, das aus der Unterscheidung von deus revelatus und deus absconditus geworden ist: Wenn beide Gottesbilder als real und sogar notwendige „Antinomie" *dogmatisch* in der Trinität verankert werden, dann wird die Einheit der Trinität dadurch zersprengt, weil sie logisch nicht mit der Antinomie vereinbart werden kann.

---

[498] C.G. Jung, a.a.O., 16.

Eine häufige Ausprägung dieses Widerspruchs begegnet uns in der Unterscheidung von „Gesetz" und „Evangelium". Das Gesetz wird dem deus absconditus zugeordnet, das Evangelium dem deus revelatus. Es sei ganz selbstverständlich, dass Ersterer schon beim geringsten Anflug einer moralischen Unreinigkeit des Menschen mit der Hölle strafen würde, denn Gott sei nun einmal heilig und könne nichts Unheiliges dulden. Aber da der zornige Gott zugleich auch der Erbarmende sei, habe er der Schwierigkeit, dass unter dieser Voraussetzung eigentlich alle Menschen in der Hölle landen müssten, durch das Opfer seines Sohnes abgeholfen. Hier kommt der deus revelatus ins Spiel: Gottes Sohn, der unsere Schuld auf sich nahm. Darum können wir nun auch jederzeit Vergebung beanspruchen: Der Sohn tritt vor dem zornigen Vater für uns ein. Wir müssen aber aufpassen, ernsthaft genug zu sein, denn immerhin ist der Preis des unschuldigen Sohnes für die Vergebung unserer Schuld sein teures Blut. Darum dürfen wir keine noch so kleine Sünde verharmlosen - all das hat ja Jesus an's Kreuz gebracht. Wer darauf nicht achtet, darf nicht behaupten, ihn zu lieben.

Vor allem dem pietistisch, evangelikal, charismatisch und protestantisch-orthodox geprägten Christen ist das alles wohl vertraut. Aber ist es darum auch wahr? Es mag wahr sein, sofern das dogmatisch festgelegte Gottesbild wahr ist. Aber die Wahrheit eines dogmatisch festgelegten Gottesbildes zu beanspruchen ist ein Widerspruch in sich selbst.

Die dogmatische Theologie hat ähnlich wie C.G. Jung den Fehler gemacht, den deus absconditus als notwendigen Glaubensinhalt zu deuten. Das führte zu der intellektuellen Aporie, dass entweder der Sohn gegen den Vater sein muss oder dass der eine Gott zürnend wie liebend in Personalunion zu verstehen sei. Man entschied sich für beides und begründete nolens volens das Gottesmodell analogisch antropomorph im real existierenden Absolutismus: „Ich habe nichts als Zorn verdienet", aber der hohe Herrscher ist gewillt, mich gnädig anzunehmen - allerdings kann er mich jederzeit wieder fallen lassen, wenn meiner Nachlässigkeit wegen seine Gunst sich wendet. Genau wie bei Hiobs Seelsorgern ist die Schwierigkeit dabei, dass der Glaube als Definiens[499] eines „richtigen" (orthodoxen) Denkens *über* Gott angesehen wird. Dieses Denken muss scheitern. Durch das Denken *über* Gott können nur verzerrte Gottesbilder entstehen, weil, wie bei allen Transzendentien, der archimedische Punkt der Totalität des Wahrzunehmenden gegenüber fehlt.

5.3.4. Das Kippbild

> „Das ist wohl das Größte in Hiob, daß er angesichts dieser Schwierigkeit nicht an der Einheit Gottes irre wird, sondern klar sieht, daß Gott sich in Widerspruch mit sich selber befindet, und zwar dermaßen total, daß er, Hiob, gewiß ist, in Gott einen Helfer und Anwalt gegen Gott zu finden."
>
> Carl Gustav Jung[500]

Deus revelatus und deus absconditus mögen ja irgendwie zusammengehören, aber mit dem Verstand können wir das nicht fassen. Es wurde versucht, die Schwierigkeit mit der Funktion unserer beiden Gehirnhälften zu begründen. Die linke könne nur im Entweder-Oder denken, der rechten gelänge hingegen das Sowohl-als-auch. Der moderne zivilisierte Mensch denke linkshirnig, die Israeliten hätten aber viel mehr rechtshirnig gedacht, und aus diesem Denken heraus sei auch die Bibel entstanden. „Sie hatten keine Probleme mit dem Paradox, mit dem 'sowohl als auch'. Deswegen können sie Satan droben im Himmel auftreten lassen - als Berater Gottes!"[501] Hier passieren zwei Fehler: Erstens wird eine unzulässige Wertung der beiden Gehirnhälften vorgenommen. Sinn-

---

[499] Begriff, der einen anderen Begriff bestimmt.

[500] C.G. Jung, a.a.O., 16.

[501] R. Rohr, a.a.O., 43f.

vollerweise gehören die beiden zusammen und nur so kann davon ausgegangen werden, dass ein Gehirn adäquat funktioniert. Den logischen Grundsatz vom Widerspruch vor lauter Rechtshirnigkeit gar nicht mehr begreifen zu können, wäre sicher nicht hilfreich für die betreffend Person. Sie wäre nicht lebensfähig und graduelle Abstufungen auf dieses Ziel zu sind auch nicht unbedingt wünschenswert. Einseitigkeiten haben ihren Preis. Zweitens werden hier zwei Ebenen vermischt: Auf der einen Ebene geht es um neurologische Wahrnehmungen, auf der anderen Ebene um logische Zusammenhänge. Wenn mein Gehirn, aus welchem Grund auch immer, mir mitteilt, dass zwei plus zwei fünf seien, ändert das nichts an der Logik, dass vier herauskommen kommen muss. Es tut nicht gut, Gehirnvorgänge gegen die Logik auszuspielen. Was dabei heraus kommt, ist gar zu unlogisch.[502]

Es bleibt dabei: Wir können es nicht fassen. Was wir aber fassen können, ist das empirisch sehr gut wahrnehmbare psychologische Faktum unserer *Angst* vor dem deus absconditus. Psychologisch gesehen haben wir es nicht mit einem Gott zu tun, der eine rechte gute und eine linke böse Hand hat. Das ist ein theologisch dogmatisches Konstrukt. Aber psychologisch gesehen haben wir es mit der Polarität von Angst und Vertrauen zu tun. Jeder Mensch weiß oder spürt zumindest, was existenzielle Angst ist und jeder Mensch weiß oder spürt, was Urvertrauen ist. Danach sehnen wir uns zutiefst, und so tief wie uns danach sehnen, fürchten wir auch die Hölle letztendlicher Gottverlassenheit. Diese Polarität formt unserer Gottesbilder, sind diese doch nichts anderes als unsere Vorstellungen von den höchsten Werten. Jeder Mensch

---

[502] Man hat versucht, ganze Glaubenssysteme auf Rechts- oder Linkshirnigkeit zurückzuführen. Vgl. Ashbrook, James B., *The Human Mind and the Mind of God: Theological Promise in Brain Research* (University Press of America: Lanham, New York, London, 1984). Es bleibt abzuwarten, ob uns das weiterbringt.

trägt das Bild des deus revelatus wie auch das Bild des deus absconditus in sich: Das eine hofft er, das andere fürchtet er. Die reformatorische Wende bestand und wird immer neu bestehen in der Abkehr vom deus absconditus ganz hin zum deus revelatus. Aber das geht nur, wenn entweder das Dogma mitmacht oder wenn es durchbrochen wird. Hiob durchbrach es.

Denn genau das zeichnet Hiob aus und genau das macht ihn zum Reformator: *Dass er sich leidenschaftlich und außerordentlich hartnäckig weigert, an den deus absconditus zu glauben!* Hiobs ganzen Streit mit Gott und den Seelsorgern durchzieht dieser eine Grundgedanke: „Ich glaube es nicht - es ist nicht wahr!" Das ist zunächst auch natürlich Ausdruck des Schocks angesichts des furchtbaren Leids. Aber das wandelt sich im Prozess der Trauerarbeit. Was sich aber in Hiob von Anfang bis Ende *nicht* wandelt, ist dieses reformatorische Nein: Ich weigere mich einzuräumen, dass es eben auch eine finstere Seite in Gott gibt. Ich weigere mich an einen Gott zu glauben, der schwankt zwischen Freundlichkeit und Grausamkeit! Soll Hiob sagen: „Ach ja, wenn man die finstere Seite Gottes bedenkt, dann wird es eben auch einen göttlichen Sinn an Auschwitz geben"? Das erst wäre für Hiob nun *wirklich* Blasphemie, furchtbarer Verrat an dem erbarmenden Gott, der nicht anders kann, aus Liebe nicht, als mit ihnen allen, mit jedem einzelnen Opfer wieder neu, in die Höllenangst und in den Tod zu gehen. An *den* glaubt Hiob und der hat ihn verlassen. Aber dem fremden erhabenen Überwesen, das die Muße und Kälte besitzt, auch noch am Allerbösesten etwas Gutes zu finden, wird er bis in die Ewigkeit hinein sein Nein entgegenbrüllen.

Weder den deus absconditus noch den deus revelatus können wir *wissen*, denn die Frage des Gottesbildes ist nicht eine Frage des *Wissens*, sondern des *Glaubens*. Wissen können wir aber, dass diese beiden Bilder in uns wohnen und dass sie sich uns *anbieten*, geglaubt zu werden. Die Dogmatik sagt uns, dass wir beide zugleich zu glauben hätten, aber das können wir nur um den Preis der Schizophrenie. Das heißt: Wir können es gar nicht. Der Versuch, intellektuell den deus absconditus und den deus revelatus in ein einziges Gottesbild zu integrieren, führt unweigerlich die Dominanz des deus absconditus herbei, weil der in sich gespaltene Gott nun einmal für einen Menschen nicht vertrauenswürdig sein kann. Um des Glaubens froh zu werden, können wir es aber wie Hiob halten und, von ihm lernend, vielleicht auch noch ein wenig über ihn hinaus gehen: Wir können dem deus absconditus in uns den Glauben verweigern, die Angst, die durch sein Bild in uns entsteht, als Lüge bewerten und uns entschließen, unser ungeteiltes Vertrauen dem deus revelatus zu schenken, von dem uns gesagt ist, er sei die Liebe selbst, und dass keine Furcht in der Liebe sei, sondern dass die Liebe alle Furcht vertreibe.[503]

Gewiss ist der deus absconditus die dunkle Seite des deus revelatus. Aber es überfordert den menschlichen Verstand, Licht und Schatten Gottes zugleich zu betrachten. Wenn wir versuchen, den Schatten mit ins Bild zu nehmen, wird er unseren Blick fesseln, und wir werden das Licht nicht mehr sehen. Manchmal drängt sich der Schatten so finster auf, dass alles Licht verdunkelt ist, aber nie gibt es eine Wahl: Immer überwinden wir nur, wenn unser Blick wieder am Licht haftet. Dann ahnen wir den Schatten, aber er kümmert uns nicht.

Die beiden Gottesbilder sind zu einem *Vexierbild* zusammengefügt oder einer *Kippfigur*, wie man auch dazu sagt. Zwei Darstellungen sind zu einem Bild verwoben, aber wir sehen immer nur eine davon. Die Wahrnehmung kippt von der einen Darstellung zur anderen. Das Besondere an Kippbildern ist, das nie beide Bilder zugleich gesehen werden können. Unser Gehirn kann das

---

[503] 1Joh 4,16-18.

einfach nicht. Ebensowenig kann unser Verstand die Antinomie in Gott zusammenschauen. Und könnte er es - helfen würde es ihm nicht, verzweifeln müsste er, verzweifeln an einem Irrtum. Denn Gott lässt sich nicht wissen. Nur glauben lässt er sich. Glauben heißt aber Freiheit des Entscheidens, *was* ich glauben will. Niemand ist gezwungen, an die Antinomie in Gott zu glauben, weil niemand sie weiß. Und darum ist auch niemand gezwungen, an den deus absconditus zu glauben, weil niemand ihn weiß. Wir fürchten ihn, wir deuten unsere Erfahrungen auf ihn. Aber es kann auch anders sein. Es gibt nur *einen* vertrauenswürdigen Gott: Das ist nicht der verborgene, das ist der offenbare (Abbildung 05).

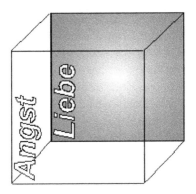

Abbildung 05: Was steht im Vordergrund: Das Quadrat mit der Aufschrift „Liebe" oder das Quadrat mit der Aufschrift „Angst"? Mit etwas Konzentration springt die Wahrnehmung vom einen Quadrat auf das andere. Wenn das Quadrat „Liebe" vorne ist, muss die Konzentration aufrechterhalten werden, damit die Wahrnehmung nicht umspringt. Es ist unmöglich, die Aufmerksamkeit gleichzeitig auf beide Quadrate zu richten.

5.3.5. Das Übel und das Böse

„Ist im übrigen nicht jeder Theodizeeversuch eine Weise,
Gott als Realität der Welt zu denken?"
Emmanuel Lévinas[504]

Es macht wohl Sinn, zwischen *Übel* und *Bösem* zu unterscheiden. Das Übel widerfährt uns zunächst als Naturge-
schehen. Krankheit ist ein Übel, Sterben ist ein Übel, aber
darum noch nichts Böses. Gefährliche Tiere sind ein Übel
für den Menschen, aber böse sind sie nicht. Das Böse ist
etwas spezifisch Menschliches. Wir können auch annehmen, dass es böse Mächte gibt, wie wir geschaffene Wesen, Engelswesen anderer und höherer Art. Die Bibel
spricht davon. Aber böse nennen wir solche Mächte nur,
weil wir von uns selbst ausgehen, von unserer spezifisch
menschlichen Vorstellung des Bösen. Das Übel ohne Bosheit folgt seiner Natur, das wirklich Böse hingegen ist *wider* die Natur. Kein Hund kann sich un-hündlich benehmen, darum kann er zwar aggressiv und gefährlich werden, nicht aber böse. Doch der Mensch kann *un*-mensch-
lich sein. Das wirklich Böse ist die *Un-Menschlichkeit*.

Die Schöpfungsoffenbarung des Hiobbuchs entmysti-
fiziert die Natur: Ungeheuern, die man als Verkörperungen böser Mächte ansah, wird durch Gottes Antwort ein
Platz in der Natur zugesprochen. Gott hat auch das Unheimliche geschaffen, und dieses Unheimliche kann bedrohen und zerstören. Es ist nicht Ausdruck des schlechthin Bösen, sondern Teil der Natur. Der Blitz des Wetter-
sturms kann Hiob treffen, Sturm oder Erdbeben kann
sein Haus zum Einsturz bringen, ganz ohne mystischen
Hintergrund, sondern weil die Natur so ist. Es gibt eine
Natürlichkeit des Leidens und Sterbens, auch wenn sie
schrecklich ist.

Das Hiobbuch ermöglicht die Akzeptanz des *fremden*
Bösen als Übel. Als solches ist es von Gott umgrenzt und

---

[504] E. Lévinas, a.a.O., 183.

- 259 -

nicht *nur* böse. Darum kann es im Naturzusammenhang unter Umständen Sinn haben. Es gehört, gegründet in der Weisheit Gottes, zur Konstitution dieser Welt. Die Tatsache des Schuldigwerdens gegen die Menschlichkeit ist damit eingeschlossen. Seiner Verantwortung wegen kann sich der Einzelne nicht damit entschuldigen, dass es natürliche Zusammenhänge seines unglücklichen, unmenschlichen Verhaltens gibt. Er ist kein Tier, er trägt Verantwortung. Aber als Betroffenen hilft es uns, diese Zusammenhänge zu verstehen. Es hilft uns auch, um Tätern besser verzeihen zu können.

Wenn die Unwetterreden einladen, destruktive Lebenserfahrungen weder Gott noch einem übermächtig bösen „Gegengott", sondern der Natur des Geschaffenen anzulasten, dann können wir also daraus einen wesentlichen Unterschied zwischen dem Bösen, das den *äußeren* Menschen betrifft, und dem Bösen, das den *inneren* Menschen betrifft, folgern. *Mein* Böses ist das einzig relevante Böse - es ist *meine* Unmenschlichkeit. Alles andere Böse als mir widerfahrendes mag zwar wirklich das pure Böse als Beweggrund haben, aber es trifft mich nur als *Übel*. Es steht mir nicht zu, über die Beweggründe anderer Urteile zu fällen, und ich muss dieses Urteilen auch weder mir noch den andern antun. Es schafft ja nur Entzweiung und Unversöhnlichkeit.

Das Hiobbuch beendet die Delegierung der Verantwortung für das Böse an Gott und reduziert sie völlig auf das Herz des Einzelnen: „Meiden das Böse, das ist Einsicht".[505] Natürlich impliziert das, dem Übel aus dem Weg zu gehen, so weit das möglich ist. Aber das ist hier nicht die eigentliche Aussage. Es geht hier um *mein* Böses, meine souveräne Verantwortung für oder gegen die Menschlichkeit. Für Hiob ist ganz klar, dass er darin das *eigentlich* Böse sieht. Und auch im Übel, das ihm durch

---

[505] Hiob 28,28b.

seine Mitmenschen und Gott widerfährt, liegt darin der schmerzhafteste Stich: Sie handeln unverantwortlich. Sie benehmen sich unmenschlich. Anders als ein Tier, dessen Natur es eben ist, sein Opfer zu zerfleischen, verhalten sie sich so in *Freiheit*. Sie könnten und sie sollten anders! Es ist das erfahrene *Unrecht*, was Hiob am allermeisten kränkt. Das erfahrene Unrecht ist die erfahrene Unmenschlichkeit.

Hiob erleidet beides: Das Übel der Natur und das Böse der Unmenschlichkeit. Die satanische Strategie der Glaubenszerstörung verändert die Spitze der Anfechtung im Verlauf der Hiobsbotschaften vom Übel hin zum wirklich Bösen der reinen Unmenschlichkeit: Am grausamstem wird die Not, als er ungeschützt Böses von seinen engsten Vertrauten erfährt, weil sie ihm böse *sind*! In der Pseudoseelsorge der Freunde geht es erst richtig satanisch zu.

Trotz der hilfreichen Unterscheidung zwischen dem Übel und dem Bösen bleibt die Frage offen, warum Gott das Böse zulässt und vor allem: Warum im uferlosen Unmaß der Vernichtungskriege und Genozide. Dem Hiobbuch zufolge steckt Satan sowohl hinter dem natürlichen Übel als auch hinter dem Bösen. Die Antwort Gottes an Hiob legt es nahe, tatsächlich auch die Widernatürlichkeit des Unmenschlichen, das schlechthin Böse, als *Übel* anzusehen. Böse ist es der *Verantwortung* wegen. Verantwortung bedeutet Freiheit der Wahl. Wenn der Mensch menschlich ist, wählt er unter den Entscheidungsmöglichkeiten, die sich ihm anbieten, das jeweils Natürliche, das angemessen Menschliche. Wenn er un-menschlich ist, wählt er Schädigendes, gegen die Natur, Unangemessenes. Böse daran ist das Vorhandensein der menschlichen Alternative: Er hätte anders entscheiden können und sollen, die Möglichkeit dazu war vorgegeben. Das heißt aber: Böse ist das Böse nur in dem Menschen, der die böse Wahl trifft. Das Böse liegt immer allein in der Verantwortung des Einzelnen. Es kann sich als Böses nicht ausbreiten, es kann auch andere Menschen nicht anstecken, wenn es nicht immer neu im einzelnen Menschen gewählt wird. Darum sagt Petrus: „Vergeltet nicht Böses mit Bösem oder Scheltwort mit Scheltwort, sondern segnet vielmehr".[506] Das beinhaltet: Das Böse im Mitmenschen ist für mich, den es trifft, kein Böses, sondern ein Übel. Es berechtigt mich nicht, nur weil es böse ist, zu einer bösen Reaktion. Ob ein mordendes Heer in Hiobs Anwesen einbricht oder ob ein Erdbeben alles zerstört, hat für Hiob dieselbe Grundqualität des Übels. Nur ist das Übel, das uns durch die Bosheit von Menschen zuteil wird, noch schwerer zu ertragen, weil es unsere Seele noch viel stärker verletzt: Wir sind sehr versucht, diesen Menschen böse zu *sein* und zu bleiben, weil sie die Menschlichkeit verraten und damit das natürliche Band, das uns mit ihnen einte, zerschneiden. Und je näher uns der Mensch steht, der so handelt, desto größer ist der Schmerz und desto schwerer das Verzeihen.

Und dennoch: Auch das lässt Gott zu. Und weil er es in seiner Allmacht zulässt, dass wir Menschen uns das Leben zur wahren Hölle machen, darum ist unser Böses auch aus *Gottes* Perspektive *Übel*. So weit wir sehen können, ist es das *größte* Übel. Es ist begrenzt, auch wenn es jedes Maß verliert. *Gott* setzt ihm die Grenze. Es besitzt keine souveräne Macht, sondern immer nur die Macht, die wir ihm durch unsere Entscheidungen einräumen. Wenn Gott also dem Bösen Grenzen setzt, dann setzt er dem Bösen des *Einzelnen* die Grenze. Der Bibel zufolge wählt Gott drei Wege dafür: Die Vernichtung des Täters wie in der Sintflut, die Schwächung des Täters durch die Folgen seines Verhaltens wie beim Turmbau zu Babel und die Einsicht des Täters. Letzteres ist ganz offensichtlich der eigentliche Weg; die beiden ersten, die Wege des

---

[506] 1Pt 3,9.

Strafens, dämmen das Böse nur ein, überwinden es aber nicht.

Indem das Hiobbuch das *widerfahrene* Böse dem Übel zuordnet, verschließt es uns die Tür zur Ausflucht. Wir würden allzu gern die Verantworung für unser eigenes Böses an Gott delegieren oder jedenfalls in einen mysteriösen okkulten Hintergrund verschieben. Von der verschlossenen Ausfluchtstür prallt die Verantwortung im Hiobbuch ganz auf uns zurück. Gerade weil es die Frage nach der Herkunft des Bösen unbeantwortet lässt, bleiben wir mit Frage und Antwort bei uns selbst. Die Frage nach dem Bösen geht immer nur uns Menschen an, und zwar immer nur den Einzelnen, immer nur mich. Losgelöst von meiner eigenen Verantwortung löst sich das Böse auf und nur das Übel bleibt zurück, wenn auch allzu oft in Gestalt unfassbar entsetzlichen Leidens, das Menschen anderen zufügen.

Das schlechthin Böse lässt sich nicht erklären und entschuldigen, es lässt sich nur vergeben. Das Übel unterscheidet sich vom schlechthin Bösen auch durch die Erklärbarkeit. Es gibt Zusammenhänge, aus denen heraus es zu verstehen ist. Der Tsunami entsteht durch ein Seebeben, der bissige Hund verhält sich so aus Angst, und auch der gestörte Hund, bei dem die natürliche Beißhemmung Schwächeren gegenüber nicht mehr greift, verhält sich nicht gegen seine Natur, sondern wie es für sein krankes Hundewesen natürlich ist. Er kann nicht anders; es lässt sich erklären. So auch der verhaltensgestörte Mensch. Auch dass ein Hitler zum Hitler wurde, lässt sich erklären. Der Psychopath lässt sich erklären, der größenwahnsinnige und großmächtige Psychopath ebenso, wie auch all die treu Ergebenen in seinem Dunstkreis. Erklärt wird das Zustandekommen des Bösen als Übel erkennbar. Aber es löst sich dadurch nicht auf. Es bleibt verantwortetes Böses: „Ich bin schuld." Da gibt es *nichts* zu erklären. Das kann nur vergeben werden.

Das Hiobbuch war eine ungeheure theologische Provokation und ist es heute noch: Gerade die allerfrömmsten Vertreter der rechtgläubigen Theologie erzeigen sich dort als die wahren und gefährlichsten Agenten Satans, die nicht nur irren, sondern einen schwer leidenden, sehr geschwächten und überaus trostbedürftigen Menschen aus starrem Vorurteil heraus systematisch seelisch quälen. Ist das nicht schlichtweg böse? Eine der Zumutungen des Hiobbuches liegt darin, den falschen Freund Hiobs in mir selbst zu erkennen und als böse zu identifizieren, die falsche Freundlichkeit derselben Art in anderen aber als Übel schlecht zu heißen und sie zu erklären, damit er sich ändern kann.

Es geht darum, Modelle wahrer *Menschlichkeit* zu entwickeln und zu lehren. Eben deshalb ist das Buch Hiob nicht zuletzt ein Lehrbuch für die Seelsorge. Wenn der Gott des Hiobbuchs das Böse vergibt und sein Zustandekommen als Übel zu ertragen bereit ist, wenn auch die Unmenschlichkeit das Unerträglichste aller *Übel* ist, dann kann es für den Menschen nach Hiob nur noch eine Antwort auf Gottes Antwort an ihn und seine Freunde geben: Aus den Fehlern zu lernen.

5.3.6. Zusammenschau

Abbildung 06 fügt die Schöpfungstheologie der Unwetterreden mit der Lehre von Schöpfung und Sündenfall nach Gen 1-3 zusammen und bezieht beides auf das Evangelium. Das Evangelium ist der durch den Kreis symbolisierte Schutzraum in der Mitte des Bildes. Es ist die Sphäre des deus revelatus. Hier kann die Angst nicht herrschen, denn hier regieren Liebe und Vertrauen. Im Zentrum des Evangeliums steht die Rechtfertigung des Sünders durch den Glauben (Rö 3). Die Rechtfertigung ist der absolute Schutz vor dem Zorn des deus absconditus hinsichtlich der Moral: Der deus absconditus schleudert

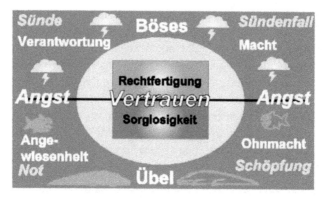

Abbildung 06: Die Evangeliumsarche mit dem Dach der Rechtfertigung und dem Rumpf der Sorglosigkeit, vollkommen abgedichtet durch das Vertrauen in den deus revelatus. Das Vertrauen in den deus revelatus und die Angst vor dem deus absconditus sind nicht kompatibel: Entweder bin ich dem Zorn ausgesetzt oder ich bin in das Erbarmen eingeschlossen. Angst oder Liebe! Beides zusammen geht nicht.

seine Blitze gegen uns, um uns für jede Unreinheit zu bestrafen; als letzte und aus göttlicher Sicht vollkommen gerechte Konsequenz droht ewige Verdammung. Unter dem Schutz der Rechtfertigung, die uns im Evangelium durch den stellvertretenden Tod Jesu am Kreuz sinnlich greifbar gemacht ist, kann uns der Zorn des verborgenen Gottes über unsere Sünden nicht mehr treffen - der Kausalzusammenhang zwischen Sünde und Strafe ist dadurch völlig aufgelöst.

Die Angst vor der berechtigten Strafe entsteht in uns durch das Wissen um Verantwortung und Schuld aufgrund unserer Freiheit zur Entscheidung für oder gegen das Böse. Die Konsequenz dieser Entscheidung nennt die Bibel Sünde. Zu sündigen oder nicht liegt in unserer Macht; die Entscheidung dafür verantworten wir selbst, sie führt zur Schuld, die durch Erklärung nicht aufgehoben wird, sondern der Vergebung bedarf. In unserem Gewissen sitzt die Angst davor, dass die Strafe uns trifft und wir ohne Vergebung bleiben. Mit der Geschichte vom Sündenfall ist der unvermeidliche Eintritt des Menschen in die Schuld durch die verantwortliche Entscheidung für die Möglichkeit des moralisch Bösen symbolisiert, die in der Freiheit und damit in der einzigartigen Würde des Menschen begründet liegt: In Freiheit für das Gute kann sich nur entscheiden, wer sich auch dagegen entscheiden kann. Der Sündenfall bezeugt, dass wir uns dagegen entscheiden. Warum das so ist, bleibt im Schöpfungsgeheimnis verborgen.

Die Unwetterreden fügen der Dimension des moralisch *Bösen* die Dimension des *Übels* hinzu. Die beiden Dimensionen werden hier aber nicht wie im Schöpfungsbericht des Buches Genesis klar voneinander getrennt. Das berechtigt uns dazu, nur unser *eigenes* Böses als wahres Böses anzuerkennen und das Böse im Du als das schlimmste Übel anzusehen. Um der Würde des Mitmenschen willen können wir aber nicht umhin, ihn darin zu unterstützen, ebenfalls seine eigene Verantwortung nicht zu leugnen, sondern sich zu seinem eigenen Bösen und damit zur eigenen Schuld zu bekennen. Im Machtbereich des deus revelatus, was gleichbedeutend mit dem Geltungsbereich des Evangeliums ist, kann die Festlegung auf die je eigene Verantwortung und Schuld jedoch immer nur unter dem Vorzeichen der Rechtfertigung geschehen. Das heißt: Als moralisch für dein Böses voll verantwortlicher Mensch bist du zugleich vollkommen gerechtfertigt: Deine Schuld ist vergeben. Die Rechtfertigung verlagert die moralische Verantwortung für das Böse des Einzelnen auf das Kreuz Christi; der Einzelne ist frei von seiner Schuld und die Ungeheuerlichkeit der Sünde reduziert sich zum mehr oder weniger schweren und mehr oder wegen folgenreichen Fehler, der aus dem Naturzusammenhang des Täters erklärt werden darf und einen Sinn darin erhalten kann, daraus zu lernen: Aus Sühneverantwortung wird Lernverantwortung.

Die Rechtfertigung ist sozusagen das *Dach* der Evangeliumsarche - gegen die Blitze des Zorns über unsere

Sünde. Den *Rumpf* der Arche, der uns gegen alles Übel schützt, das nicht unserem je eigenen moralisch Bösen entstammt, bildet das *Urvertrauen*. Darunter ist die selbstverständliche Gewissheit des Adlers zu verstehen, dass die Luft auch in ihren chaotischen Ausformungen sein Lebenselement ist. Der Adler kommt nicht auf die Idee, dass er abstürzen könnte. Er vertraut gleichermaßen der Luft, die ihn trägt, wie seiner Fähigkeit, in ihr und auf ihr souverän zu fliegen, wie sehr es auch stürmen mag. Analog setzt sich für den Menschen das Urvertrauen aus beidem zusammen: Dem *Gottvertrauen* und dem *Selbstvertrauen*. Das Gottvertrauen ist der Glaube, in der gegebenen Natur mitsamt allem Übel unter allen Umständen von der freundlichen Fürsorge des deus revelatus ganz und gar umgeben und dadurch vollkommen geschützt zu sein. Das Urvertrauen hat keinen Raum für das zerstörende Gift der Sorge. Auch in den schwersten Nöten lässt es sich nicht davon abbringen, dass Gott die erfahrenen Chaosmächte vollkommen kontrolliert und begrenzt und dass hinter allem persönlich erlebtem Leid ein tiefer Sinn liegen *muss*. „Ist Gott für uns - wer kann wider uns sein?"[507] Das Urvertrauen ist die Entschlossenheit, unter keinen Umständen bereit zu sein anzuerkennen, dass Gott *gegen* mich ist. In diesem Sinn enthält die Bibel eine Fülle von eindringlichen Aufforderungen, der Angst der Sorge, die auf den deus absconditus fixiert ist, beharrlich durch uneingeschränktes Vertrauen zu widerstehen.

Hiob leidet seines ungebrochenen Urvertrauens wegen so sehr unter der Gottverlassenheit! Das glückliche Ende der Hiobgeschichte will bezeugen, dass sich die Hiobsgeduld am Ende lohnen muss, weil Gott für ihn ist und nicht anders kann, als sich zu erbarmen.

---

[507] Rö 8,31.

6. Gutes Ende - neuer Anfang

„Jude sein, heißt an den äußersten Grenzen des Lebens
und Lebenkönnens die Entscheidung für das Leben leisten."
Margarete Susman[508]

→ **Lies Kapitel 42!**

6.1. Erneuerte Gemeinschaft

Lass dich nicht vom Bösen überwinden,
sondern überwinde das Böse mit Gutem.
Rö 12,21

Es liegt nahe, das Ende der Hiobsgeschichte als ein etwas
billiges, fast schon kitschiges Happy End zu deuten. Wir
dürfen auch der Frage nicht ausweichen, was denn mit
den vielen Hiobs ist, die kein Happy End erleben, etwa
den Hiobs der Konzentrationslager. Aber problematisch
ist dieses Ende nur, wenn wir es uns *vorstellen* wie im
Märchen, wo durch die wundersame Magie des freund-
lich-gerechten Schicksals wie aus dem Nichts der große
Segen für die Guten vom Himmel fällt und die Bösen der
gerechten Strafe anheimfallen. Das passt jedoch nicht zur
Lebensnähe und existenziellen Tiefe des Hiobdramas.

Es sollte uns auffallen, dass Hiob den neuen Segen genau in den Bereichen erfährt, die vom Verlust betroffen
sind. Das spricht für die Kontinuität seines Lebenswegs.
Und für einen Menschen wie Hiob bedeutet Kontinuität
wiederum, dass er seine Ziele *selbst* erreicht. Sein wirt-
schaftlicher Erfolg, sein Ansehen, seine Macht, sein Fami-
lienglück - das alles war ihm ja nicht einfach irgendwie
zugefallen, sondern es war der Ertrag seiner Lebenseinstellung und seiner Disziplin. Und genau das kennzeichnet die Wende in Hiobs Geschick: Er löst sich aus dem
Clinch mit dem Gott seines bisherigen Bildes und er löst

---

[508] M. Susman, a.a.O., 25.

sich dadurch aus der Starre seiner Verzweiflung. Er stellt sich wieder neu dem Leben. Und er hat Erfolg damit.

Trotz der unglaublich großen Verwerfung findet Hiob zurück in seine Spur. Er wird wieder ganz der alte! Schwere Krisen sind Einbrüche auf dem Lebensweg, Unterbrechungen wie ein plötzlicher tiefer Graben, oft auch Abbrüche: Es ist nun einmal zuende mit dem zurückliegenden Weg, so wie bisher kann es nicht weitergehen. Aber das bedeutet nicht, dass es *überhaupt* nicht weitergehen kann. Und es bedeutet auch nicht, dass die mühsame Durchquerung des aufgerissenen Grabens, der demütigende Abstieg hinunter auf den Boden der bitteren Tatsachen, der Klettersteig wieder aus diesem dunklen Tal hinaus mitsamt allen Orientierungsschwierigkeiten, weil jetzt alles so ganz anders ist, mitsamt allen Umwegen, sinn- und ziellos *bleibt*. Darum geht es: Wieder den Anschluss zu finden, wieder zu sich selbst zu kommen, um, mit der Bewältigungserfahrung im Rücken, wieder in seine Berufung zurückzukehren, gereift, geläutert, selbstbewusster und zielstrebiger denn je. Bezeichnenderweise heißt es in Psalm 23: „Und ob ich schon *wanderte* im finstern Tal, fürchte ich kein Unglück". Wandern ist: trotzdem weitergehen. *Es* geht weiter, wenn *ich* weitergehe.

Einen ziemlich breiten Raum nimmt in Kapitel 42 die Wiederherstellung der sozialen Beziehungen Hiobs ein. Voraussetzung dafür ist Hiobs Grundeinstellung. Er *wurde* isoliert, aber er hat die Türen nicht von innen verschlossen. Und offenbar kann er verzeihen. Hiob nimmt sich selbst nicht allzu wichtig. Er kann Kritik annehmen, wenn sie denn berechtigt ist.[509] Und darum kann er auch mit den Fehlern der andern differenzierend und großzügig umgehen.

Die Verhältnisse kehren sich um: Nun ist Hiob der Seelsorger seiner Freunde. Er tritt stellvertretend für sie

---

[509] Hiob 42,1-6.

ein, er bittet für sie.[510] Er verhält sich genau gegenteilig wie sie. „Segnet, die euch verfolgen; segnet, und flucht nicht."[511] „Vergeltet niemandem Böses mit Bösem. Seid auf Gutes bedacht gegenüber jedermann."[512] Genau so macht es Hiob. Er lässt sich nicht vom Bösen überwinden, sondern überwindet selbst das Böse mit Gutem.[513]

Die versöhnliche, offene und dienstbereite Haltung Hiobs stellt die zerbrochene Beziehung wieder her und rehabilitiert die Freunde. Man darf annehmen, dass auch sie zur Einsicht gelangt sind, sonst würde der versöhnliche Text nicht passen. Gott hat ja auch ernst zu *ihnen* gesprochen. Elifas hörte ihn Folgendes reden:

> *„Mein Zorn ist entbrannt über dich und über deine beiden Freunde; denn ihr habt nicht recht von mir geredet wie mein Knecht Hiob. So nehmt nun sieben junge Stiere und sieben Widder und geht hin zu meinem Knecht Hiob und opfert Brandopfer für euch; aber mein Knecht Hiob soll für euch Fürbitte tun; denn ihn will ich erhören, dass ich nicht töricht an euch handle. Denn ihr habt nicht recht von mir geredet wie mein Knecht Hiob."*[514]

Man kann vermuten, dass Elifas Hiob am nächsten stand und am ehesten zum Umdenken bereit und fähig war.

Hiobs Beten setzt nur unter veränderten Vorzeichen fort, was die ganze Zeit über geschah: Hiob war und ist Gott zugewandt. Das geht auch nochmals aus dem Tadel Gottes an die Freunde hervor, der auch ein Lob für Hiob beinhaltet. Zweimal sagt Gott: „Ihr habt nicht recht von mir geredet wie mein Knecht Hiob".[515] Man kann das of-

---

[510] Hiob 42,8-10.

[511] Rö 12,14.

[512] Rö 12,17.

[513] Rö 12,21.

[514] Hiob 42,7f.

[515] Hiob 42,7.9.

fenbar auch etwas anders übersetzen: „Ihr habt nicht recht *zu* mir geredet wie mein Knecht Hiob".[516] Das ist wohl die bessere Lesart. Hiob, bestätigt Susman, hat trotz seiner grenzwertig bitteren Klage recht von Gott geredet, „weil er nicht *von* Gott, sondern *mit* Gott geredet hat".[517]

Es ist bemerkenswert, was Hiobs ehrlicher, aktiver Versöhnungsdienst bewirkt: „Und der Herr wandte das Geschick Hiobs, als er für seine Freunde Fürbitte tat."[518] Darin, in seiner Herzenshaltung, liegt also der Schlüssel für die neue Blüte Hiobs! Hiob hat seinem Herzen, seinem Inneren, nicht Gewalt angetan. Er hat sich nicht innerlich in völlige Verbitterung eingeschlossen. Der glimmende Docht ist nicht verloschen. Die Liebe siegt. Und aus der Liebe, der Liebe zum Leben, der Liebe zur Gemeinschaft, der unauslöschbaren Dennoch-Liebe zu seinem Gott, erwächst Hiob die Kraft zum neuen Anfang.

6.2. Hoffnung statt Illusion

„Endlich erklingt Menuchims Stimme. 'Steh auf, Vater!' sagt er, greift Mendel unter die Arme, hebt ihn hoch und setzt ihn auf den Schoß, wie ein Kind. [...] Jetzt sitzt Mendel auf dem Schoß seines Sohnes, lächelt in die Runde, jedem ins Angesicht. Er flüstert: 'Der Schmerz wird ihn weise machen, die Häßlichkeit gütig, die Bitternis milde und die Krankheit stark.' Deborah hat es gesagt. Er hört noch ihre Stimme."
Joesph Roth[519]

Marcel Reich-Ranicki hat Langenhorst zufolge behauptet, Joseph Roth habe sich in seinem stark autobiografisch gefärbten Hiobroman am Ende in ein Märchen geflüchtet.[520] Ist schon das Ende des Hiobbuchs ein Märchen? Hat sich am Ende doch wieder das Vergeltungsschema

---

[516] M. Oeming, a.a.O., 214.

[517] M. Susman, a.a.O., 134f.

[518] Hiob 42,10.

[519] J. Roth, a.a.O., 207f.

[520] G. Langenhorst, a.a.O., 131.

eingeschlichen? Die Gerechten werden belohnt und ihr Lohn ist Macht und Reichtum.[521] Soll das zuletzt die Lehre aus dem Hiobdrama sein?

Das Zitat am Beginn dieses Kapitels ist dem Schluss von Roths Roman entnommen. Menuchim ist Mendel Singers Sorgenkind. Als Kind war er schwer behindert, autistisch und litt unter Epilepsie. Als die Eltern die Gelegenheit erhalten, von Russland nach New York auszuwandern, entschließen sie sich schweren Herzens, Menuchin bei einer Pflegefamilie zurückzulassen. Mehrere schwere Schicksalsschläge treffen Mendel und seine Frau Deborah in den folgenden Jahren. Einer davon ist der Tod ihres Sohnes Sam, den Deborah nicht verkraftet. Sie stirbt selbst daran. Zuletzt ist Mendel nur noch zornig auf Gott. Sein ganzes langes Glaubensleben scheint ihm ein einziger Betrug gewesen zu sein.

Da findet ihn Menuchin, der seine schweren Einschränkungen überwunden und sich als musikalisches Genie entpuppt hatte. Er war zu einem bedeutenden Koponisten geworden. Mendel Singer ist getröstet. Was er auf dem Schoß seines Sohnes flüstert, ist einWeissagung, die ein Rabbi Deborah vor vielen Jahren gesagt hatte, als sie sich verzweifelt mit dem schwer behinderten Sohn an ihn gewandt hatte. Diese Worte geben dem tröstlichen Ende sein Gewicht.

Ein großer Teil von Mendels Leid bestand in seiner Ohnmacht. Seine Mittel waren so begrenzt, dass er kaum einen guten Einfluss auf seine Kinder nehmen konnte. Und hilflos musste er danach zusehen, wie sie selbst litten und starben. Mit diesem Ende ist der Roman ein Buch der Hoffnung. Mendel geht es ja gar nicht um ihn selbst. Aber es geht ihm darum, dass sein Leben Sinn hat durch

---

[521] Max Weber zufolge war das Buch Hiob unter den puritanischen Siedlern Nordamerikas aus diesem Grund beliebt: Gott segnet die Frommen mit reichen irdischen Gütern! Max Weber, *Die protestantische Ethik und der Geist des Kapitalismus* (area: Erfstadt, 2005), 143f.

das, was daraus wird. Ein Segen möchte er sein. Allzu oft hat man ihm geflucht. Mit leeren Händen stand er da. Zu wenig hatte er erreicht, um Dank und Anerkennung zu gewinnen und darum glauben zu können, dass sein Leben sich mit all den Mühen dennoch lohnte.

Aus zwei Gründen fügt sich der Schluss ganz der vollendeten Homogenität dieses Romans ein: Erstens lebt in Mendel Singer dasselbe Dennoch wie in Hiob, der glimmende Docht, die heiße, unauslöschliche Hoffnung, dass Gott sich doch erbarmen muss. Die Unbeugsamkeit der Hoffnung ist das, was lebendigen Glauben auszeichnet. Gott muss halten, was er verspricht! Das leuchtet in der Weissagung des Rabbinen auf, die sich viele Jahre später erfüllt - erfüllen *muss*, wenn anders es einen vertrauenswürdigen Gott gibt! Und zweitens zieht Roth die Hiobgeschichte seines Mendel Singer von einer Generation in die nächste. Auch Menuchin hat sein Hiobsleid erfahren. Aber in ihm lebt dieselbe Kraft der Hoffnung. Und diese unzerstörbare Kraft, das ist die Botschaft, wird ihr Ziel erreichen, auch wenn der Weg lang ist, auch wenn der Weg sich über Generationen erstreckt. Und wenn die Mütter und Väter erleben dürfen, dass die Söhne und Töchter unbeirrt dem Überdruck des Leidens trotzen und mutig weitergehen, bis sich das Schicksal gewendet hat, dann wissen sie, dass auch ihr Leben und Dulden Sinn gehabt hat.

„Da verließen zum erstenmal die Sorgen das Haus Mendel Singers. Vertraut waren sie ihm gewesen, wie verhaßte Geschwister. Neunundfünfzig Jahre wurde er jetzt alt. Seit achtundfünfzig Jahren kannte er sie. Die Sorgen verließen ihn, der Tod näherte sich ihm. Sein Bart war weiß, sein Auge war schwach. Der Rücken krümmte sich, und die Hände zitterten. Der Schlaf war

*leicht, und die Nacht war lang. Die Zufriedenheit trug
er wie ein fremdes geborgtes Kleid."*[522]

Nach der Shoah ist Israel weitergegangen. Das Hiobsleid
der Eltern ist die Verpflichtung der Kinder, Großes und
Größtes dafür zu leisten, dass die Welt menschlicher
wird.

6.3. Mut zum Weitergehen

„An der Hoffnung entscheidet sich alles. Denn sie ist keine un-
wirkliche, abstrakte, kein wirklichkeitsfremder Traum. Sie ist die
Kraft der Seele zu ihrer eigenen Wirklichkeit".
Margarete Susman[523]

Wenn wir nicht mehr weitergehen oder davonlaufen,
liegt es wohl daran, dass wir uns noch immer weigern,
die Krise anzunehmen. Jeder, der weiß, wie das ist, sich
so richtig vom Leben gekränkt und beleidigt zu fühlen,
kennt das von sich selbst: Wie schwer es fallen kann, die
Trotzhaltung aufzugeben. In solchen Lagen kommt uns
das vor wie Verrat. Die Sonne scheint, aber ich verbiete es
mir, sie zu genießen. Das Essen steht auf dem Tisch,
aber... Denn ich bin gekränkt und will es bleiben. Mir geschieht Unrecht! Ich will erst Recht bekommen. Es gibt
durchaus humorgewürzte biblische Musterbeispiele dafür: Jona, der nicht mehr leben will, weil sein Schatten-
bäumchen vom Wurm gestochen wurde.[524] Eigentlich
kindisch! Elia, der sich von seiner Widersacherin Isebel
foppen ließ und sich unter den Wacholder legte, um sein
Leben auszuhauchen. Der Engel hat etwas Mühe, ihn
wieder für's Leben zu gewinnen und zurück in seinen
Auftrag zu rufen. Ganz buchstäblich und praktisch: Ihn

---

[522] J. Roth, a.a.O., 137.

[523] M. Susman, a.a.O., 90.

[524] Jona 4.

zum Essen, Trinken und Aufstehen zu bewegen.[525] So unvernünftig sind wir nun einmal bisweilen, so unsinnig verhalten wir uns. Wir machen uns großartige Fantasien, dass sich unser Leben nicht mehr lohnt. Wir bestrafen uns selbst, weil wir uns gestraft fühlen: Ich bin enttäuscht und darum esse ich nicht mehr. Statt: Ich bin enttäuscht und gerade *darum* brauche ich Trost, Ausgleich, Stärkung, zum Beispiel indem ich etwas Gutes esse und trinke!

Tatsache ist: Es ist etwas geschehen, das wir am allerliebsten verhindert hätten. Es ist geschehen und es ist nicht mehr rückgängig zu machen. Uns ist etwas widerfahren, was auch viele andere so und ähnlich trifft. Es gibt viele Hiobs, leider. Aber so ist es in dieser Welt. Das Leben ist nicht anders zu haben. Wir können das akzeptieren oder auch nicht. Je schwerer die Krise ist, je größer der ramponierte oder zerstörte Wert, desto schwerer tun wir uns damit. Nicht-wahrhaben-wollen, Wut, Verzweiflung, phasenweise Depression, Versuche, doch noch irgendwie das Geschehene rückgängig zu machen oder wenigstens zu relativieren, sind notwendige Reaktionen des Trauerprozesses, die ihre Zeit brauchen. Aber sie sind nicht Selbstzweck. Sie sind Durchgang. Am Ende des schweren Weges steht die Akzeptanz.

Hiobs Geduld führt in zwei Phasen zum Ziel: Zunächst ist es die Geduld, sich der Leidenserfahrung zu stellen, ohne vorschnell Antworten und Lösungen zu finden. Sie bieten sich ihm alle an, aber er widersteht den Versuchungen. Vorschnell wäre die Verfinsterung durch die definitive Abwendung von Gott.[526] Vorschnell wäre es, sich selbst aufzugeben oder gar umzubringen.[527] Vorschnell sind die Erklärungsversuche der Freunde: Zu-

---

[525] 1Kö 19.

[526] Hiob 2,9.

[527] Ebd.

rechtgebogene Theologie, die nicht befriedigen kann, weil sie der Lebensrealität nun einmal nicht gerecht wird. Vorschnell wäre nicht zuletzt auch das Eingehen auf das Modell der Sündenkausalität: „Gehe in dich, erkenne deine Sünden, beichte und alles wird gut!"

Und dann folgt die Phase der Neuorientierung und des neuen Weges. Dieser Mut, wieder aufzustehen und weiterzugehen, kennzeichnet den Krisenüberwinder. Es ist ein doppelter Mut: Nicht mehr an der Krise herumzumachen, sie nicht mehr ungeschehen machen zu wollen, sich zu lösen von der Vergangenheit, wie sie nun einmal war. Mitsamt aller Schuld, der eigenen und der fremden an uns. Die Vorwürfe hinter sich zu lassen, gegen sich selbst, gegen verletztende Mitmenschen, gegen Gott und die Welt. Den Rechtsstreit aufzukündigen. Und es ist der Mut, vorwärts zu blicken und voranzugehen, konkrete Schritte zu wagen, auf mutige Ziele zu, erhobenen Hauptes, im neuen Bewusstsein der unvergänglichen eigenen Würde.

Hiob ist sich dessen wohl bewusst, dass Erfolg und Glück Gottesgeschenke sind: „Der Herr hat's gegeben, der Herr hat's genommen; der Name des Herrn sei gelobt!"[528] Aber Hiob ist kein Fatalist. Die Gnade gewährt ihm den Raum zur eigenen Lebensgestaltung. Die schlimme körperliche Krankheit hat ihn nicht umgebracht. Er kommt wieder zu Kräften. Er ist ganz bei Sinnen, sonst könnte er nicht so trefflich streiten, philosophieren und sein langes, wohl gesetztes Schlussplädoyer halten. Er ist nicht eingekerkert. Er kann sich frei bewegen. Solange er aber noch auf seinem menschlich sehr plausiblen Rechtfertigungsanspruch Gott gegenüber beharrt, glaubt er, nur noch eine glatte, unüberwindliche Felswand vor sich zu haben. Gott macht ihm nun einmal den Weg nicht frei. Gott schweigt. Solange er noch auf seine Mussforderung

---

[528] Hiob 1,21b.

gegen Gott fixiert ist, hat er keine Hoffnung mehr in diesem Leben. „Wie soll ich leben, wenn Gott gegen mich ist? Und mich noch nicht mal tröstet? Nicht mal mit mir spricht? Wenn er es mir nur begründen wollte! Aber selbst dazu bin ich ihm ja offenbar zu unwürdig."

Es wird immer wieder behauptet, dass die Bewältigungsmöglichkeiten unserer Vernunft nur bis zu den Grenzerfahrungen unseres Lebens reichen. Das Problem dabei ist der Fatalismus. Er besagt: Gewiss, ich kann mein Leben schon bewältigen, solange die Bedingungen stimmen. Ich darf nicht das Gefühl haben, dass es wirklich über meine Kräfte geht. Ich muss, wenigstens ansatzweise, einen Lösungsweg sehen können. Ich muss die unangenehme Erfahrung in mein Bild vom Leben integrieren können. Andernfalls bin ich völlig überfordert und ich *kann* ganz einfach nicht sinnvoll weiterleben! Aber ist das die Wahrheit?

6.4. Wieder zu sich kommen

„Wenn aber das, was uns querkommt, in Wirklichkeit Chancen für uns sind, Aufforderungen zu einer Herzensantwort, an der wir wachsen und zur Fülle des Seins gelangen? Wenn die Ereignisse unserer Geschichte uns formen, wie ein Bildhauer sein Tonmodell formt, und wir nur in schmiegsamer Anpassung an diese modellierenden Hände unsere wahre Berufung entdecken und zu menschlicher Reife gelangen können? [...] Dann wäre unser Leben tatsächlich ganz anders; denn dann wird das Schicksal zur Chance, dann werden Wunden zum Signal und lähmende Ohnmacht zur Aufforderung, die Quellen der Lebenskraft in tieferen Schichten zu suchen."
Henri J. Nouwen[529]

Gewiss, in extremen Krisen kommt uns die Vernunft vorübergehend abhanden. Uns trifft der Schlag. Uns schwinden die Sinne. Wir geraten aus dem Gleichgewicht. Wir verlieren die Orientierung. Wir sind vor den Kopf gesto-

---

[529] Henri J. Nouwen, *Der dreifache Weg*, aus d. Engl. übertrag. v. R. Kohlhaas (Herder: Freiburg i.B., 1984), 47.

ßen. Das sind sehr normale und natürliche Krisenreaktionen. Aber sie bedeuten nicht das Ende der vernünftigen Bewältigung, sondern nur die Unterbrechung. Der Bewältigungsweg ist allemal ein Vernunftweg.

In extremen Krisen suchen wir uns die Grenzen der Belastung nicht selbst aus und es gelingt uns auch nicht, sie zu definieren. Alles in uns wehrt sich gegen die Überforderung. Wir reagieren mit extremer Angst, mit tiefer Depression und hemmungsloser Wut. Die Überforderung ist das, was wir als gnadenloses Unrecht empfinden. Wir *wissen*, dass es viel zu viel ist. Wir können ja gar nicht anders als daran zerbrechen! Aber merkwürdig, dass wir Menschen gerade in solchen Notlagen die größten Widerstandskräfte entwickeln. Der glimmende Docht glüht weiter in uns, die Hoffnung, das unüberwindliche Ja und die Liebe zum Leben. Das ist Hiobs Kraft, auch noch in der tiefsten Verzweiflung und schwersten Klage.

Der Theologe Paul Tillich (1886-1965) hat sehr klare Worte zu diesem Phänomen gefunden, die uns noch einmal beleuchten, was es mit Hiobs Klage auf sich hat. Er schreibt über den „Mut der Verzweiflung":

„Wenn man nicht versucht, dieser Frage auszuweichen, so gibt es nur eine Antwort, nämlich, daß der Mut, der Verzweiflung ins Angesicht zu sehen, selber Glaube ist und Mut zum Sein, gleichsam an seiner äußersten Grenze, ausdrückt. In dieser Situation ist der Sinn des Lebens auf den Zweifel über den Sinn des Lebens reduziert. Aber da dieser Zweifel selbst ein Akt des Lebens ist, ist er etwas Positives, trotz seines negativen Inhalts. [...] In religiöser Sprache würde man sagen, daß man sich bejaht als bejaht trotz des Zweifels über den Sinn solcher Bejahung. Das Paradoxe in jeder radikalen

Negation ist, daß sie sich als lebendigen Akt bejahen muß, um imstande zu sein, radikal zu verneinen."[530]

Auch Margarete Susman ahnt, dass gerade aus den Grenzerfahrungen der Überforderung die stärkste Lebenskraft erwächst:

„Nur an den Grenzen des Lebens und Lebenkönnens strömt der Quell dieser Wahrheit; nur von den Grenzen empfängt das jüdische Volk seine unerhörte Kraft zu leben und zu überstehen. Und das fließt ihm aus seinem Ursprung."[531]

Unsere Sprache kommt uns für das Verständnis zur Hilfe: „Ich bin wieder zu mir gekommen", sagen wir nach Erfahrungen der Bewusstlosigkeit, Ohnmacht oder Verwirrung. Das heißt: Ich bin zu mir *selbst* zurückgekommen: Ich habe meine Identität wiedergefunden, mein Selbstbewusstsein, meine Werte und Ziele. Oder wir sagen: „Ich war von Sinnen, aber ich bin wieder zur Besinnung gekommen." Besinnung bedeutet, nachdenkend ein neues Verhältnis zu den bestehenden Umständen zu finden. Ich besinne mich - ich orientiere mich. Ich finde wieder Sinn und Weg. Ich bleibe nicht mehr vor der Wand stehen, sondern wende mich um, neu dem Leben zu. Ich ändere meine Blickrichtung: Ich nehme dieses mein Leben an, wie es ist, und stelle mich ihm. Das ist sehr vernünftig!

Manchmal kommen wir durch Krisenerfahrungen überhaupt erst zur Vernunft. Oder jedenfalls zu mehr Vernunft als bisher: Wir werden reifer. Wir lernen aus den Erfahrungen. Und darum machen wir manches anders als bisher: Vernünftiger! Das kann sich, so Gott will,

---

[530] Paul Tillich, *Der Mut zum Sein,* aus dem Amerikanischen v. G. Siemsen, Stundenbücher, Bd. 50 (Furche: Hamburg, 1965), 174.

[531] M. Susman, a.a.o., 135.

hernach in durchaus messbaren Erfolgen zeitigen. So lässt sich deuten, dass Hiob es genau in den Bereichen, die schon vorher von Glück und Erfolg gekrönt waren, nach der Krise noch viel weiter bringt! Er war ein guter Familienvater, eine gute Führungsperson, ein hervorragender Ökonom. Die Krise hat ihm in all dem persönlich nicht geschadet, obwohl er unendlich viel für immer verloren hat. Er hat die Krise verarbeitet. Sein Ja zum Leben ist noch dichter geworden, seine Widerstandskraft noch größer, sein Unterscheidungsvermögen zwischen Wichtigem und Unwichtigem noch schärfer. Seine Sorgen hindern ihn weniger denn je. Sein Glaube engt ihn nicht mehr ein durch die Angst, etwas falsch zu machen und dafür bestraft zu werden, sondern er bleibt, was er schon am Anfangspunkt der Wende ist: Öffnung des Lebenshorizonts, Einladung zum selbst verantworteten Leben, Überwindung der Angst, Ermutigung, Verwirklichung der Freiheit.

Fromme Menschen pflegen bei Krisenerfahrungen recht bald zu sagen: „Da kann nur Gott helfen!" Sie haben recht. Aber worin wird Gottes Hilfe bestehen? Vor allem darin, uns einen neuen Lebenshorizont zu eröffnen und uns anzuregen, den Blick zu wechseln, um unsere Möglichkeiten wahrzunehmen und unsere Chance zu suchen. Wir bitten, heulen, schreien: „Vater im Himmel, trag mich!" Gott lässt uns bitten, heulen und schreien und stellt uns ganz ruhig, geduldig und liebevoll auf unsere eigenen Füße: „Du kannst selbst gehen. Du kannst selbst deinen Weg finden. Du kannst selbst bewältigen. In dir schlummert ein großartiges Potenzial. Ich weiß es, denn du bist mein Geschöpf und niemand kennt dich so gut wie ich. Ich *mute* dir zu, selbst mit diesem unglaublich schweren Problem fertig zu werden, weil ich es dir *zutraue*! Du selbst kannst es! Du selbst schaffst es!" Gott hält anscheinend sehr viel von unseren Möglichkeiten, gute, vernünftige Antworten und Lösungen für schwierige Fragen und Herausforderungen zu finden, auch für die allerschwierigsten. Er hält mehr von unseren Fähigkeiten als wir selbst. Denn er kennt uns besser als wir selbst. Er weiß, was wirklich in uns steckt.

Es sieht so brav und glaubensvoll aus, wenn wir in der Klemme sitzen und ergeben, unentwegt und ohne Ende um Trost und Hilfe bitten. Aber es könnte sein, dass wir unser Leben lang damit sitzen bleiben. Auf das große Wunder wartend dämmern wir dumpf dahin. Wir meinen, dies sei die Geduld Hiobs. Es ist aber nicht Geduld, sondern Unvernunft: Ich delegiere die Lösung meiner Probleme an Gott. Einerseits scheint das einigermaßen bequem zu sein, andererseits schaffe ich mir dadurch beträchtliche Zusatzprobleme: Ich senke das Haupt und schließe die Augen, statt nüchtern wahrzunehmen, wie die Lage wirklich ist. Ich fixiere mich auf den einen Lösungsweg „Nur Gott kann mir helfen" und mache mich unglücklich durch die Enttäuschung, wenn er es nicht tut oder jedenfalls durchaus nicht nach meiner Vorstellung. Dann wird aus dem glücklichen Ende der Hiobgeschichte tatsächlich ein Märchen.

Die Wende in der Hiobsgeschichte ereignet sich im „Wettersturm". Hiob lässt sich von der Erhabenheit des Natursschauspiels in den Bann ziehen. Er lässt sich ablenken von seinem Schmerz. Hiobs Blick löst sich von der Wand, vor der er sich wähnte. Er wendet sich um. Die Blitze leuchten die Weite des Horizonts aus. Seines Lebenshorizonts! Das ist sein Land. Es wartet auf ihn. Es will bestellt, beweidet sein und bebaut werden. Es war ihm nicht mehr bewusst, es war ihm unter dem Leid verlorengegangen, dass es einen Lebensraum für ihn gibt. Diese Umwendung, diese neue Hinwendung zum Leben, das ist Hiobs Buße: Sein Verzicht auf das Beharren in Bitterkeit und Groll. Hiob lässt sich wieder vom Leben einladen. Er macht sich wieder auf den Weg. Und indem er den Ort seiner Klage hinter sich lässt, kehrt mehr und mehr die Freude wieder bei ihm ein.

Das ist *Resilienz*. Das ist die geheimnisvolle Widerstandskraft der Menschen, die es *trotzdem* schaffen. Sie haben dem Schicksal die Stirn geboten. Das ist der Adel Israels: Des verratenen, fast völlig hingemordeten, von aller Welt geschändeten und im Stich gelassenen Volks der Juden, das sich nach dem Holocaust nicht in Löcher verkroch, sondern erhobenen Hauptes, mit stolzem Selbstbewusstsein und unerschütterlichem Glauben an die Fähigkeit, sich zu behaupten und durchzusetzen, in das Land der Mütter und Väter zurückkehrte und es sich nicht mehr nehmen ließ. Das ist Hiobs Geist. Und das ist Hiobs Geduld!

„Mendel schlief ein.
Und er ruhte aus von der Schwere des Glücks
und der Größe der Wunder."[532]

---

[532] J. Roth, a.a.O., 217.

Verwendete Literatur

Aebi, Ernst. *Kurze Einführung in die Bibel.* 9. Aufl. Verlag Bibellesebund: Winterthur, 1987.

Andersen, Francis I. *Job: An Introduction and Commentary.* The Tyndale Old Testament Commentaries. Ed. D.J.Wiseman. Reprint. Inter-Varsity: Leicester, Downers Groove, 1988 [1964].

Antonovsky, Aaron. *Salutogenese: Zur Entmystifizierung der Gesundheit.* Deutsche erw. Hg. v. A. Franke. Aus d. Amerik. v. A. Franke u. N. Schulte. Forum für Verhaltenstherapie und psychosoziale Praxis, Bd. 36. Deutsche Gesellschaft für Verhaltenstherapie: Tübingen, 1997.

Archer, Gleason L. *Einleitung in das Alte Testament,* Bd 2: *Einleitung zu den einzelnen Büchern.* Verlag der Liebenzeller Mission: Bad Liebenzell, 1989.

Arendt, Hannah. *Vita activa oder: Vom tätigen Leben.* 11. Aufl. Piper: München, Zürich, 1999.

Ashbrook, James B. *The Human Mind and the Mind of God: Theological Promise in Brain Research.* University Press of America: Lanham, New York, London, 1984.

Bach, Ulrich. *Kraft in leeren Händen: Die Bibel als Kursbuch.* Herder: Freiburg, Basel, Wien, 1983.

Backus, William, Chapian, Marie. *Befreiende Wahrheit: Lösen Sie sich von Lebenslügen und finden Sie zu innerer Freiheit.* Projektion J: Asslar, 1983.

Bauer, Joachim. *Prinzip Menschlichkeit: Warum wir von Natur aus kooperieren.* 4. Aufl. Hoffmann und Campe: Hamburg, 2007.

Becker, Ulrich, Büchner, Frauke, Dressler, Bernhard et al. (Hg.). *Versöhnung lernen.* Religion 9/10 (9./10. Jahrgangsstufe). Ernst Klett: Leipzig, 1999.

Boethius, *Trost der Philosophie.* Übersetzt u. hg. v. K. Büchner. Mit einer Einführung v. F. Klingner. Philipp Reclam jun.: Stuttgart, 1971.

Bowlby, John. *Das Glück und die Trauer: Herstellung und Lösung affektiver Bindungen*, Aus d. Engl. v. K. Schomburg u. S. M. Schomburg-Scherff. Klett-Cotta: Stuttgart, 1982.

Chambers, Oswald. *In finsteren Zeiten: Hiob und das Problem des Leidens*. 2. Aufl. Francke: Marburg a.d.L., 1994.

Cyrulnik, Boris. *Die Kraft, die im Unglück liegt: Von der Fähigkeit, am Leid zu wachsen. Aus d. Franz. v. F. Schröder u. R. Kluxen-Schröder. Goldmann: München, 2001.

Dostojewski, Fjodor. *Die Brüder Karamasoff.* Aus dem Russ. übertragen v. E.K. Rahsin. 29. Aufl. Piper: München, Zürich, 1999.

Ebach, Jürgen. *Streiten mit Gott: Hiob. Teil 1: Hiob 1-20.* Neukirchener: Neukirchen-Vluyn, 1995.

Ebach, Jürgen. *Streiten mit Gott: Hiob. Teil 2: Hiob 41-42.* Neukirchener: Neukirchen-Vluyn, 1996.

Ellwein, Eduard (Hg.). *D. Martin Luthers Epistel-Auslegung. Bd. 1: Der Römerbrief.* Vandenhoeck & Ruprecht: Göttingen, 1963.

Engljähringer, Klaudia. *Theologie im Streitgespräch: Studien zur Dynamik der Dialoge des Buches Ijob.* Stuttgarter Bibelstudien 198. Hg. H.-J. Klauck, E. Zenger. Katholisches Bibelwerk: Stuttgart, 2003.

Epikur. *Briefe, Sprüche, Werkfragmente*. Griech./Deutsch. Übersetzt u. hg. v. H.-W. Krautz. Bibliograph. erneuerte Ausg. Philipp Reclam jun.: Stuttgart, 2000.

Fohrer, Georg. σοφια, σοφον, B. Altes Testament. *ThWNT*, Bd. 7, 476-496.

Frankl, Viktor E. *Das Leiden am sinnlosen Leben: Psychotherapie für heute.* 6. Aufl. d. Neuausgabe. Herder: Freiburg, Basel, Wien, 1995.

Gibran, Kahlil. *Der Prophet: Wegweiser zu einem sinnvollen Leben.* 7. Aufl. Übersetzung C. Malignon. Walter Olten: Freiburg i.B., 1977.

Grün, Anselm. *Tu dir doch nicht selber weh.* 2. Aufl. Matthias Grünewald: Mainz, 1997.

Haendler, Otto. *Tiefenpsychologie, Theologie und Seelsorge: Ausgewählte Aufsätze.* Hg. J. Scharfenberg, K. Winkler. Vandenhoeck & Ruprecht: Göttingen, 1971.

Hertzberg, Hans Wilhelm. *Das Buch Hiob.* Bibelhilfe für die Gemeinde. Hg. E. Stange. Alttestamentliche Reihe. J.G. Oncken: Stuttgart, 1949.

Jung, Carl Gustav. *Antwort auf Hiob.* 4. Aufl. dtv: München, 1997.

Kahn, Jack H. *Job's Illness: Loss, Grief and Integration: A Psychological Interpretation.* With H. Solomon. Pergamon: Oxford, New York, Toronto, Sydney et al., 1975.

Kant, Immanuel. Beantwortung der Frage: Was ist Aufklärung? In: Kant, Immanuel. *Abhandlungen nach 1781.* Akademieausgabe, Bd. 8. Das Bonner Kant-Korpus, http://www.korpora.org/Kant/aa04/, 33-42.

Kant, Immanuel. *Kritik der reinen Vernunft.* Hg. I. Heidemann. Nachdruck. Philipp Reclam jun.: Stuttgart, 2010.

Keil, C.F., Delitzsch, F. *Commentary on the Old Testament,* Vol. 4: *Job.* Two Vol. in One. Commentary on the Old Testament. Ed. C.F. Keil and F. Delitzsch. Translated from the German. Reprint. William B. Eerdmans: Grand Rapids, 1980.

Kierkegaard, Søren. *Christliche Reden 1848.* Gesammelte Werke. Hg. E. Hirsch u. H. Gerdes. 20. Abt. Aus d. Dän. übersetzt v. E. Hirsch. Unter Mitarbeit v. R. Hirsch. Gütersloher Verlagshaus Gerd Mohn: Gütersloh, 1981.

Kutter, Peter. Psychoanalytische Depressionskonzepte. In: Nissen, Gerhardt (Hg.). *Depressionen: Ursachen, Erkennung, Behandlung.* Kohlhammer: Stuttgart, Berlin, Köln, 1999, 36-48.

Langenhorst, Georg. *Hiob unser Zeitgenosse: Die literarische Hiob-Rezeption im 20. Jahrhundert als theologische Herausforderung.* Theologie und Literatur. Hg. K.-J. Kuschel, Bd. 1. Matthias-Grünewald: Mainz, 1994.

Leibniz, Gottfried Wilhelm. *Die Theodizee von der Güte Gottes, der Freiheit des Menschen und dem Ursprung des Übels.* Vorwort, Abhandlung, erster und zweiter Teil. Philosophische Schriften, Bd. 2, erste Hälfte. Hg. u. übersetzt v. H. Herring. 2. Aufl. Insel: Frankfurt a.M., 1986.

Leibniz, Gottfried Wilhelm. *Die Theodizee von der Güte Gottes, der Freiheit des Menschen und dem Ursprung des Übels.* Dritter Teil. Abriss der Streitfrage, Die Sache Gottes, Philosophische Schriften, Bd. 2, zweite Hälfte. Hg. u. übersetzt v. H. Herring. Insel: Frankfurt a.M., 1986.

Lévinas, Emmanuel. *Die Spur des Anderen: Untersuchungen zur Phänomenologie und Sozialphilosophie.* Übersetzt, hg. u. eingeleitet v. W.N. Krewani. 3. Aufl. Karl Alber: Freiburg, München, 1992.

Locke, John. Über die Worte: Buch 3. In: Locke, John. *Versuch über den menschlichen Verstand.* In vier Büchern, Bd 2. Übers. u. erläutert v. J.H. v. Kirchmann. L.Heimann: Berlin, 1873, 1-136. Permalink http://www.zeno.org/Philosophie/M/Locke,+John/Versuch+%C3%BCber+den+menschlichen+Verstand

Locke, John. Über Wissen und Meinen: Buch 4. In: Locke, John. *Versuch über den menschlichen Verstand.* In vier Büchern, Bd. 1. Übers. u. erläutert v. J.H. v. Kirchmann. L.Heimann: Berlin, 1872, 136-355. Permalink http://www.zeno.org/Philosophie/M/Locke,+John/Versuch+%C3%BCber+den+menschlichen+Verstand

Maslow, Abraham H. *Motivation und Persönlichkeit.* Deutsch v. P. Kruntorad. Reinbek bei Hamburg, 1996.

Mickel, Tobias. *Seelsorgerliche Aspekte im Hiobbuch: Ein Beitrag zur biblischen Dimension der Poimenik.* Theologische Arbeiten. Hg. T. Holtz, U. Kühn, R. Mau et al., Band 158. Evangelische Verlagsanstalt: Berlin, 1990.

Möller, Hans. *Alttestamentliche Bibelkunde.* Berlin: Evangelische Verlagsanstalt, 1983.

Nouwen, Henri J. *Der dreifache Weg.* Aus d. Engl. übertrag. v. R. Kohlhaas. Herder: Freiburg i.B., 1984.

Oeming, Manfred. „Leidige Tröster seid ihr alle" (Hiob
16,2): Das Hiobbuch als provokativer poimenischer
Traktat. In: Josuttis, Manfred et al. (Hg.). *Auf dem Weg
zu einer seelsorgerlichen Kirche: Theologische Bausteine.*
Christian Möller zum 60. Geburtstag. Vandenhoeck &
Ruprecht: Göttingen, 2000, 211-222.

Oorschot, Jürgen van. Gottes Gerechtigkeit und Hiobs
Leid. In: Theologische Beiträge (1999) 4, 202-213.

Perls, Frederick S. et al. *Gestalttherapie: Grundlagen.* 5.
Aufl. dtv: Stuttgart, 2000.

Pieper, Joseph. *Scholastik: Gestalten und Probleme der mittelalterlichen Philosophie.* 2., veränd. Aufl. Kösel: München, 1986.

Platon, *Sophistes.* Griechisch-deutsch. Aus dem Griech. v.
F. Schleiermacher. Auf der Grundlage der Bearbeitung
v. W.F. Otto, E. Grassi u. G. Plamböck neu hg. v. U.
Wolf. Kommentar v. Christian Iber. Suhrkamp: Frankfurt a.M., 2007.

Platon, Theaitetos. In: Platon, *Sämtliche Werke.* Deutsch v.
F. Schleiermacher, F. Susemihl et al. Hg. E. Loewen-
thal, Bd. 2. Lambert Schneider: Berlin, 1940, 561-662.
Permalink http://www.zeno.org/nid/20009262687.

Rad, Gerhard von. *Das erste Buch Mose: Genesis.* Das Alte
Testament Deutsch. Hg. A. Weiser, Teilband 2/4. 9.,
überarb. Aufl. Vandenhoeck & Ruprecht: Göttingen,
1972.

Raguse, Hartmut. Psychoanalytische Erwägungen zum
Hiob-Buch. In: Wege zum Menschen (2001) 1, 19-35.

Reiser, Werner. *Hiob: Ein Rebell bekommt recht.* Quell:
Stuttgart, 1991.

Rohr, Richard. *Hiobs Botschaft: Vom Geheimnis des Leidens.*
Aus d. Amerik. übers. v. T. Haberer. Claudius: München, 2000.

Roth, Joseph. *Hiob: Roman eines einfachen Mannes.* 39. Aufl.
Kiepenheuer & Witsch: Köln, 1999.

Satir, Viriginia. *Kommunikation, Selbstwert, Kongruenz:
Konzepte und Perspektiven familientherapeutischer Praxis.*
Aus d. Amerik. v. T. Kierdorf u. H. Höhr. 4. Aufl. Jun-
fermann: Paderborn, 1994.

Scheler, Max. *Liebe und Erkenntnis.* Lehnen: München,
1955.

Schmidbauer, Wolfgang. *Helfersyndrom und Burnout-
Gefahr.* Zeichnungen v. T. Braun. Urban & Fischer:
München, Jena, 2002.

Schopenhauer, Arthur. *Die Welt als Wille und Vorstellung,*
Bd. 1. Nach d. Edition. v. A. Hübscher. Nachwort
H.G. Ingenkamp. Philip Reclam jun.: Stuttgart, 1987.

Sölle, Dorothee. *Leiden.* Herder: Freiburg i.B., 1993.

Stählin, Wilhelm. *Mysterium: Vom Geheimnis Gottes.* Kassel: Johannes Stauda, 1970.

Stoop, David. *Self-Talk: Key to Personal Growth.* Revell: Old
Tappan, 1982.

Susman, Margarete. *Das Buch Hiob und das Schicksal des jüdischen Volkes.* Mit einem Vorwort von H.L. Goldschmidt. Jüdischer Verlag: Frankfurt a.M., 1996 [1946].

Tillich, Paul. *Der Mut zum Sein.* Aus dem Amerik. v. G.
Siemsen. Stundenbücher, Bd. 50. Furche: Hamburg,
1965.

Weber, Max. *Die protestantische Ethik und der Geist des Kapitalismus.* area: Erfstadt, 2005.

Weber, Otto. *Bibelkunde des Alten Testaments.* 12. Aufl.
Bielefeld: Luther-Verlag, 1983.

Willberg, Hans-Arved. Jakobs Weg. In: ChrisCare (2013)
2, 22f.

Willberg, Hans-Arved. *Mach das Beste aus dem Stress: Wie
Sie Ihr Leben ins Gleichgewicht bringen.* R. Brockhaus:
Wuppertal, 2006.

Willberg, Hans-Arved. *Unwort Sünde: Betrachtungen zum Neuverständnis.* Lebenshilfen aus dem Institut für Seelsorgeausbildung (ISA), Bd. 1. Books on Demand: Norderstedt, 2010.

Willberg, Hans-Arved, Gorenflo, Cornelia. *Den Weg der Trauer gehen.* SCM Hänssler: Stuttgart, 2008.

Abkürzungen

ThWNT   Kittel, Gerhard (Hg.). *Theologisches Wörterbuch zum Neuen Testament*, Bd. 1-10/2. Studienausgabe. Unveränd. Nachdruck. W. Kohlhammer: Stuttgart, Berlin, Köln, 1990 [1933-1979].

Lightning Source UK Ltd.
Milton Keynes UK
UKHW020901281220
376014UK00013B/1364